KB055597

경제학
콘서트

❶

복잡한 세상을 설명하는 가장 쉬운 경제학

경제학

Undercover
Economist

Tim
Harford

①

콘서트

팀 하포드 지음
김명철 옮김

웅진 지식하우스

경제 공부를 하다보면 구름 위를 걷는 듯한 내용들이 많다고 느끼게 되죠.
15년 전 저 역시 그런 초심자 중 한 명이었습니다. 그런 저에게 발이 땅에 닿
는 느낌을 준 경제학 서적이 바로 『경제학 콘서트』였습니다. 지루해 보이는
이론적인 경제 담론들을 쉬운 사례로 하나하나 풀어낸 경제학 공부의 바이
블 같은 책이죠. 경제 공부 초심자들이 꼭 읽어야 할 필독서로 추천합니다.
_오건영, 신한은행 WM그룹 부부장, 『인플레이션에서 살아남기』 저자

이 책은 독자들을 사로잡는 보기 드문 역작이다. 우리의 일상생활 속에 숨어
있는 경제적 논리들을 이해하기 쉽게 잘 설명하고 있다. 공무원, CEO, 대학
생들을 비롯해 누구나 반드시 읽어봐야 할 책이다.
_스티븐 레빗, 『괴짜경제학』 저자

하포드는 세대를 선도하는 뛰어난 경제 사상가 중 한 명이다. 나는 그의 책
에서 스타벅스가 요소요소에 위치하고 있는 이유를 알게 되었고, 보브 겔도
프가 자선사업을 효과적으로 하기 위해서는 더 나은 방법을 배워야 한다는
사실을 발견했으며, 경매에서 속지 않는 법을 배웠다. 이 책을 읽는 것은 투
시 안경을 끼고 일상생활을 관찰하는 것과 같다.
_데이비드 보더니스, 『E=MC2』 저자

경제학이 우리 실생활에 얼마나 유용하고 매력적인 학문인지 확실히 알고
싶다면, 재치와 통찰력이 넘치는 이 책을 꼭 읽어보기 바란다. 재미있는 사
례들을 통해, 이 책은 경제학이 우리를 둘러싼 세상을 이해하는 데 매우 도
움이 된다는 사실을 잘 보여준다. 난해하고 무미건조한 경제학이 팀 하포드
의 손을 거치면서 재미있고 생생한 모습으로 바뀐다. 실로 눈부시게 뛰어난
책이 아닐 수 없다.
_자그디시 바그와티, 컬럼비아대학교 경제학과 교수

경제학의 기초 개념들이 팀 하포드의 손을 거치면서 우리가 살고 있는 세계의 모든 측면을 조명할 수 있는 강력한 힘을 가지게 되었다.
_마틴 울프, 《파이낸셜 타임스》 수석 칼럼니스트

사람들은 경제학이 따분하고, 자기주장이 강하며, 실생활에 맞지 않는 경우가 많다고 생각한다. 반면 팀 하포드의 이야기는 적절하고, 자기주장이 확실하지만, 절대 따분하지 않다. 그는 일상생활을 관찰하는 데 경제학이 얼마나 유용한지 알려주고 있다. 커피 한 잔의 가격이 어떻게 결정되는지 궁금하거나 제3세계가 가난한 이유를 알고 싶다면 이 책을 읽기 바란다.
_존 케이, 『시장의 진실』 저자

이 책은 내가 알고 있는 모든 입문서 가운데 최고다. 또한 더할 나위 없이 독창적이기도 하다.
_타일러 코웬, 조지 메이슨대학교 교수

이 책은 현재 나와 있는 비슷한 분야의 책 중에서 최고라고 생각한다. 『괴짜 경제학』보다 더 많은 경제학적 직관력이 숨어 있는 이 책은 경제학적 사고방식으로 세상을 보는 법을 알려준다.
_피터 뵈케, 오스트리아 경제학자

빠르게 전개되는 재치 있고 매혹적인 이 책은 현대 경제학에 대한 분석과 여러 가지 이슈의 해석에 있어서 유용하고 통찰력 있는 방법을 제공하고 있다.
_《샌디에이고 유니온 트리뷴》

하포드는 경제학의 기초 개념들이 세상의 모든 측면에 적용될 수 있음을 보여준다. 또 그가 지닌 재치와 지혜를 자유자재로 이용하여 여러 가지 논의를 쉽게 풀어나가고 있다.
_《휴스턴 크로니클》

차례

추천의 글   4

프롤로그 당신이 경제학자처럼 세상을 볼 수 있다면   9

CHAPTER 1

당신만 모르는 스타벅스의 경영 전략 _차액지대론   14

무엇이 커피 가격을 결정하는가/ 비싸도 잘 팔리는 이유/ 리카도의 비즈니스 모델/ 높은 임대료의 요인/ 우리는 바가지 쓰고 있지 않을까?/ 규제를 환영하는 사람들/ 마피아의 비즈니스 원칙/ 경쟁을 차단하는 교묘한 방법/ 희소성이 임금을 결정한다/ 경제학자의 눈으로 세상 보기

CHAPTER 2

슈퍼마켓이 감추고 싶어 하는 비밀 _가격차별화   58

단골, 속이거나 우대하거나/ 가격에 둔감한 고객들/ 저렴한 제품을 숨겨라/ 유기농 제품의 속임수/ 저렴한 슈퍼마켓은 없다/ 가격을 혼동시켜라/ 가격과 희소성/ 싼 게 비지떡인 이유/ 모든 고객의 지갑을 열게 하는 법/ 떠나는 고객을 붙잡아라

CHAPTER 3

경제학자가 꿈꾸는 완벽한 시장 _완전시장   108

가격이 말해주는 것/ 완전경쟁시장의 특징/ 비시장 시스템/ 가격 신호등/ 효율성 vs 공정성/ 유리한 출발 이론/ 세금이 불공정해지는 이유/ 독거 노인의 난방비

CHAPTER 4

출퇴근의 경제학 _외부효과   142

출퇴근의 괴로움/ 뻔뻔한 운전자/ 왜 교통 체증이 발생할까/ 즐거움과 불편함의 갈등/ 혼잡세가 교통 체증을 막을 수 있을까/ 외부효과 측정하기/ 우리가 모르는 사실/ 뉴올리언스 효과/ 대기오염 허가 티켓/ 경제가 대기오염을 줄인다/ 즐거운 외부효과/ 외부효과 보조금/ 숫자를 벗어난 경제

CHAPTER 5

좋은 중고차는 중고차 시장에 없는 까닭 _정보의 비대칭성 194

중고차 매매 게임/ 정보 선점 싸움/ 왜곡된 선택/ 보험료 인상의 원인/ 보험이 사고를 만든다?/ 사회보험의 문제점/ 열쇠구멍 경제학

CHAPTER 6

주식 부자들이 알고 있는 것들 _주가와 희소성 240

증권시장과 머피의 법칙/ 무엇이 주가를 움직이는가/ 펀드 매니저의 이기심/ 주가 그래프의 진실/ 거품 골라내기/ '최초'가 아닌 '최고'를 찾아라

CHAPTER 7

포커에서 경매까지, 치열한 경제 게임 _게임 이론 270

포커, 복잡한 세상의 축소판/ 게임의 고수들/ 멍청이를 위한 게임/ 경매와 게임 이론/ 경매의 문제해결 방식/ 21세기 최고의 경매사건/ 통신요금이 비싼 이유/ 경매의 여파

CHAPTER 8

정부가 도둑인 나라 _합리적 무시 306

왜 아직도 가난할까/ 정부 도적행위 이론/ 독재를 반기는 사람들/ 제도 개선의 한계/ 세계 최악의 도서관/ 개발의 기회는 존재할까?

CHAPTER 9

하나로 통합된 세계 속에서 살아남는 법 _비교우위 340

가장 잘할 수 있는 일을 하는 것/ 교환의 마법/ 세계화에 대한 논란/ 보호무역이 환경오염을 불러온다?/ 노동력 착취 공장을 선택한 사람들/ 희소성의 전략

CHAPTER 10

세계 경제 장악을 꿈꾼 중국의 전략 382

두 번의 혁명/ 미래를 위한 투자/ 계획을 넘어선 성장/ 민영화의 기적/ 세발자전거를 타다/ 더 나은 삶을 위한 선택

일러두기
개정판의 본문은 2006년 초판 출간 당시 기준의 사회 상황과 상품 가격, 환율을 유지하고
있다. 현재와 다소 차이가 있으나 저자가 설명하려는 경제 개념을 이해하는 데 무리가 없으
므로 내용을 그대로 두었음을 밝힌다.

당신이 경제학자처럼 세상을 볼 수 있다면

이 책을 구입하신 분들이 고맙기는 하지만, 나라면 그렇게 쉽게 책을 사지는 않았을 것이란 점을 먼저 말하고자 한다. 대신 서점 카페에 책을 가지고 가서는 카푸치노를 홀짝이며 이 책이 과연 돈을 지불할 가치가 있는지 재볼 것이다.

이 책은 경제학자들이 세상을 바라보는 방식에 관한 것이다. 지금 이 순간에도 당신 주변에는 경제학자가 앉아 있을지 모른다. 하지만 그를 알아보기란 쉽지 않은데, 평범한 사람에게는 경제학자의 별다른 점이 눈에 들어오지 않기 때문이다. 그러나 경제학자의 눈에는 평범한 사람들의 별다른 모습들이 잡힌다. 과연 경제학자는 무엇을 보고 있을까? 어떤 모습을 보고 있느냐고 물어본다면 그는 어떤 이야기를 해줄까? 그리고 그런 걸 물어봐야 할 이유는 무엇일까?

지금 당신은 거품이 풍성한 카푸치노를 즐기고 있겠지만,

경제학자는 당신과 카푸치노를 보면서 신호와 협상, 힘의 경쟁, 재치의 다툼이 벌어지는 흥미로운 게임을 연상한다. 그 게임에는 커다란 이해관계가 얽혀 있다. 당신 앞에 커피를 놓기 위해 일하는 사람들 중에는 돈을 많이 버는 사람도 있고 아주 적게 버는 사람도 있다. 그런가 하면 이 순간에도 당신이 지갑을 열게 하기 위해 노력하는 사람도 있다. 경제학자는 어떤 사람이 무엇을 어떻게, 왜 갖게 되는지 당신에게 말해줄 수 있다. 나는 당신이 이 책을 읽고 난 후에는 경제학자와 똑같은 것을 볼 수 있게 되기를 바란다. 하지만 서점 직원이 당신을 쫓아내기 전에 이 책을 먼저 사길 바란다.

당신의 커피가 경제학자의 흥미를 끄는 이유는 또 있다. 그는 카푸치노를 만들 줄 모르며 어느 누구도 이를 혼자서 만들지 못한다는 사실을 알고 있다. 커피를 재배하고, 수확하고, 볶고, 혼합하고, 젖소를 길러 젖을 짜며, 철을 구부리고 플라스틱의 주형을 떠서 에스프레소 기계를 조립하며, 마지막으로 도자기를 빚어 예쁜 머그 컵을 만드는 이 모든 일을 과연 누가 할 수 있겠는가? 당신의 카푸치노는 엄청나게 복잡한 시스템의 결과로 탄생했다. 누구도 카푸치노에 필요한 모든 재료들을 혼자서 만들 수는 없다.

경제학자는 카푸치노가 놀라운 협동의 산물이라는 사실을 알고 있다. 게다가 그런 협동을 관장하는 사람이 존재하지도 않는다. 경제학자 폴 시브라이트Paul Seabright는 서구 시스템을 이해하려 노력하던 한 소련 관리에게서 이런 질문을 받은 적이 있었다. "런던 사람들에게 빵 공급하는 일을 책임지고 있는 사람이 누구입니까?" 우스꽝스러운 질문이기는 하지만, 막상 그런 책임자는 없다는 대답을 하자면 혼란스러울 것이다.

경제학자가 당신의 커피에서 시선을 돌려 서점을 둘러보면 더 많은 것이 눈에 들어온다. 서점이 돌아가게 만드는 복잡한 시스템은 설명하기 어렵다. 수세기 동안 축적된 새로운 고안들과 이의 발전에 관해 생각해보자. 인쇄한 종이에서부터 선반을 비추는 조명과 재고품을 파악하는 소프트웨어에 이르기까지, 매일 책이 인쇄되고, 제본되고, 운반되고, 서가에 진열되고, 판매되는 일은 가히 일상의 기적이라고 할 만하다.

시스템은 아주 잘 작동하고 있다. 당신은 이 책을 살 때 서점 측에 그 방식을 물어보지 않고도 쉽게 구입했을 것이다. 어쩌면 당신은 아침에 집을 나설 때만 해도 이 책을 사게 되리라고는 생각지 못했을 것이다. 하지만 나를 비롯하여 편집자, 마케팅 담당자, 교정자, 인쇄업자, 제지업자, 잉크 공급자, 그 밖의 많은 사람들이 움직임으로써 어떤 마술과도 같은 힘이 작용해, 당신은 이 책을 산 것이다. 경제학자는 그런 시스템이 어떻게 작동하는지, 왜 기업들이 판촉을 하는지, 그리고 고객으로서 당신이 어떻게 반응하는지를 설명한다.

이제 경제학자는 창 밖의 교통 정체를 바라본다. 어떤 사람에게는 교통 정체가 단순히 짜증나는 일상의 하나일 뿐이다. 반면 경제학자는 교통 혼잡과 서점의 원활한 운영 사이의 대비되는 관계에 관해서 뭔가 들려줄 수 있다. 우리는 교통 정체를 피하는 데 서점이 도움이 된다는 사실에서도 뭔가를 배울 수 있다.

경제학자들은 지엽적인 문제에 국한하지 않고 우리 주변에서 일어나고 있는 일들을 끊임없이 생각한다. 예를 들어 책이 넘쳐나는 선진국 서점들과, 열성적인 독자들은 있지만 책은 없는 카메룬의 도서관의 차이가 무엇인지를 생각해본다고 하자. 당신은 부자 나라와 가난한 나라 사이의 격차가 소름 끼칠 정도로 크다는 사실을 지적할 것이다. 한편 경제학자들은 불공평한 현실에 대해서 당신과 견해를 같이하면서도, 부자 나라들은 왜 부유하고 가난한 나라들은 왜 가난한지 그리고 어떤 조치가 필요한지 말한다.

경제학자는 모든 것을 다 알고 있는 사람처럼 보이지만, 그는 사람들(개인으로서, 협력자로서, 경쟁자로서 그리고 '경제 주체'라고 부르는 사회 구성원으로서)을 이해하고자 경제학의 범위를 더 넓혀가며 이에 관해 숙고하고 있다.

이러한 관심 영역의 확대는 노벨상 수상자 선정에도 반영되었다. 1990년 이후, 노벨 경제학상은 교환 비율이나 비즈니스 사이클 이론같이 확실히 '경제학적인' 연구에 주어지는 일이 드물어졌다. 그보다는 경제학과 별 관계가 없다고 생각했던 인간 개발, 심리학, 역사, 투표, 법률, 심지어 '왜 당신은 쓸 만한 중고차를 살 수 없는가?'라는 난해한 문제 해석에 상을 주는 일이 많아졌다.

이 책을 쓴 목적은 당신이 경제학자처럼 세상을 볼 수 있도록 돕기 위해서다. 나는 교환 비율이나 비즈니스 사이클에 관해서는 아무것도 말하지 않는 반면, 중고차의 비밀 같은 문제를 설명할 것이다. 우리는 어떻게 중국이 수백만 명의 사람들을 단기간 내에 가난에서 탈출시키고 있는가 하는 커다란 주제에서부터 슈퍼마켓에서 너무 많은 돈을 지불하지 않는 법 같은 작은 주제까지 살펴볼 것이다. 이 모든 것이 탐정의 사건 수사처럼 진행되지만, 나는 경제학자가 수사 도구를 사용하는 방식을 당신에게 가르쳐줄 것이다. 당신이 이 책을 읽고 나서 좀 더 영리한 소비자, 그리고 정치인들이 하는 말의 이면에 숨은 진실을 볼 줄 아는 영리한 유권자가 되기를 희망한다.

매일의 일상은 많은 사람들이 미처 수수께끼라고 깨닫지도 못하는 많은 수수께끼들로 가득 차 있다. 그러므로 나는 당신이 무엇보다도 그러한 일상 속에 숨어 있는 흥미로운 모습들을 볼 수 있게 되기를 바란다. 자, 이제 그럼 우리에게 친숙한 것에서부터 질문을 던져보기로 하자. 무엇이 커피 가격을 결정하는가?

CHAPTER 1

당신만 모르는 스타벅스의 경영 전략

차액지대론

출근길에 들르는 목 좋은 스타벅스의 커피는 왜 비쌀까? 대부분의 사람들은 비싼 임대료 때문이라고 생각하지만, 높은 임대료가 형성되는 이유는 가격에 둔감한 스타벅스의 고객들 때문이다. 데이비드 리카도는 19세기 농장의 사례를 통해 21세기 커피 비즈니스를 명쾌하게 설명해낸다. 당신도 혹시 스타벅스의 경영 전략에 넘어가지는 않았는가?

....

　당신이 뉴욕, 도쿄, 런던, 프라하 같은 대도시에 살고 있다면 대중교통을 이용한 장거리 통근은 흔한 풍경일 것이다. 통근은 지극히 보편적이면서도 독특한 일이다. 통근이 독특한 이유는 각 통근자들이 미로 속의 생쥐처럼 각자 제 갈 길을 따라 움직이고 있기 때문이다. 샤워를 마치고 전철역 개찰구를 향해 뛰어가는 타이밍을 조절하고, 열차를 갈아타는 시간을 절약하기 위해 열차 시간표를 숙지하며, 앞쪽 칸에 타는 것이 유리할지 뒤쪽 칸에 타는 것이 유리할지 판단하고, 집으로 향하는 길에는 다음 열차를 기다렸다가 앉아서 갈 것인지 아니면 이번 열차를 타고 서서 갈 것인지를 결정하는 등 나름대로 여러 가지 조합을 가지고 있다. 그럼에도 병목현상과 러시아워 같은 현상은 전 세계 출퇴근길 어디에서나 나타난다. 내가 살고 있는 워싱턴 D.C.의 출퇴근 풍경은 런던, 뉴욕, 홍콩 등과 아주 똑같지는 않더라도 놀라울 정도로 닮아 있을 것이다.

패러거트 웨스트역은 세계은행, 국제통화기금, 백악관으로 향하는 좋은 위치에 있다. 아침마다 잠에서 덜 깬 승객들이 패러거트역에서 인터내셔널 스퀘어로 쏟아져 나와 저마다 걸음을 재촉한다. 그들은 한시라도 빨리 소란과 복잡함에서 벗어나기 위해 주춤거리는 사람들을 피해가며, 상사가 도착하기 직전에 자기 책상 앞에 골인한다.

하지만 그런 출근길에도 잠깐 쉬어 갈 수 있는 평화로운 공간이 존재한다. 이런 오아시스에는 매력적인 남녀 종업원들이 환한 미소로 서비스를 하고 있다. 오늘은 '마리아'라는 이름의 매혹적인 바리스타가 손님을 맞고 있다. 이것은 스타벅스의 풍경이다. 이 카페는 인터내셔널 스퀘어로 향하는 출구에 자리 잡고 있다. 이는 패러거트 웨스트역에서만 볼 수 있는 진귀한 풍경은 아니다. 인근의 패러거트 노스 지하철역에서 나와 제일 먼저 지나치는 길목에도 스타벅스가 있다.

이렇게 편리한 곳에 자리한 스타벅스는 전 세계 각지에서 분주히 움직이는 출퇴근길 사람들에게 음료를 제공하고 있다. 워싱턴의 듀폰트 서클 지하철역 출구에서 10미터 거리에는 '코지'라는 커피숍이 있다. 뉴욕 펜실베이니아역에서 8번가로 향하는 출구 인근에는 시애틀 커피 로스터스가 위치해 있다. 도쿄 신주쿠역을 이용하는 통근자들은 역의 중앙 홀을 벗어나지 않고 스타벅스를 즐길 수 있다. 런던 워털루역에서 템스강 남쪽 둑으로 향하는 출구에도 AMT라는 커피숍이 자리 잡고 있다.

스타벅스에서 팔고 있는 2.55달러짜리 라지 카푸치노는 결코 싸다고 할 수 없다. 물론 나는 이것을 사 마실 형편은 된다. 이 카페에 들르는 다른 사람들처럼 나는 매일 몇 분간 그 커피를 즐길 정도의 돈벌이는 하고 있다. 아침 8시 반에 몇 푼을 아끼려고 좀 더 싼 커피숍을 찾아다니며 시간을 낭비하는 사람은 없을 것이다. 가장 편리하게 커피를 제공받고자 하는 거대한 수요(워털루역에는 연간 7400만 명의 사람들이 지나가고 있다)가 확실히 존재하기 때문에 커피숍은 매장의 위치가 아주 중요하다.

패러거트 웨스트에 있는 스타벅스의 위치는 아주 좋다. 승강장에서 역 출구로 가는 좋은 길목에 있을뿐더러 이 길에는 다른 카페가 없기 때문이다. 이 커피숍이 엄청난 매상을 올리고 있다는 사실은 놀랄 일이 아니다.

만약 당신이 나만큼 커피 애호가라면, 누군가 돈을 끝내주게 많이 벌고 있으리라는 결론을 내리게 될 것이다. 가끔 신문 기사에서 읽는 내용이 옳다면, 그 커피의 원가는 몇 푼 되지 않는다. 물론 그 신문 기사가 아주 정확한 것은 아니다. 카푸

치노 가격에는 우유값과 전기료, 종이컵 비용이 포함되어 있으며, 마리아가 시무룩한 손님들에게 하루 종일 미소 짓게 만드는 비용도 들어 있다. 하지만 모든 비용을 다 따져본다고 해도 여전히 커피 한 잔의 원가는 당신이 지불하는 돈보다 한참 적다. 경제학 교수 브라이언 맥매너스Brian McManus에 의하면, 커피에 붙는 마진율은 약 150퍼센트다. 1달러짜리 드립 커피를 만드는 비용은 40센트이며 2.55달러짜리 스몰 라테의 원가는 1달러 미만이다. 그렇다면 과연 누가 이 많은 돈을 벌고 있을까?

당신은 분명 스타벅스의 소유주 하워드 슐츠Howard Schultz를 유력한 후보로 생각할 것이다. 하지만 대답은 그리 간단하지 않다. 스타벅스가 카푸치노 한 잔에 2.55달러를 요구할 수 있는 것은 무엇보다 주변에 2달러를 받고 있는 가게가 없기 때문이다. 그렇다면 왜 옆 가게에서는 스타벅스보다 싸게 팔지 않을까? 마실 만한 카푸치노는 스타벅스가 아니더라도 많이 있다. 커피 기계와 카운터를 들여놓고, 브랜드를 만들어 약간의 전단지와 무료 샘플을 나누어주고, 용모 단정한 직원을 고용하는 데는 그리 많은 돈이 들지 않는다. 마리아 같은 직원도 얼마든지 채용할 수 있다.

스타벅스의 가장 큰 장점은 수천 명의 사람들이 출퇴근하는 길목에 자리 잡고 있다는 것이다. 지하철역 출구 근처나 사람들이 붐비는 길모퉁이 등 커피숍에 안성맞춤인 자리들이 있다. 어떤 사람들이 말하듯이 스타벅스가 진정 고객들을 사로잡는 매력이 있다면, 고객들의 발길이 쉽게 닿는 자리를 차지하려고 애써 노력할 필요가 없을 것이다. 스타벅스가 카푸치노 한 잔에 그토록 큰 마진을 붙여 팔 수 있는 이유는 커피나 직원의 질이 아니라 오로지 매장의 위치 때문이다.

그렇다면 가게의 위치는 누가 좌우할까? 새로운 임대계약 협상의 모습을 잘 살펴보자. 인터내셔널 스퀘어 인근의 부동산 주인들은 스타벅스뿐만 아니라 코지나 카리부 커피 같은 체인 그리고 자바 하우스, 스윙스, 캐피톨 그라운즈, 티즘 같은 회사들과도 이야기할 것이다. 건물주는 이들과 각각 계약을 맺을 수도 있고 오직 한 업체와 독점 계약을 할 수도 있다.

여러 커피숍이 한 지역에 나란히 들어서 있다면 많은 돈을 내고 임대하려는 사람이 없을 테니, 건물주는 한 커피숍이 독점적인 지위를 갖게 되는 계약을 할 때 가장 유리한 위치에 서게 된다.

누가 그러한 돈 대부분을 차지하는지 알아보려면 협상 테이블의 한편에는 대여섯 기업들이 있고, 맞은편에는 커피숍하기에 가장 좋은 위치를 소유하고 있는 건물주가 존재한다는 사실에 주목해야 한다. 건물주는 이들이 서로 경쟁하게 만들어 그들의 기대 수익 대부분을 차지할 수 있는 유리한 조건을 점할 것이다. 임대에 성공한 회사는 일부 이익을 기대할 수는 있지만 그리 많지는 않을 것이다. 임대료가 싸서 충분한 수익을 남길 수 있다면 다른 커피숍이 기꺼이 더 많은 돈을 내고 그 자리를 임대하려 할 것이다. 커피숍을 열고자 하는 잠재 희망자는 많은 반면 목 좋은 곳은 제한되어 있기 때문에 건물주가 우위에 서게 되는 것이다.

이는 간단히 알 수 있는 이치이지만 현실에서도 과연 그러한지 물을 법하다. 나는 어느 참을성 있는 친구에게 커피를 마시면서 이 모든 원칙들을 설명했는데 그녀는 내게 이를 증명할 수 있느냐고 물었다. 나는 이것이 단순히 우리 모두에게 주어진 단서들을 바탕으로 한 이론(셜록 홈스는 이를 두고 '관찰과 추론'의 한 조각이라고 말했을 것이다)일 뿐임을 인정했다. 몇 주 후 그

너는 나에게 《파이낸셜 타임스》 기사 하나를 보내왔는데, 커피 회사들의 수익을 짐작해볼 수 있는 업계 전문가가 쓴 것이었다. 「돈을 버는 기업들이 드물다」라는 제목의 그 기사는 그 이유에 대해 "사람들의 왕래가 빈번한 목이 좋은 장소를 운영하는 데 너무 많은 비용이 들기 때문"이라고 지적했다. 지루한 기사였다. 경제학자는 훨씬 손쉽게 같은 결론에 도달할 수 있었기 때문이다.

무엇이 커피 가격을 결정하는가

서가에 꽂혀 있는 옛 경제학 서적을 훑어보면서 나는 21세기 커피숍 문제를 설명할 수 있는 최초의 분석을 찾아냈다. 1817년에 출판된 그 책은 단지 현대적 커피숍뿐만 아니라 현대 세계 그 자체의 많은 것을 설명하고 있다. 책의 저자 데이비드 리카도David Ricardo는 책을 쓸 당시에 이미 주식 중개인으로 백만장자가 되었으며 나중에는 국회의원이 되었다. 하지만 리카도는 경제학자가 되고 싶은 열정이 있어서 당시 나폴레옹 전쟁이 밀의 가격을 급등하게 만들고 그것이 다시 농지 임대료를 상승시키는 등 영국 경제에 미치는 영향에 관해 연구했다.

리카도의 분석을 이해하는 가장 쉬운 방법은 그가 거론한 사례 중 하나를 살펴보는 것이다. 정착민들은 별로 없지만 기름진 목초지가 넓게 펼쳐진 미개척 지대를 상상해보자. 어느 날 큰 포부를 지닌 액셀이란 젊은 농부가 이 마을에 와서는 돈을 내고 기름진 목초지를 빌려 곡식을 키워보겠다고 했다. 땅 주인들은 그 땅에서 곡식이 많이 수확될 것이라는 데에는 의견이 같았지만, 지대를 얼마나 받아야 할지 결정하기 어려웠다. 널린 게 땅인지라 지주들은 지대를 경쟁적으로 깎아주었고 그 결과 액셀은 최소한의 돈만 내고 농사를 지을 수 있었다.

여기서 우리는 필요한 자원을 소유한 사람, 여기서는 지주가 반드시 힘을 지닌 것은 아니라는 사실을 알 수 있다. 힘의 균형은 희소성에 달려 있다. 농부는 적은 반면 목초지는 충분했기 때문에 지주들은 거래에서 유리한 쪽에 설 수 없었다.

따라서 상대적 희소성이 한 사람에게서 다른 사람으로 옮겨간다면 힘의 우위 역시 옮겨간다. 만약 몇 년간 다수의 이주민들이 액셀의 뒤를 따라 들어왔다면 여분의 목초지는 점점 줄어들다가 완전히 없어질 것이다. 목초지가 남아 있는 한, 지주들 사이에서는 임차인을 구하기 위한 경쟁이 계속되어 지대는 아주 낮은 수준에 머무를 것이다. 하지만 어느 날 보브라는 농부가 마을에 들어와서는 여분의 기름진 땅이 없는 것을 알았다고 하자. 그는 풍부히 남아돌지만 덜 비옥한 관목지에서 농사를 지을 수밖에 없었다. 보브는 그동안 싼값에 땅을 빌려 농사를 짓던 액셀이나 다른 농부를 쫓아내고 자신에게 땅을 빌려주는 지주에게는 많은 돈을 주겠노라고 제안했다. 하지만 목초지에서 농사를 짓던 농부들은 관목지로 옮겨가기 싫었기 때문에 저마다 임대료를 높여 지불하겠다고 나왔다. 일순간에 상황이 변한 것이다. 상대적으로 농부들이 흔해지고 목초지가 희소해지면서 갑자기 지주들은 협상력을 갖게 되었다.

하지만 일상생활의 복잡함이 그 뒤에 숨은 커다란 흐름, 즉 희소성의 힘이 한 집단에서 다른 집단으로 이동해가는 모습을 가리는 경우가 많다. 경제학자란 직업은 잠재한 프로세스에 조명을 비추는 것이다. 우리는 갑자기 땅 시장이 농부들에게 불리하게 바뀐다거나, 집값이 급등한다거나, 몇 달 사이에 커피숍이 우후죽순처럼 생겨나 세상을 온통 뒤덮는다고 해도 놀라지 않는다. 단순화한 스토리는 잠재한 현실의 한 부분만을 강조하지만 그러한 강조는 뭔가 중요한 것을 드러내는 데 도움이 된다. 어떤 때는 상대적 희소성과 협상력이 매우 빨리 변해서 사람들의 생활에 커다란 영향을 끼치기도 한다. 우리는 흔히 어떤 현상들, 즉 커피값이 너무 올랐다거나 집값이 너무 뛰었다는 사실에 불평을 한다. 그러한 현상들은 기저에 존재하는 희소성의 패턴을 이해하지 않고서는 성공적으로 대응할 수 없다. 협상력의 이동에 관한 이야기는 여기서 끝나지 않는다. 앞서 말한 농장 이야기는 무수히 변형될 수 있지만 기본 원칙은 같다. 새로운 농부들이 계속 들어온다면 그들은 결국 목초지뿐만 아니라 관목지의 땅도 경작하게 될 것이다. 코르넬리우스라는 사람이 마을에 새로 이주해왔는데 관목지보다 더 열악한 초원 지대만 남아 있는 것을 발견했다고 하자. 우리는 똑같은 협상이 벌어지리라는 것을 예상할 수 있다. 코르넬리우스가 돈을 내고 관목지를 빌리려고 하면서 관목지 지대는 갑작스레 인상될 것이고, 한편 관목지와 목초지의 지대 차이는 계속 유지될 것(그렇지 않다면 농부들은 옮겨갈 것이다)이므로 목초지 지대 역시 상승할 것이다.

그러므로 목초지의 지대는 그곳에서 나는 수확물과 지대 없이 농사지을 수 있는 기타 지역에서 나는 수확물의 차이만큼 유지될 것이다. 경제학자들은 이러한 기타 지역의 땅을 '한계' 토지라고 부른다. 개간되는 땅과 개간되지 않는 땅의 한계에 있기 때문이다(경제학자들의 '한계'에 대한 판단에 대해서는 곧 자세히 설명할 것이다). 처음에 목초지가 정착민 수에 비해 풍부했을 때에는 그 땅이 단순히 최고의 땅이었을 뿐만 아니라 새로 온 농부들이 이를 이용할 수 있었기에 역시 '한계' 토지였다. 최고의 토지가 곧 한계 토지였기 때문에 땅 주인이 받을 수 있는 지대는 아주 미미했다. 그 후 많은 농부들이 들어와서 비옥한 땅이 더 이상 남지 않게 되자 관목지가 한계 토지가 되어 목초지의 지대가 1년에 5부셸(목초지와 한계 토지의 생산량 차이)까지 올라갔다. 이후 코르넬리우스가 초원 지대에 정착하자 초원 지대는 한계 토지가 되었고, 목초지는 한계 토지에 비해 더욱 매력을 끌게 되어 다시 한번 가격이 상승했다. 여기서 절대 가치는 없다는 점에 주의할 필요가 있다. 모든 것이 한계 토지에 대한 상대적인 가치라는 점을 명심하자.

비싸도 잘 팔리는 이유

다시 커피숍 이야기로 돌아가보자. 왜 런던, 뉴욕, 워싱턴, 도쿄의 커피는 비쌀까? 흔히 커피숍이 높은 임대료를 내야 하기 때문에 커피값이 비싸다고 생각하지만, 데이비드 리카도의 모델은 그러한 사고방식이 잘못되었음을 보여준다. '비싼 임대료'는 건물주가 마음대로 정한 것이 아니라 나름대로의 이유가 있어 그렇게 형성된 것이다.

리카도의 이야기는 최고의 입지에 대한 임대를 결정하는 데 두 가지 요소가 있음을 보여준다. 하나는 목초지와 한계 토지 사이의 농업 생산성의 차이이고 다른 하나는 농업 생산성

그 자체의 중요도다. 1부셸에 1달러면, 5부셸의 차이는 임대료 5달러의 차이를 낸다. 1부셸에 20만 달러라면, 수확량 5부셸 차이에 임대료 역시 1백만 달러 차이가 날 것이다. 강가의 초원 지대가 높은 임대료를 받으려면 그 땅에서 나는 곡식도 가치가 높아야 한다.

이제 리카도의 이론을 커피숍에 적용해보자. 목초지에서 생산되는 곡식의 가치가 높아야만 목초지의 임대료가 비싼 것과 마찬가지로, 손님들이 커피에 높은 가격을 지불하는 경우에만 높은 임대료를 받을 수 있다. 편리하게 이용할 수 있는 커피에 높은 가격을 지불하려는 용의가 바로 높은 임대료를 형성하는 주요인이다.

커피숍에 적당한 자리는 마치 목초지가 농사를 짓기에 가장 쓸모 있으며 빠르게 수확을 거두어들이게 해준다는 점과 흡사하다. 맨해튼 미드타운의 1층 길모퉁이는 스타벅스, 코지, 기타 경쟁자들에게 좋은 자리다. 워싱턴 D.C.의 듀폰트 서클 남쪽 출구 인근에서 코지는 최적의 장소를 차지하고 있으며, 스타벅스는 북쪽 출구 부근에 하나 그리고 맞은편 인근 지하철역 부근에서도 좋은 자리에 위치하고 있다. 런던에서는 AMT가 워털루, 킹스크로스, 메럴러번, 차링크로스역의 목 좋은 곳에 자리 잡고 있으며 실제로 런던의 모든 역에는 유명 커피 체인점이 들어서 있다.

이런 장소들은 중고차 전시장이나 중국 음식점으로 이용될 수도 있지만 실상은 그렇지 않다. 이는 전철역이 중국 음식이나 중고차를 팔기에 적당하지 않아서가 아니라 임대료가 싸면서도 국수나 자동차를 팔 수 있는 장소가 부족하지 않기 때문이다. 중국 음식이나 중고차를 찾는 사람들은 덜 급하기 때문에 좀 더 걸어갈 의향이 있으며, 아니면 아예 배달을 시킨다. 반면 커피숍이나 스낵, 신문 등을 파는 가게의 경우에는 저렴한 임대료가 가격에 둔감한 고객들을 잃음으로써 입는 손실을 보전해주지 못한다.

리카도의 비즈니스 모델

리카도는 카푸치노 판매점이나 전철역이 존재하기 전에 이미 전철역 내 카푸치노 판매점을 분석할 수 있는 글을 써냈다. 이것은 사람들이 경제학을 싫어하거나 좋아하는 일종의 비결이다. 경제학을 싫어하는 사람들은 현대 커피 비즈니스가 어떻게 움직이는지 이해하기 위해 1817년에 출판된 농장 분석 이야기를 읽을 필요가 없다고 주장할 것이다.

하지만 많은 사람들은 리카도가 약 200년 전에 오늘날 우리의 이해를 돕는 식견을 가지고 있었다는 사실을 좋아한다. 19세기 농장과 21세기 거품 커피 사이의 유사성을 발견하기란 쉬운 일이 아니다. 경제학은 농장이나 커피숍의 임대료처럼 복잡해 보이는 문제의 기저에 있는 기본 원칙과 패턴을 분석하는 모델링 작업이라고도 할 수 있다.

커피 비즈니스 각 분야에는 그 밖의 여러 모델들을 유용하게 적용할 수 있다. 예를 들어 인테리어 디자이너들은 커피숍에 어울리는 건축 및 디자인 모델을 적용할 수 있다. 에스프레소를 끓이는 데 필요한 10기압을 만드는 훌륭한 기계의 성능을 설명하는 데는 흡입 펌프나 내연 엔진을 설명하는 데 이용되는 물리학 모델이 사용된다. 오늘날 우리는 커피 찌꺼기를 처리하는 여러 가지 방법에 관해 생태학적 영향을 측정하는 모델들도 가지고 있다. 이러한 모델들은 각 분야에 유용하게 적용된다. 만약 디자인, 엔지니어링, 생태학, 경제학 각 분야를 아우르는 하나의 '모델'이 있다면 이는 현실 그 자체의 모습을 결코 단순화하지 못하여 우리의 이해를 높이는 데 도움을 주지 못할 것이다.

리카도의 모델은 희소성과 협상력의 관계를 논의하는 데 유용한데 이는 커피나 농사라는 주제를 넘어서며 궁극적으로는 우리를 둘러싼 세계의 많은 것을 설명한다. 경제학자들은 세계를 바라볼 때 드러나지 않은 사회적 패턴을 관찰한다. 그 패턴은 중요한 잠재적 프로세스에 초점을 맞출 때에만 명확해진다. 이 때문에 어떤 사람들은 경제학자들이 모든 사항, 전체 '시스템'을 고려하지 않는다고 비난한다. 하지만 농사와 커피숍의 세세한 차이점을 무시하지 않고서 어떻게 19세기 분석을 21세기 커피숍 비즈니스에 적용할 수 있겠는가? 특정 요소에 초점을 맞추어 복잡성을 줄이지 않고서는 그 어떤 것도 이해할 수 없다.

경제학자들은 초점을 맞추고 싶은 무언가를 가지고 있으며 희소성은 그중 하나다. 희소성에 초점을 둔다는 것은 에스프레소 기계의 구조나 커피숍의 내부 색상, 기타 중요하고 흥미로운 요소에는 관심을 기울이지 않는다는 뜻이다. 하지만 우리는 희소성에 초점을 맞춤으로써 많은 사람들이 알고 있는 것보다 훨씬 많은 것을 망라한 '경제 시스템'을 이해할 수 있다.

물론 주의할 점도 있다. 단순화한 경제학적 모델은 때로 경제학자들을 잘못된 방향으로 이끌기도 한다. 리카도 자신도 일찍이 그 희생자였다. 그는 농부들과 지주들 사이의 모델을 전체 경제 속의 수익 배분 문제를 설명하는 데까지 확장하려 했다. 하지만 전체 농업을 한 명의 지주가 있는 광활한 농장으로 간주했기 때문에 먹혀들지 않았다. 지주가 한 명이라고 가정할 경우 도로나 관개수로를 내어 땅의 생산성을 끌어 올려도 지주는 별다른 이득을 얻을 수 없다. 그렇게 하여 나쁜 땅을 개선한다면 좋은 땅의 희소가치도 줄어들기 때문이다. 하지만 지주가 여러 명 있어 서로 경쟁하는 상황에서는 각자 자신의 땅을 개선하려는 충분한 인센티브가 존재한다. 리카도는 모델을 단순화하는 과정에서 서로 경쟁하는 수천 명의 지주들이 있는 상황은 한 명의 지주만 있는 상황과 다르다는 사실을 미처 깨닫지 못했다.

따라서 리카도의 모델이 모든 것을 설명해주지는 않는다. 하지만 우리는 리카도가 상상했던 것보다 훨씬 많은 것을 발견하게 된다. 리카도의 모델은 단순히 커피숍과 농사에 국한되지 않는다. 제대로 적용한다면 이는 환경에 관한 법이 소득 분배에 커다란 영향을 미친다는 사실도 설명할 수 있다. 그 모델은 높은 수익을 올리고 있는 산업 중에 어떤 것은 자연스러운 결과인 반면 다른 어떤 것은 공모의 결과라는 사실을 설명한다. 또한 왜 노동계급에 속한 사람들은 미숙련 노동자들이 새로 이주해 오는 데 불평하며, 교육받은 사람들은 다른 교육받은 사람들이 이주해 오는 데 반대하는지도 설명한다.

높은 임대료의 요인

당신은 물건을 사면서 바가지를 쓰는 것은 아닌지 걱정하지 않는가?

나는 그런다. 우리 생활에서 너무나 많은 물건들이 비싼 값에 팔린다. 물론 희소성에 따른 자연스러운 결과인 경우도 있다. 뉴욕에서 센트럴파크가 내려다보이는 아파트나 런던에서 하이드파크가 내려다보이는 아파트는 많지 않다. 반면 그런 아파트를 원하는 사람은 많기 때문에 값이 올라가서 많은 사람들이 살 엄두를 내지 못한다. 이런 경우라면 유감이 없다. 하지만 극장에서 파는 팝콘은 왜 그리 비싼지 모를 일이다. 팝콘이 모자라는 것도 아닌데 말이다. 그러므로 우리는 우선 물건값이 오르는 원인을 구분해볼 필요가 있다.

리카도의 관점에서 높은 임대료의 원인들을 살펴보기로 하

자. 당신이 농부가 아니라면 목초지에 별 관심이 없을 수도 있지만, 당신이 살고 있는 아파트 임대료가 왜 그리 터무니없이 비싼지 혹은 은행이 우리에게 바가지를 씌우고 있는 건 아닌지 하는 물음에 그 이야기를 적용할 수 있다면 관심이 높아질 것이다. 우선 목초지 이야기에서 시작하여 이를 더 넓게 적용해보자.

우리는 최고의 토지에 대한 임대료는 최고 토지와 한계 토지의 비옥함 차이로 결정된다는 것을 알고 있다. 그러므로 지대가 높은 이유는 최고의 토지가 한계 토지에 비해 상대적으로 좋은 곡식을 생산하기 때문이다. 앞에서 말했듯이 곡식 1부셸에 1달러라면 5부셸 더 수확할 수 있는 땅의 지대는 5달러 더 비싸겠지만 1부셸에 20만 달러라면 지대도 100만 달러 상승할 것이다. 곡식이 비싸면 비쌀수록 자연히 곡식을 생산하는 귀한 땅의 사용료도 올라갈 것이다.

하지만 목초지의 임대료를 올리는 다른 요인도 존재하는데 이것은 그다지 자연스러운 요소가 아니다. 어느 날 지주들이 한데 모여서 지방정부를 설득하여 영국에서 소위 그린벨트라는 것이 지정되도록 했다고 하자. 지주들은 아름다운 야생 지역을 농작물을 키우려고 개간하는 것은 바람직하지 않으니 초원 지대에서의 경작을 법으로 금지해야 한다고 주장했다.

지주들은 그러한 금지 조치로 커다란 이득을 보게 되어 있다. 합법적인 농지의 지대가 상승할 것이기 때문이다. 목초지의 지대는 목초지와 한계 토지의 생산성의 차이로 결정된다는 사실을 기억하라. 한계 토지에 경작을 금지하면 목초지의 지대는 급상승할 것이다. 예전에는 지대를 내고 목초지에서 농사를 짓거나 아니면 지대를 내지 않고 초원 지대에서 농사를 짓는 방안 중에서 선택할 수 있었지만 이제는 선택의 여지가 없어졌다. 초원 지대에서 경작할 수 없게 된 농부들을 목초지를 빌리기 위해 경쟁할 것이며, 그들이 지불해야 할 지대 역시 상당히 인상될 것이다.

우리는 지대가 상승하는 두 가지 요인을 발견했다. 첫째, 좋은 땅에서 생산되는 곡식의 가격이 높기 때문에 더 많은 지대를 지불할 가치가 있는 것이다. 둘째, 선택할 수 있는 대안이 없기 때문에 좋은 땅에 많은 돈을 지불할 가치가 생긴 것이다. 현재 런던의 부동산 시장에도 바로 이런 요인이 작용하고 있을지도 모른다. 런던은 1930년대에 만들어진 그린벨트에 둘러싸여 있어 부동산 매매 가격이나 임대 가격이 너무 비싸다. 즉, 런던의 부동산이 대안이 될 교외의 땅보다 가치가 그렇게 높아서가 아니고 대안을 선택할 수 없기 때문이라고 할 수 있지 않을까?

원인은 둘 다라고 할 수 있겠다. 런던은 확실히 유일무이한 곳이다. 런던 내에 새로 아파트를 짓거나 사무용 빌딩을 짓는 것이 시베리아, 캔자스시티, 심지어 파리에 짓는 것보다도 낫기 때문이다. 하지만 런던의 부동산이 비싼 또 다른 이유는 그린벨트 때문이다. 그린벨트의 한 가지 효과는 런던이 주변 지역으로 확장해나가는 것을 막는 것인데, 많은 사람들이 이를 좋게 생각하고 있다. 한편으로는 막대한 돈이 런던 거주자로부터 런던의 지주들에게 흘러들어가게 하는 효과가 있다. 초원 지대의 경작을 금지하는 바람에 목초지의 지대가 상승했던 것처럼 런던의 집값과 임대료는 그린벨트로 더더욱 올라가는 것이다.

그렇다고 내가 그린벨트를 반대하는 것은 아니다. 런던의 인구를 1600만, 2600만으로 늘리는 대신 600만 명 정도에

서 억제한다면 많은 이득이 있다. 하지만 우리가 그린벨트 같은 어떤 법에 찬성하거나 반대할 때는 단순히 환경보호라는 문제 이외에도 어떤 효과가 있는지 알아야 한다. 런던의 웨스트엔드는 전 세계에서 사무실 임대료가 가장 비싼 지역으로 손꼽힌다. 그린벨트는 런던 내 부동산을 더욱 희귀한 대상으로 만들었는데 물론 그러한 가치는 희소성에서 나온다.

이제 첫 번째 경제학 테스트 시간이 찾아왔다. 뉴욕 교외 지역에서 뉴욕 도심의 펜실베이니아역으로 사람들을 실어 나르는 통근 열차의 이용료와 서비스 개선이 왜 맨해튼 세입자들을 기쁘게 하는 걸까? 그리고 왜 뉴욕의 집주인들은 그러한 개선을 별로 반기지 않을까?

그 대답은 대중교통 개선이 뉴욕에서 집을 빌리는 문제에 대한 대안을 늘려주기 때문이다. 통근 시간이 두 시간에서 한 시간으로 줄어들고 서서 가는 대신 앉아서 갈 수 있게 된다면 일부 사람들은 맨해튼 교외로 이사해 돈을 절약하기로 결정할 것이다. 그리하여 빈 아파트가 시장에 나오면 희소성이 떨어지고 임대료는 내려간다. 통근 서비스 개선은 단순히 통근자에게만 영향을 주는 것이 아니다. 이는 뉴욕의 부동산 시장에 관계된 모든 사람들에게 영향을 미친다.

우리는 바가지 쓰고 있지 않을까?

경제학자가 되려면 도처에 존재하는 일종의 그린벨트를 볼 수 있어야 한다. 그렇다면 본래부터 희귀하기 때문에 비싼 것과 법률, 규제, 반칙 등 인위적인 수단으로 비싸진 것의 차이를 어떻게 구분할 수 있을까?

리카도의 모델은 그런 면에서도 도움이 된다. 우리는 비옥한 농지 혹은 사람들의 왕래가 많은 좋은 자리 같은 자연적인 자원과 기업 사이의 눈에 띄지 않는 유사성을 이해할 필요가 있다. 농지는 어떤 물질을 다른 물질로 바꾸는 수단이다. 농지는 거름과 씨앗을 곡식으로 바꾼다. 기업도 마찬가지다. 자동차 제조 회사는 철강, 전기 그리고 기타 재료를 자동차로 바꾸어낸다. 주유소는 펌프, 커다란 연료 탱크 그리고 땅을 당신의 자동차 안의 가솔린으로 바꾸어준다. 은행은 컴퓨터, 회계 시스템, 현금 등으로 금융 서비스를 만들어낸다. 그다지 큰 지적 능력을 발휘하지 않더라도 리카도의 모델에서 '지대'를 '수익'으로 바꾸어 생각할 수 있을 것이다. 지대는 지주가 그들의 재산(땅)에서 벌어들이는 소득이고 수익은 기업 소유주가 그들의 재산(기업)에서 벌어들이는 소득이다.

은행을 예로 들어보자. 금융 서비스를 생산하는 데 아주 뛰어난 은행이 있다고 하자. 그 은행은 환상적인 기업 문화와 강력한 브랜드를 소유하고 있으며 최고의 전문화된 금융 소프트웨어를 개발했다. 훌륭한 인재들이 그곳에서 일하고 있으며 외부의 인재들도 그들에게 배우고자 속속 모여들고 있다. 이 모든 것은 경제학자 존 케이John Kay(리카도의 모델을 명쾌하게 재조명했다)가 말한 소위 '지속적 경쟁 우위' 요소들로서 이 은행은 해를 거듭하며 계속해서 수익을 창출할 수 있는 장점을 가지고 있다.

이 훌륭한 은행을 '액셀 금융회사'라고 부르기로 하자. 두 번째로 생각해볼 은행은 '보브 신용대부회사'로서 그다지 경쟁력이 있지 않다. 브랜드의 신뢰성이 약하고, 기업 문화도 그저 그렇다. 나쁜 편은 아니지만 훌륭하다고 볼 수도 없다. 세 번째는 '코르넬리우스 예금 회사'로서 아주 비효율적인 은행이다. 이 은행의 평판은 형편없으며 은행원들은 손님들에게 무례하고 비용을 제대로 통제하는 시스템도 갖추어져 있지 않다. 코르넬리우스 은행은 보브 은행보다 덜 효율적이며 액셀 은행에 비해서는 전체적으로 떨어진다. 세 은행에서 우리는 세 종류의 땅을 연상할 수 있다. 곡식을 생산하는 데 매우 효율적인 목초지, 이보다 덜 효율적인 관목지, 효율성이 매우 낮은 초원 지대가 그것이다.

액셀 은행, 보브 은행, 코르넬리우스 은행은 저마다 사람들에게 자신의 은행에 예금을 하거나 돈을 대출받도록 권유하면서 금융 서비스를 판매하기 위해 경쟁한다. 이때 액셀 은행은 아주 효율적이어서 같은 비용으로 금융 서비스를 더 싸게 생산하거나 더 좋은 서비스를 제공할 수 있다. 액셀 은행은 해마다 높은 이익을 기록한다. 이보다 떨어지는 보브 은행은 조금 낮지만 양호한 실적을 올리며, 코르넬리우스 은행은 손익 분기점을 간신히 맞춘다. 만약 금융시장이 좋지 않다면 코르넬리우스 은행은 퇴출될 것이다. 만약 금융시장이 더 활황세를 보인다면 코르넬리우스 은행도 수익을 내기 시작할 테고, 심지어 코르넬리우스보다도 못한 신생 회사가 은행업에 뛰어들 것이다. 이 새로운 은행은 간신히 손익을 맞추는 한계 은행이 된다.

　단계별로 분석을 일일이 되풀이하지 않아도 우리는 목초지의 지대가 한계 토지인 초원 지대와 비교한 목초지의 생산성에 따라 결정된다는 사실을 기억할 것이다. 같은 방법으로 액셀 은행의 수익은 수익을 내지 못하거나 아주 적게 내고 있는 한계 은행인 코르넬리우스 은행과의 비교에 따라 결정된다. 기업의 수익은 지대와 마찬가지로 대안에 따라 결정된다. 치열한 경쟁을 하고 있는 기업은 강력한 라이벌이 없는 기업보다 수익성이 떨어질 것이다.

　이러한 유추에 어떤 결함이 있다고 생각할지도 모르겠다. 물론 목초지의 크기는 고정되어 있지만 기업은 성장하고 있다. 하지만 이는 완전한 진실은 아니다. 기업은 하룻밤 새에 커질 수 없다. 기업 인지도와 기업의 성공 요건들이 단기간 내에 갖춰지는 것은 아니기 때문이다. 한편 땅의 크기는 변하지 않지만 땅의 형태는 시간에 따라 관개, 해충 방제 혹은 비료의 발달로 바뀔 수 있다. 시간에 따른 이러한 변화를 무시한 리카도의 모델은 수백 년이 아닌 수십 년에 걸친 농업 가격의 추세를 설명하고 있듯이, 기업 수익 면에서는 수십 년이 아닌 수년 간에 걸친 추세를 설명하고 있는 것이다. 다른 많은 경제적 모델과 마찬가지로 이 분석은 정해진 시간 간격 내, 이 경우에는 중단기에서 잘 적용된다. 다른 시간 간격 내에서 모습을 살펴보기 위해서는 다른 모델이 필요하다. 그렇다면 이것은 과연 기업의 폭리와 어떤 관계가 있다는 것일까? 신문은 어떤 기업이 높은 수익을 올리고 있다면 마치 그 기업이 소비자들을 속이고 있기 때문인 것처럼 말한다. 그들의 생각은 옳은 것일까? 부분적으로만 그러하다. 리카도의 분석에 따라 금융업과 같은 산업의 평균 수익이 높은 원인은 두 가지로 추정해볼 수 있다. 만약 고객들이 진정으로 은행의 훌륭한 서비스와 명성의 가치를 중요하게 생각하고 있다면, 액셀과 보브 은행은 모두 많은 돈을 벌 것이다(코르넬리우스 은행은 한계 은행으로서 아주 미미한 수익을 올릴 것이다). 신문의 비난은 과도한 수익에 관한 불평이 될 수 있을 것이다.

만약 고객들이 훌륭한 서비스에 작은 가치만 부여한다면, 액셀 은행과 보브 은행은 코르넬리우스 은행(여전히 한계 은행으로서 아주 적은 수익만 내고 있는)보다 약간의 수익만 더 올리게 될 것이다. 그럴 경우 사람들의 비난도 잦아질 것이다. 하지만 금융 산업의 동기와 전략은 변하지 않았다. 유일하게 변한 것은 훌륭한 서비스에 프리미엄을 지불하는 고객들이다. 누구도 다른 사람에게 바가지를 씌우지 않았다. 대신 액셀 은행과 보브 은행은 희소하고 매우 가치 있는 뭔가를 제공했기 때문에 그에 따른 보상을 받은 것이다.

하지만 높은 수익이 언제나 이렇듯 공정하게 발생하는 것은 아니다. 신문의 불만 어린 주장이 옳을 때도 있다. 기업의 높은 수익에 대한 두 번째 설명은 다음과 같다. 만약 금융업계에 일종의 '그린벨트'가 있어서 코르넬리우스 은행을 시장에서 완전히 배제하고 있다면 어떠할까? 실제 세계에서는 잠재력 있는 새로운 기업들이 시장에 들어와 경쟁하지 못하는 이유가 많이 있다. 그러한 원인이 소비자들에게 있는 경우도 있다. 소비자들의 기존 회사와만 거래하려는 경향 때문에 새로운 기업들이 시장에 진입하기 어려운 것이다.

존 케이는 콘돔과 탐폰 같은 '민망한' 제품들의 수익성이 높은 이유는 이러한 제품에 열광하여 시장에 진입하는 신규 진입자들이 많지 않기 때문이라고 말한다. 더욱 흔한 경우는 기업들 스스로가 경쟁으로부터 보호받고자 정부에 로비를 벌이고 있으며, 세계의 많은 정부들이 금융, 농업, 통신업 같은 '민감한' 산업에 독점권을 부여하거나 신규 진입을 크게 제한하고 있다는 것이다.

이유야 어떻든 그 효과는 동일하다. 기존의 기업들은 경쟁에서 벗어나 높은 수익을 누린다. 대안이 없는 땅에 부과되는 높은 지대와 경쟁자가 적은 기업이 누리는 높은 수익 간의 유사성 때문에 경제학자들은 흔히 기업들의 그러한 수익을 '독점적 지대'라고 표현한다. 다소 혼동을 일으키는 표현이지만 이는 리카도가 지대를 통한 모델을 설정했기 때문이며, 그 이후 경제학자들의 상상력이 부족한 탓이다.

만약 슈퍼마켓, 은행, 제약 회사 등에서 바가지를 쓰지 않았는지 알고 싶다면, 나는 각각의 산업이 얼마나 수익성이 있는지 알아본다. 그리고 그들이 높은 수익을 올리고 있다면 우선 의심해본다. 하지만 신생 회사가 비교적 쉽게 경쟁에 뛰어들 수 있는 산업이라면 덜 의심스럽다. 그것은 높은 수익이 자연적인 희소성에서 비롯한다는 의미다. 실제로 세상에서 훌륭한 은행은 많지 않으며, 좋은 은행들은 그렇지 못한 기업보다 훨씬 효율적이다.

규제를 환영하는 사람들

지주와 경영자 들은 경쟁을 회피하고자 할 뿐만 아니라 독점적 지대를 향유하길 원한다. 노동조합, 로비 집단, 전문 자격증을 따려고 공부하는 사람들 그리고 심지어 정부 조직조차 독점적 지대를 좋아한다. 매일 우리 주변의 사람들은 경쟁을 피하려 하거나 이에 성공한 다른 사람의 보상에서 이득을 얻고자 한다. 경제학자들은 이러한 행동 양식을 '지대 창조' 그리고 '지대 추구'라고 부른다.

그런 행동은 쉬운 것이 아니다. 세상에는 경쟁이 존재하게 마련이며 경쟁을 배제한다는 것은 간단한 일이 아니다. 만약 당신이 불리한 위치에 있다면 경쟁이 불편하겠지만, 소비자에게는 기분 좋은 일이다. 앞의 이야기에서 지주들이 보브와 액셀 간의 경쟁으로 이득을 봤던 것처럼 우리에게 일자리나 신문 혹은 여름 휴가를 제공하겠다고 경쟁하는 사람들과 거래하는 것은 유익한 일이다.

경쟁을 없애는 한 가지 방법은 농지와 같은 자연 자원을 통제하는 것이다. 농업기술의 혁신은 비옥한 농지가 유한하다는 조건을 바꿀 수 있다. 그런데 세상에서 유한한 천연자원은 농지만이 아니다. 석유도 그중 하나다. 지구상의 어떤 지역, 특히 사우디아라비아, 쿠웨이트, 이라크, 기타 페르시아만 인근 국가들에서는 석유를 싸게 생산할 수 있다. 한편 알래스카, 나이지리아, 시베리아, 앨버타 등의 석유 생산 비용은 훨씬 비싸다. 석유 추출 비용이 너무 높아서 이를 뽑아낼 엄두를 내지 못하는 곳도 많다. 그런 관점에서 앨버타와 같은 지역은 한계 석유를 생산한다고 할 수 있다.

석유 산업의 역사는 리카도의 지대 이론에 대한 사례 연구 대상이다. 1973년까지 세계 석유 공급은 대부분 중동의 '석유 목초지'에서 이루어졌다. 산업화한 경제에서 석유가 차지하는 비중은 막대하지만 석유 가격은 오늘날의 돈으로 따지면 1배럴에 10달러 이하로 아주 낮았다. 적은 비용으로 생산할 수 있는 석유가 풍부했기 때문이다. 대부분의 석유 목초지를 차지하고 있던 OPEC(석유생산국기구)은 1973년에 회원국의 석유 생산을 제한함으로써 목초지 일부를 이용하지 못하게 했다. 그러자 석유 가격은 1배럴에 40달러까지 치솟았는데 오늘날의 가치로 환산하면 약 80달러에 해당하는 가격이었다. 그런 고유가는 단기간 내에 다른 석유 원천이 대안으로 등장하지 않기 때문에 수년간 지속되었다(리카도의 이야기로 치자면 일부 목초지의 경작이 갑자기 중단되었는데, 초원 지대가 개간되기까지는 시간이 걸리기 때문에 일시적인 곡물 부족 현상이 나타나 지대가 상승했다고 볼 수 있다).

유가가 1배럴당 80달러 선에 머물러 있는 동안 수년에 걸처 저렴한 대안들이 채택되어왔다. 석유 대신 석탄을 이용한 발전, 연비가 우수한 자동차 생산 그리고 앨버타와 알래스카 같은 지역에서의 석유 생산 등이 이루어졌다. 점점 더 많은 에너지 관목지와 에너지 초원 지대가 개간되었다. OPEC은 석유 값을 높게 유지하기 위하여 생산량을 줄임으로써 세계 석유 시장에서의 점유율이 차츰 줄어들게 되었다. 하지만 1985년에 사우디아라비아는 약속을 깨고 생산을 확대했다. 1986년에 석유 가격은 폭락하여 1990년대 내내 앨버타 같은 곳의 석유 생산 비용에 육박하는 배럴당 15달러에서 20달러를 유지했다. 유가가 낮게 유지되는 동안에도 저렴하게 석유를 생산하는 사우디아라비아와 쿠웨이트의 유전에서는 1배럴당 생산 원가가 2~3달러에 불과해 판매가의 대부분이 순수익으로 돌아갔다.

마피아의 비즈니스 원칙

세계 경제의 상당 부분은 한정된 자연 자원과 그리 밀접하게 연관되어 있지 않다. 이는 사람들이 경쟁을 방지할 수 있는 다른 수단을 찾아야 한다는 의미다.

흔한 방법 가운데 하나는 폭력을 이용하는 것인데 특히 마약 밀매상이나 조직 범죄자에게서 자주 나타난다. 마약 밀매상은 경쟁자가 마약 가격을 떨어뜨리기를 원치 않는다. 생각하건대, 조직 범죄자들은 많은 사람들을 폭행하고 총으로 쏘아 죽이면서 라이벌 조직이 시장에 들어오지 못하게 막고는 커다란 이익을 챙기고 있을 것이다. 물론 이는 불법이지만 마약 거래에서는 흔히 일어나는 상황이다. 감옥행을 감수하는 사람이라면 이런 방법을 사용할 것이다. 만약 마약 거래상이 희소성을 가지고 싶어 한다면 그들은 경쟁을 줄이는 수단을 취할 것이다. 한편 고객들은 자신들이 바가지를 쓰고 있다고 경찰에 고발할 수도 없을 것이다.

마약 갱들에게는 안된 일이지만 폭력만으로는 충분한 이익을 취하기가 어려울 수도 있다. 그 이유는 총이나 공격적인 젊은이들은 충분히 공급되고 있기 때문이다. 어떤 갱이 큰돈을 벌고 있다면 다른 갱이 무력을 행사해 그 구역을 빼앗으려 들 것이며 그런 경쟁자들은 무수할 것이다.

경제학자 스티븐 레빗Steven Levitt과 사회학자 수디르 벤카테시Sudhir Venkatesh는 미국의 한 길거리 갱단의 회계장부를 입수했다. 이를 조사한 결과 '땅개'라고 불리는 말단 마약 판매상은 한 시간에 고작 1.7달러를 벌고 있었다. 갱단 조직원들은 떠나거나, 살해당하거나, 그만두면서 자주 바뀐다는 점을 고려해 볼 때 조직에서 승진 가능성은 높겠지만, 평균 급여는 시간당

10달러 미만이었다. 4년 동안 갱단 조직원들이 총에 맞을 가능성은 평균 2회, 체포될 횟수는 6회였고, 4명 중 1명꼴로 목숨을 잃었다.

　어떤 범죄 기업들은 훨씬 성공적이다. 마피아 조직은 흔히 도매 세탁업 같은 합법적인 비즈니스에 관여하고 있는데 이런 산업은 신규 진입자를 막아야만 큰 수익을 올릴 수 있다. 신규 진입을 막는 방법 가운데 하나는 경쟁자를 위협하는 것이다. 이런 사업은 코카인을 가지고 다니며 파는 것보다 쉽게 고객을 찾을 수 있기 때문에 비교적 수월하다. 게다가 고객을 위협하면 일은 더 쉬워진다. TV 시리즈 〈소프라노스〉에서는 마피아가 레스토랑에 세탁 비용을 과다하게 청구함으로써 돈을 갈취한다. 레스토랑들은 혼란을 초래하여 손님이 끊기는 것을 원치 않기 때문에 돈을 갈취하기 쉬운 대상이 된다. 그리고 비싼 서비스에 대한 대가로 갈취당하는 돈은 사실상 보호비이지만 명목상으로는 세탁비인지라 세금 공제가 가능하다. 수익이 많은 사업은 흔히 경쟁을 유발하지만, 이런 경우에는 안전을 위협받기 때문에 새로 진입하는 경쟁자가 드물다.

　진입 장벽을 높이고 지속적인 수익을 창출하는 것은 폭력이 아니라 조직의 효율성이다. 액셀 은행은 이를 가지고 있고 코르넬리우스는 가지고 있지 않다. 전형적인 길거리 갱은 이를 가지고 있지 않지만, 마피아는 가지고 있다.

경쟁을 차단하는 교묘한 방법

다행스럽게도 우리가 살고 있는 고상한 지역에서는 폭력을 사용하는 사람들과 경쟁하지 않아도 된다. 하지만 그렇다고 해서 경쟁자를 곤경에 빠뜨리는 다른 방법들이 강구되지 않는 것은 아니다.

그 분명한 사례가 바로 노조 연맹이다. 노동조합의 목적은 노동자들이 일자리를 두고 다투어서 임금과 근로조건이 하락하는 것을 막는 것이다. 만약 전기공에 대한 수요는 많고 그런 일을 할 수 있는 사람은 적다면 전기공은 노조가 있든 없든 희소성을 가져서 높은 보수와 좋은 조건에서 일할 수 있을 것이다. 하지만 점점 더 많은 전기공이 생겨난다면 그 힘은 약해질 것이다. 새로운 전기공들은 농부 보브와 같은 역할을 한다. 노조 연맹은 한편으론 집단적으로 계약을 하는 역할 또 한편으론 너무 많은 사람들이 들어오는 것을 막는 역할을 한다.

19세기에는 기계화가 크게 진행되면서 노조 결성의 동기가 강해졌다. 노동자들은 이제 충분히 존재하는 재화가 되었다. 도시에 사람들이 모여 살게 되면서 노동자들은 쉽게 대체될 수 있었다. 노조가 없었다면 임금은 매우 낮은 수준에 머물렀을 것이다. 노조에 가입한 사람은 경쟁에서 보호받았고 임금은 상승했다. 미국에서는 노조 연맹이 법률로 제약을 받았다. 반독점법은 대기업 사이의 결탁을 막기 위해 생겨났으나 노조 연맹도 제한했다. 하지만 정치 기후가 변화하면서 이러한 법률들은 적용할 수 없게 되었고 노조 연맹의 힘은 성장했다.

노조 연맹이 성공을 거두었다면 연맹을 결성한 산업은 (1960년대와 1970년대 미국 자동차 산업처럼) 막대한 임금 인상의 혜택을 누렸을 것이다. 하지만 노조 연맹은 몇 가지 장애물을 만난다. 노조 연맹이 지나치게 무리한 요구를 해서 대중들이 받아들이기 어려울 정도로 임금 인상이 되면 대중들은 노조 연맹을 규제하라고 정치인들에게 압력을 가한다. 때로는 국제적인 경쟁으로 희소성에 도전을 받게 되는 경우도 있다. 높은 임금과 안정적인 일자리를 누리던 미국의 자동차 산업 노동자들은 효율적인 생산 방식으로 무장한 일본의 자동차 산업이 미국의 제조업체들을 위협하면서 기존의 혜택을 많이 상실하게 되었다.

고사해버린 영국의 조선 산업이나 미국의 자동차 산업처럼 쇠락해가는 산업은 일자리가 빠르게 줄어들기 때문에 노조 연맹이 희소성을 유지하는 데 큰 어려움을 겪게 된다. 노조 연맹은 가뜩이나 수요가 사라져가는 상황에서 노동자의 공급을 더욱 줄이라고 압력을 가할 수는 없는 것이다.

또 어떤 경우에는 수요가 줄어드는 산업은 아니지만 고용주의 힘이 막강해서 노조를 압도하기도 한다. 미국의 월마트는 막강한 협상력을 가지고 있다. 2004년 봄에 월마트는 노조가 월마트의 비즈니스 모델에 손해를 끼치고 있다는 이유로 퀘벡 지점을 폐쇄한다고 발표했다. 영국에서는 실력 있는 교사가 부족한데도 교사들의 봉급이 아주 낮다. 정부가 유일한 고용주로서 막강한 협상력을 행사하기 때문이다. 보통은 근로자가 부족하면 고용주들 사이에 경쟁이 벌어져서 급여가 올라가게 마련이다. 독점적인 고용주만이 교사가 심각하게 부족한데도 급여 인상을 제한할 수 있다. 이 경우 교사들은 희소성을 갖고 있음에도 협상에서 정부가 더 많은 힘을 쥐고 있는 것이다.

의사, 회계사, 변호사 같은 전문직은 노조와는 다른 방법을 통해 높은 수익을 유지하고 있다. 이들은 가상의 그린벨트를 만들어서 잠재적인 경쟁자들이 개업하는 것을 막고 있다. 가상 그린벨트의 전형적인 형태는 자격을 얻기까지 매우 오랜 기간이 걸리게 하는 것과 전문 기관을 통해 매년 새롭게 자격을 취득하는 사람의 수를 제한하는 것이다. 우리를 '무자격' 전문가로부터 보호하는 많은 조직들이 사실은 '자격' 전문가들의 높은 수입을 보장하는 일을 하고 있는 것이다. 사실 많은 사람들이 자격증은 없지만 경험 많은 전문가에게서 비공식적인 법률 조언을 받고 만족스러워하고 있으며 심지어 의대생,

외국인 의사, 대체 의학 치료사들에게서 의학 정보를 얻고 있기도 하다. 하지만 법률 및 의학 전문가들은 정식 자격을 갖춘 전문가들의 공급을 제한하고 저렴한 대용품을 법으로 금지하고자 노력하고 있다. 조지 버나드 쇼가 전문직 종사자들을 "일반인들을 상대로 한 음모단"이라고 칭한 것도 무리는 아니다.

희소성이 임금을 결정한다

미국에서 이민 문제는 언제나 민감한 주제다. '이민자들이 우리의 일자리를 도둑질하고 있을까?'라는 오래된 질문을 둘러싸고 여전히 논란이 계속되고 있다. 그들이 당신의 일자리는 도둑질했는지 모르지만 내 일자리는 확실히 도둑맞지 않았다.

값싼 노동력을 필요로 하는 경영자들은 물론, 고등교육을 받고 전문 기술 및 훈련이 필요한 일자리에 종사하는 노동자들 역시 새로운 이민자들이 경제적·문화적 생활을 풍부하게 하여 자신이 부유해지는 데 도움이 된다고 판단하여 이들을 환영하는 경향이 있다. 반면 교육을 제대로 받지 못한 노동자들은 '새로운 이민자들이 우리의 일자리를 훔쳐간다'고 주장하면서 미숙련 이민자들의 유입을 반대하는 경향을 보인다.

이는 너무 단순한 논리이긴 하지만, 사람들의 자기중심적인 시각을 잘 보여준다.

나는 숙련 노동자의 한 사람으로 이민자를 반대하지 않으며 오히려 환영하는 편이다. 하지만 만약 당신이 어떤 일을 수행하기 위해서 숙련 노동자와 미숙련 노동자를 동시에 필요로 한다면, 나로서는 더 많은 미숙련 노동자들이 이민 오는 것이 직접적인 이득이 될 것이며, 이미 이민 와 있는 미숙련 노동자들의 이익에는 직접적인 해를 끼치게 될 것이다.

고등교육을 받은 나와 내 동료 시민들을 지주라고 상상해 보자. 단 '목초지'라는 단어를 '학위'라는 단어로 대체하자. 목초지가 자원이듯이 나의 기술과 자격은 내가 소유하고 있는 자원이다. 그런데 나의 기술은 희소성이 있는 자원일까? 내가 월마트 경영팀에서 일하고 있다고 생각해보자. 나의 기술(그곳에서 어떤 기술을 필요로 하는지는 세세하게 생각하지 말자)은 판매 직원 및 진열 담당 직원들의 헌신적인 노력과 결합할 때 생산적인 팀을 이루게 된다. 그 팀에서 누가 가장 많은 성과를 누리느냐는 누구의 능력이 희소성을 가지느냐에 달려 있다. 만약 나라 전체적으로 진열 담당 직원 같은 미숙련 노동자가 부족하다면 그들의 급여는 올라갈 것이다. 하지만 숙련 노동자인 매니저가 부족하고 미숙련 노동자인 진열 담당 직원들이 풍부하다면, 많은 농부들이 출현하면서 지주들이 땅값을 올려 받을 수 있었던 것과 마찬가지로, 나는 희소성을 가져서 높은 급여를 받을 것이다.

어떤 사람들은 노동자 계층의 이민 반대 주장을 인종차별이라고 비난한다. 그보다는 모든 사람들이 자신의 이익에 따라 행동한다고 말하는 편이 더 정확할 것이다. 새로운 노동자가 들어온다면 목초지든 학위든 상대적으로 희소성을 가진 자산을 보유하고 있는 사람들에게는 좋은 일인 반면 기존 노동자들에게는 환영받지 못할 것이다. 사실 새로운 이민자들 때문에 가장 큰 피해를 보는 사람들은 신규 이민자와의 경쟁으로 임금이 곤두박질치는 기존 이민자들이다.

이처럼 리카도의 이론은 이민 문제에도 적용해볼 수 있다. 기술을 가진 이민자들이 들어오면 기술을 가진 원주민들의 임금을 낮출 것이며, 미숙련 이민자들이 들어오면 미숙련 원주민들의 임금을 낮출 것이다. 영국으로 들어오는 이민자들은 원주민들보다 대학 졸업자의 비율이 50퍼센트가량 더 높다. 반대로 미국은 영국보다 미숙련 이민자들의 비율이 훨씬 높아서 미숙련 노동자의 임금이 낮게 유지되고 있다. 미숙련 노동자의 임금은 지난 30년 동안 개선되지 않고 있다.

경제학자의 눈으로 세상 보기

우리는 이번 장에서 경제학자처럼 생각하는 법을 배웠다. 그것이 어떤 의미를 지니고 있을까? 우리는 여러 가지 상황에 대한 이해를 높이기 위해 주요한 경제 모델 하나를 사용했다. 카푸치노 비즈니스에서 누가 돈을 벌고 있는가 하는 심층적인 분석에서 민감한 정치적 사안이라고 할 수 있는 노동조합과 이민 문제에 이르기까지 다소 객관적인 주제들을 살펴보았다.

어떤 경제학자들은 커피숍 임대료 분석과 이민 문제 분석 사이에 근본적인 차이점은 없다고 주장할 것이다. 주요한 핵심에 있어서 이 말은 사실이다. 경제학은 많은 면에서 공학과도 같아서 한 가지 변화를 줄 때 어떤 현상이 벌어지며 어떻게 일이 돌아갈지를 예측할 수 있다. 경제학자는 숙련 노동자 이민을 늘리면 숙련 노동자와 미숙련 노동자의 임금 격차를 줄이는 데 도움이 될 것이며 미숙련 이민자를 늘리면 그 반대의 효과가 나타나리라는 사실을 알려줄 수 있다. 사회와 사회 지도자 들이 그러한 정보를 이용하여 어떤 정책을 펼칠 것인지는 별개의 문제다.

그런데 경제학이 객관적인 분석 수단이라고 해서 경제학자들이 반드시 객관적이란 뜻은 아니다. 경제학자들은 힘의 균형, 가난, 성장, 개발 등의 주제를 연구한다. 그러한 주제의 밑바닥에 숨어 있는 역학 관계를 경제 모델로 규명하면서 현실세계의 모습에 동요되지 않고 남아 있기란 쉬운 일이 아니다.

그리하여 경제학자들은 경제정책의 기술자 역할을 넘어서서 어떤 경제정책을 주창하기도 한다. 데이비드 리카도는 일찍이 자유무역을 주창하고 나섰다. 그는 친구 제임스 밀의 권유로 의회 선거에 출마하여 1819년에 당선된다. 당시 선거운동에서 그는 곡물 수입을 엄격하게 규제하던 곡물법 폐지를 주장했다. 리카도의 이론은 곡물법이 영국 국민들을 희생하여 지주들의 주머니를 채워주는 법이라는 사실을 설명했다. 리카도는 단순히 곡물법의 영향을 관찰하는 데 그친 것이 아니라 그 법의 폐지를 역설한 것이다.

경제학자들은 오늘날 보호무역 법률에 대해서도 비슷한 결론을 내리고 있다. 9장에서 살펴보겠지만 보호무역 법률은 선진국 국민들이나 개발도상국 국민들의 희생으로 보호무역 압력을 가하고 있는 특정 집단을 보호하고 있을 뿐이다. 수십억 명의 사람들이 더 나은 경제정책으로 혜택을 볼 수 있다. 수십만 명의 사람들이 잘못된 경제정책으로 인해 죽어가고 있다. 때로는 경제학의 논리가 너무 명명백백해서 경제학자들이 단호한 태도를 취하지 않을 수 없는 경우도 있는 것이다.

차액지대론

데이비드 리카도는 토지에 관한 수확체감收穫遞減의 법칙을 근거로 차액지대론을 전개했다. 농산물의 가격은 최악의 조건에서 생산된 농산물의 생산비, 즉 경작되고 있는 토지 중 가장 질 낮은 토지(한계 토지)에서의 생산비를 보상하기에 충분한 것이어야만 한다. 이 한계 토지보다 좋은 조건의 토지에서 생산된 농산물은 한계 토지에서 경작할 때보다 적은 비용으로 생산되고, 이 생산비와 가격의 차액은 토지의 질이 좋아서 발생한 것이므로 지주에게 돌아간다. 이것이 곧 차액지대다. 리카도는 지대의 형태를 두 가지로 나누었다. 경작지가 가장 비옥한 토지에서 점점 열악한 토지로 확대되어 갈 경우 비옥한 토지에 발생하는 지대를 제1형태라 하고, 동일한 토지에 보다 많은 생산비를 투하해갈 때 수확은 점차 떨어지게 되는데 그 경우 당초의 생산비와 관련하여 발생하는 지대를 제2형태라고 했다. 차액지대론은 한계 원리에 근거한 이론으로 주위의 경제적 조건의 변화에 따라 불로소득이 발생하는 것을 설명했다. 농민이 경작을 대가로 지주에게 주는 지대의 형성 과정을 논리적으로 풀어낸 이 이론은 경제학 사상 가장 뛰어난 논리 체계를 가진 이론 중 하나로 평가받고 있다.

CHAPTER 2

슈퍼마켓이
감추고 싶어 하는
비밀

가격차별화

슈퍼마켓이 광고처럼 우리를 최저 가격으로 모시기 위해 최선을 다하고 있지 않다는 사실을 우리는 익히 알고 있다. 슈퍼마켓은 고객의 지갑을 털기 위해 상품 진열이나 쇼핑객의 동선 등에 정교한 트릭을 사용한다. 그중에서도 가장 교묘한 방법은 다름 아닌 '가격 혼동.' 싸다고 느껴지는 제품을 다시 한번 살펴보라. 저렴한 슈퍼마켓은 없다.

런던에 가본 사람이라면 런던의 랜드마크가 된 회전식 관람차 런던아이에 한 번쯤 들러보았을 것이다. 햇볕이 따사로운 날 코스타 커피에서 카푸치노를 한 잔 사서는 거대한 회전기구 캡슐 속에 앉아 런던의 전경을 발아래 굽어보는 호사를 누리는 것은 인생의 작은 즐거움이다.

런던아이 주변을 돌아보면 요소요소에서 희소한 자원을 가진 판매상들이 그 희소성을 이용해 장사를 하고 있는 모습이 쉽게 눈에 띈다. 예를 들어 코스타 커피는 런던아이에 직접 접해 있는 곳에서는 유일한 커피숍이다. 또한 그곳에 있는 유일한 기념품 가게도 불티나게 장사가 잘된다. 하지만 희소성을 가장 확실하게 이용하고 있는 것은 런던아이 자체. 런던아이는 런던의 유명한 건물들 대부분을 내려다볼 수 있을 정도로 관람객들을 높이 올려주는, 세계에서도 손꼽히게 큰 회전 관람차다. 그러한 희소성의 힘은 상당하지만 그렇다고 무제한적이지는 않다. 런던아이는 유일무이한 것이기는 하지만 여러 가지 대안 중 하나다. 사람들은 언제든 다른 곳을 선택할 수 있다.

템스강을 따라 조금 더 가다 보면 뉴밀레니엄을 기념하여 만든 백색의 거대한 건축물인 밀레니엄 돔이 있는데 이 역시 유일무이한 것이다. 런던 당국은 밀레니엄 돔을 '섬유 재료로 만든 세계에서 가장 큰 건축물'이라고 자랑한다. 하지만 이 돔은 상업적인 면에서는 끔찍한 실패임이 드러났다. 단지 유일무이하다는 것만으로는 막대한 건축비를 충당할 수 있을 정도로 사람들을 끌어모아 돈을 벌기에 부족했기 때문이다.

희소성을 가진 기업은 비록 무제한적으로 높은 가격을 받을 수는 없겠지만, 우리가 더 많은 돈을 지불하도록 만들기 위해 여러 가지 전략을 구사할 수는 있다. 이제 경제학자가 출동해 좀 더 많은 진실을 파헤칠 시간이 되었다.

코스타 커피는 런던아이 옆에 위치한 유일한 커피숍이므로 고객들을 상대로 희소성의 힘을 다양하게 구사할 수 있다. 코스타 커피 자체가 뛰어나서라기보다는 매장의 훌륭한 위치 때문이다.

우리가 알고 있듯이 고객들은 매력적인 장소에서 팔고 있는 커피에 높은 가격을 지불하므로 코스타의 임대료는 높을 것이다. 코스타에 가게를 임대해준 지주는 맨해튼의 초고층 빌딩 주인이나 워털루, 신주쿠 전철역 경영자처럼 걸맞은 가격으로 희소성을 임대한 것이다.

그렇다면 코스타는 런던아이로부터 임대한 희소성을 어떻게 이용해야 할까? 그들은 단순히 카푸치노의 가격을 1.75파운드(약 3달러)에서 3파운드(약 5.3달러)로 올릴 수도 있다. 그럴 경우 어떤 사람들은 돈을 지불하겠지만 대개는 쉽게 지갑을 열지 않을 것이다. 밀레니엄 돔의 경우처럼 희소성이 힘을 부여하는 것은 사실이지만 그 힘이 무한한 것은 아니라는 점을 기억하라.

대신 그들은 가격을 낮춰서 커피를 더 많이 팔 수도 있다. 커피 한 잔에 60펜스 정도의 낮은 가격을 매긴다면 직원들의 임금과 원재료비를 보전할 수는 있겠지만 판매량을 수십 배 늘리지 않고서는 높은 임대료를 감당하기 어려울 것이다. 여기에 딜레마가 있다. 커피 한 잔에 마진을 높게 붙여 적게 판매할 것인가, 아니면 마진을 낮추어서 더 많은 커피를 팔 것인가.

많은 돈을 지불할 의사가 없는 사람에게는 60펜스를 청구하고, 경치와 함께 커피를 즐기고자 좀 더 많은 돈을 지불할 의사가 있는 사람에게는 3파운드를 청구할 수 있다면 코스타로서는 딜레마를 비켜갈 수 있는 좋은 방법이 될 것이다. 그렇게 된다면 가격이 높더라도 커피를 살 사람에게는 높은 마진을 취할 수 있는 한편, 구두쇠에게서도 작은 이익이나마 얻을 수 있을 것이다. 하지만 어떻게 그럴 수 있단 말인가? 메뉴판에 '카푸치노 3파운드, 단 60펜스 이상 지불할 의사가 없는 사람은 60펜스'라고 써놓기라도 한단 말인가?

후하게 돈을 쓰는 사람을 위한 카푸치노	3파운드
구두쇠를 위한 카푸치노	60펜스

이렇게 구분해서 팔 수만 있다면 좋겠지만, 회의적인 방법이 아닐 수 없다. 그러므로 코스타는 좀 더 교묘한 방법을 강구해야 한다.

한동안 코스타는 훌륭한 전략을 취했다. 코스타는 오늘날 다른 대부분의 커피숍이 그러하듯이 소위 공정무역Fair Trade 마크가 찍힌 커피를 판매했다. 이 커피는 카페 다이렉트라고 불리는 주요 공정무역 브랜드에서 나오는 커피다. 카페 다이렉트는 가난한 나라의 커피 농부들에게 좋은 가격을 지불할 것을 약속했고, 제3세계 농부들을 도와주고 싶었던 손님들에게는 추가로 10펜스(약 18센트)가 더 부과되었다. 그들은 자신이 지불한 10펜스가 가난한 농부들에게 돌아가리라고 믿었을 것이다. 하지만 그들이 실제로 가장 크게 공헌한 것은 코스타의 손익 개선이었음을 암시하는 증거들이 나왔다.

카페 다이렉트는 농부들에게 커피 1파운드(약 450그램)당 40~55펜스(1달러 이하) 사이의 프리미엄을 지불했다. 비교적 적은 이 프리미엄으로 평균 연 소득 2천 달러 미만인 과테말라 농부들의 수입은 거의 2배로 늘어날 수 있다. 그러나 일반적으로 카푸치노를 만드는 데 필요한 커피 원두의 양은 7그램이고 농부들에게 지급되는 프리미엄이 원가 상승에 미치는 영향은 한 잔에 1페니가 채 안 된다.

코스타에 추가로 지불한 돈 가운데 90퍼센트 이상은 중간에서 사라진다. 코스타와 카페 다이렉트는 고객으로부터 받은 여분의 돈을 낭비하고 있거나 아니면 자신들의 수익에 보태고 있었던 것이다. 공정무역 커피를 주관하는 단체는 생산자에게 약속을 했지 소비자에게 약속한 것은 아니다. 만약 당신이 공정무역 커피를 산다면 판매자가 좋은 가격을 받는 것은 분명하다. 하지만 당신이 좋은 가격의 커피를 제공받았는지는 확실치 않다.

커피 한 잔을 만드는 생산원가 중에서 원두 가격이 차지하는 비율이 그토록 낮기 때문에 실제로 공정무역 커피를 구매하는 회사는 개발 도상 국가에서 시장가격의 2배, 3배 때로는 4배까지 커피값을 치르더라도 카푸치노의 생산원가에 거의 부담을 받지 않는다. 그러면서도 공정무역 커피에 추가로 10펜스를 부과함으로써 공정무역 커피를 구매하는 데 실제로 그만한 비용이 들어가는 것처럼 소비자들을 오도할 수 있다. 어느 경제학자의 질문이 계속 제기되자 코스타는 이러한 오해가 전체 비즈니스에 좋지 않은 영향을 줄 수도 있다고 판단하여 2004년 말부터 공정무역 커피에 추가 요금을 붙이지 않고 판매하기 시작했다. 코스타가 공정무역 커피의 프리미엄을 포기한 것은 대중들에게 나쁜 인상을 줄 것을 우려해서이지 수익성이 없어서는 아니었다.

그렇다면 코스타는 어떻게 공정무역 커피를 통해 일반 커피보다 생산원가 대비 높은 마진을 얻을 수 있었을까? 그 이유는 공정무역과는 아무런 관련이 없다. 그것은 코스타가 타당한 이유만 있다면 기꺼이 더 돈을 지불할 고객들에게 공정무역의 이상을 이용한 결과다. 고객들은 공정무역 카푸치노를 주문함으로써 코스타에 두 가지 메시지를 보냈다. 그중 하나는 코스타 측이 거의 관심을 갖지 않는 것이다.

"나는 공정무역 커피가 지원받아야 할 제품이라고 생각합니다."

한편 두 번째 메시지는 코스타 측의 관심을 끈다.

"나는 푼돈을 조금 더 내는 것을 개의치 않습니다."

코스타는 이 메시지를 통해 몇 가지 정보를 알아냈다. 사회 문제에 관심이 있는 시민들은 커피에 돈을 조금 더 지불하는데 크게 연연해하지 않는 반면, 사회문제에 무관심한 시민들은 여전히 가격에 민감하다는 것이다.

사회 문제에 관심 있는 사람을 위한 카푸치노   1.85파운드
사회 문제에 무관심한 사람을 위한 카푸치노   1.75파운드

코스타의 전략은 런던아이에서 빌린 희소성의 힘에서 최대한의 가치를 이끌어내는 데 있다. 그들은 가격을 높여서 고객을 잃거나, 아니면 가격을 낮추어서 마진을 잃거나 하는 갈림길에 있다. 만약 그들이 모든 고객에게 똑같은 가격을 제시해야 한다면 그들은 단순히 두 가지 대안 가운데 하나를 선택해야 한다. 하지만 씀씀이 좋은 고객에게는 높은 가격을 청구하고 돈을 아끼는 고객에게는 낮은 가격을 제시할 수 있다면 양쪽으로 최고의 이득을 볼 수 있을 것이다. 코스타는 가격 인상을 위해 고객을 알아볼 수 있는 여러 가지 방법을 충분히 가지고 있다. 그렇다고 코스타 커피 한 잔에 무슨 마키아벨리식 권모술수가 있는 것은 아니다. 잘 운영되고 있는 기업들은 모두 기꺼이 돈을 지불할 의사가 있고, 또 그렇게 하고 있는 고객들을 구별해 최고의 가격을 받는 방법을 모색하고 있기 때문이다. 스타벅스의 예를 들어보자.

20온스 카푸치노	3.40달러

이는 다음과 같은 의미로 옮길 수 있다.

핫초콜릿 ("가식 없음")	2.20달러
카푸치노 ("가식 없음")	2.55달러
이들을 혼합한 것 ("나는 특별해")	2.75달러
색다른 파우더 추가 ("나는 아주 특별해")	3.20달러
엄청 많이 줘 ("나는 식탐이 많아")	3.40달러

스타벅스는 메뉴를 복잡하게 만들어서 단순히 고객들에게 더 많은 선택의 기회를 제공하려는 것이 아니다. 이러한 메뉴

는 각 고객들이 가격에 얼마나 민감한지를 스스로 드러내게 만든다. 큰 용량의 커피를 만들기 위해 시럽이나 초콜릿 파우더, 휘핑크림을 조금 더 사용하더라도 원가에는 큰 차이가 없다. 각각의 상품을 만드는 데 드는 원가는 1~2센트의 미미한 차이밖에 없다.

그렇다면 이는 스타벅스가 고객들에게 바가지를 씌우고 있다는 의미일까? 아니다. 만약 그렇다면 톨 사이즈 카푸치노 혹은 핫초콜릿에 3.3달러는 매겨야 한다. 물론 스타벅스는 그러고 싶겠지만 가격에 민감한 고객들을 생각하지 않을 수 없다. 생산원가가 모두 비슷한 제품들에 다양한 가격을 매겨놓음으로써 스타벅스는 가격에 덜 민감한 고객들과 그렇지 않은 고객들을 모두 만족시킬 수 있다. 커피값을 후하게 지출하는 사람들을 완벽하게 확인할 방법이 없으니 대신 고객이 스스로 호사스러운 선택을 할 수 있는 여건을 갖추어놓은 것이다.

단골, 속이거나 우대하거나

가격에 크게 신경 쓰지 않는 고객을 발견하는 데에는 흔히 세 가지 전략이 있다. 두 가지를 먼저 살펴보고 최고의 전략은 그 후에 살펴보기로 하자.

첫 번째 전략을 경제학자들은 '1차 가격차별화'라고 부르지만 나는 '개별 표적화' 전략이라고 부른다. 각 고객들을 개별적으로 평가하여 그가 얼마나 지불할 것인가에 따라 가격을 매기는 것이다. 이는 중고차 세일즈맨이나 부동산 중개인이 사용하는 전략이다. 이를 이용하기 위해서는 기술과 노력이 필요하기 때문에, 투자 시간에 비해 높은 가치를 지닌 품목을 팔 때 흔히 발견된다. 자동차나 집을 판매하는 경우는 물론이고 아프리카에서 기념품을 파는 노점 상인들도 흥정하는 과정에서 그 유용성을 발견한다.

이제 기업들은 개별 고객 평가 프로세스의 자동화를 시도하고 있다. 슈퍼마켓은 할인 카드를 발급해서 당신의 구매 패턴 정보를 수집한다. 특정 품목을 할인받는 대가로 당신은 슈퍼마켓이 당신의 구매 기록을 저장하도록 허락한다. 그리고 슈퍼마켓은 다시 할인 쿠폰을 당신에게 제공한다. 슈퍼마켓은 '할증' 쿠폰이 아니라 '할인' 쿠폰만 보낼 수 있기에 이런 시스템은 그리 완벽하게 작동한다고 볼 수는 없다. '할증' 쿠폰은 성공한 적이 없다.

희소성을 가진 기업들은 고객을 표적화하기 위해 고도로 정교한 방법을 사용한다. 아마존과 같은 인터넷 소매점이 고객의 컴퓨터에 '쿠키'라고 불리는 추적 수단을 심어놓고 고객 하나하나를 파악하고 있다는 것은 더 이상 비밀이 아니다. 아마존은 개별 고객들에 관한 기록을 근거로 고객들에게 서로 다른 가격을 산정해 제시했다. 똑같은 책을 사려는 두 명의 독자에게 그들의 과거 구매 경향에 근거하여 서로 다른 가격을 제시한 것이다. 아마존은 진정으로 '할증' 바우처를 제공할 수 있었다.

한편 온라인 판매보다 어렵기는 하겠지만, 슈퍼마켓 역시 적절한 기술을 이용하여 똑같은 일을 할 수 있었다. 회원 카드를 가진 고객들에 따라 물건 가격이 변했다.

물론 '개별 표적화' 방식은 고객들의 평이 좋지 않아서 아마존 같은 경우에는 고객들이 자신의 컴퓨터에 있는 쿠키를 삭제하면 다른 가격, 흔히 더 낮은 가격을 제공받을 수 있다는 사실을 깨닫기 시작했다. 그런 일이 드러나자 아마존에 거센 항의가 빗발쳤다. 코스타처럼 아마존도 더이상 그런 일을 하지 않겠다고 약속했다.

흥미롭게도 사람들은 두 번째 방식, 즉 서로 다른 그룹의 사람들에게 서로 다른 가격을 제시하는 '그룹 표적화'에는 거의 거부감을 드러내지 않는다. 어린이와 노인에게 버스 요금을 할인해주는 것에 대해서는 아무도 불평을 하지 않는다. 커피숍이 인근 지역에서 일하는 사람들에게 할인을 제공하고, 통근자들을 끌어들이기 위해 열차로 특정 구간을 반복해서 이용하는 사람들에게 낮은 가격을 제시하는 것은 합리적이라고 받아들여진다. 흔히 더 많은 돈을 지불하는 그룹은 더 많은 돈을 지불할 능력이 되는 사람들 그룹이라고 여겨진다. 좀 더 많이 지불할 수 있는 사람들이 가격을 덜 따진다고 생각하기 때문이다. 하지만 이는 편리한 추정이다. 수익을 높이고 희소성의 가치를 극대화하려는 기업들은 누가 더 많이 지불할 능력이 있는가보다는 누가 더 많은 돈을 지불할 의사가 있는지에 더 관심을 기울인다.

예를 들어 플로리다주에 있는 디즈니월드는 지역 주민들에게 입장료를 50퍼센트 할인해준다. 지역 주민들에게 입장료를 할인해주면 이들이 정기적으로 방문할 가능성이 높다고 판단한 것이다. 반면 단 한 번씩만 방문하는 외지 관광객들은 입장료가 싸건 비싸건 반드시 들어오게 되어 있다.

이러한 예는 '가격 민감도' 혹은 '가격에 덜 연연해하는 것'이 어떤 것인지를 잘 말해준다. 이 중요한 개념은 '내가 가격을 올리면 판매량이 얼마나 떨어질까?', '가격을 낮추면 판매량이 얼마나 증가할까?' 하는 것이다. 경제학자들은 이를 '가격 탄력성'이라고 부르지만 나는 '가격 민감도'라는 말이 더 적절하다고 생각한다.

플로리다를 방문하는 외지 여행객들보다 지역 주민들의 가격 민감도가 더 높은데, 이는 디즈니월드가 입장료를 올리면 지역 주민들은 그곳에 가지 않으려는 경향이 더 높음을 의미한다. 마찬가지로 입장료가 낮아지면 지역 주민들은 되풀이 해서 방문하지만 관광객들은 그러지 않는다. 부자는 가격에 덜 민감할 수 있지만 반드시 그런 것은 아니다. 항공기의 비즈 니스 클래스가 비싼 이유는 고객들은 기꺼이 돈을 지불하려 하는 반면, 항공사는 희소성을 가지고 있기 때문이다. 한편 기 업용 통화료는 저렴한데, 이는 기업들이 기꺼이 전화 요금을 낼 의사는 있지만 통신 회사들 간의 경쟁이 심해서다.

인근 직장인들에게 커피값을 할인해주는 커피숍의 경우도 마찬가지다. 런던의 워털루 지역에 있는 AMT 커피숍은 인근 직장인들에게 커피값을 10퍼센트 깎아준다. 그 지역 직장인 들이 가난해서가 아니다. 고객 중에는 정부 관료, 거대 석유회 사 쉘의 고위 경영진도 포함되어 있다. 가격을 할인해주는 이 유는 인근 직장인들이 돈은 많지만 커피 가격에 민감하기 때 문이다. 출근길에 바쁘게 워털루를 지나는 사람들은 커피를 가장 편리하게 살 수 있는 커피숍에서 높은 가격을 기꺼이 지 불하려 한다. 반면 인근 직장인들은 오전 11시쯤 사무실에서 나와 커피숍을 찾아 어느 방향으로든 갈 수 있다. 따라서 그들 은 돈이 많더라도 가격에 더 민감해지게 된다.

개별 표적화 전략은 많은 정보가 필요할 뿐만 아니라 사람 들에게 인기도 없기 때문에 채택하기 어렵다. 하지만 그러한 어려움에도 불구하고 수익성이 높기 때문에 기업들은 언제나 개별 표적화를 할 수 있는 새로운 방법을 모색한다. 한편 학생이나 지역 주민들에게 할인을 해주는 그룹 표적화 전략은 효율성이 떨어지지만 비교적 실행하기 쉽고, 사람들이 호의적으로 받아들이며, 심지어 환영받기도 한다. 두 가지 방법 모두 단순히 모든 고객들을 똑같이 대했을 때보다 더 많은 수익을 올리게 해준다.

가격에 둔감한 고객들

칠면조가 스스로 추수감사절 식탁 위에 오르게 하는 가장 영리하면서도 흔한 방법은 코스타 커피와 스타벅스가 우리에게 사용했던 '자기 고백화' 전략이다. 이 커피숍들은 일부 고객들로 하여금 자신이 가격에 민감하지 않다는 사실을 스스로 드러내게 만든다. 이를 위해 기업은 제품들을 서로 조금씩 달리 만들어 판매한다. 그리하여 양이 다른 제품(라지 카푸치노와 스몰 카푸치노, 혹은 2개 가격으로 3개를 주는 등), 내용이 조금씩 다른 제품(휘핑크림이 들어간 커피, 화이트 초콜릿이 들어간 커피, 공정무역 재료가 들어간 커피 등), 지역에 따라 조금씩 다른 제품(전철역 매점에서 파는 샌드위치는 교외에 있는 대형 판매점에서 파는 샌드위치와 조금 다르다)을 판매한다.

이런 전략이 실제로 얼마나 많이 이용되고 있는지 궁금하지 않을 수 없다. 막상 제품들이 조금씩 다르기 때문에 기업이 가격 표적화 전략을 사용하는지 아니면 단순히 추가적인 원가가 반영되어 가격이 달라지는 것인지 분간하기 어렵다. 실제로 공정무역 커피로 카푸치노를 만들 때 10펜스(약 20센트)가 더 들어갈 수도 있고, 휘핑크림을 냉장 보관해야 하고 직원들이 이를 만드는 데 더 많은 수고가 들어갈 수도 있고, 고객들이 양이 많은 커피를 마시려면 시간이 더 걸리기 때문에 테이블 공간을 차지하는 비용이 더 들어간다고 볼 수도 있다. 이런 경우에는 상대적으로 높은 가격을 매기는 것이 차별화 전략이 아니라 단순히 원가를 반영한 것일 수도 있다. 하지만 기업들은 언제나 희소성의 가치를 최대한으로 이용하는 방법을 찾고자 노력하며, 가격 표적화는 이를 구현하는 가장 흔한 방법이라고 말하는 편이 훨씬 타당하다. 실제로 가격 표적화라고 보이는 것은 대부분 그렇다고 볼 수 있다.

이런 전략을 증명하기는 어렵지만, 주위를 둘러보면 얼마든지 정황증거들을 발견할 수 있다. 당신이 스몰 카푸치노 대신 라지 카푸치노를 마시기 위해 지불하는 웃돈은 매장 내에서 마시든 밖으로 가지고 나가서 마시든 똑같기 때문에 공간을 차지하는 비용이라는 말은 설득력이 없다. 그러므로 커피숍이 기꺼이 돈을 지불할 의사를 표명하는 고객들에게 높은 가격을 청구하는 자기 표적화 전략을 시도하는 것이라고 믿을 만한 충분한 근거가 된다.

저렴한 제품을 숨겨라

슈퍼마켓의 가격 표적화는 높은 경지에 도달했으며, 이를 위해서 여러 가지 전략을 개발해왔다. 런던의 리버풀 스트리트역 중앙 광장 위편에는 기차로 통근하는 사람들이 런던에 들어오고 나가는 길에 막스앤스펜서M&S라는 식료품 매장이 있다. 이제 우리는 기차역의 희소성 가치를 모두 알고 있으므로, 이 매장의 물건 가격이 싸지 않다는 사실에 놀라지 않는다. 심지어 500미터 떨어져 있는 같은 막스앤스펜서 무어게이트 매장보다도 비싸다. 나는 리버풀 스트리트 매장에서 무작위로 5개 품목을 골라서 이 중 4개를 무어게이트 매장의 가격과 비교해보았다. 4개 품목 모두 무어게이트 매장이 약 15퍼센트 저렴했다. 빅 샐러드는 3.5파운드 대 3파운드였고, 샌드위치는 2.2파운드 대 1.9파운드였다. 하지만 가격 차이를 알더라도 런던으로 출퇴근하는 사람들 중에서 30펜스를 아끼려고 몇 블록을 더 가는 사람은 많지 않다.

| 30펜스를 아끼기 위해서는 얼마나 걸어야 하나?

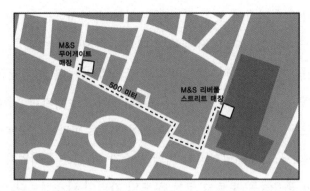

서로 가격 정책이 다른 두 막스앤스펜서 매장은 약 500미터 떨어져 있다. 하지만 대부분의 도시 주민은 그 정도 거리를 걸어가려 하지 않는다.

    다른 슈퍼마켓들은 가격정책에 더욱 신중하다. 다시 한번 런던 웨스트엔드의 중심인 토트넘 코트 로드에 있는 소형 세인즈버리 슈퍼마켓과 이스트 런던의 달스턴에 있는 세인즈버리 대형 매장의 제품 가격을 비교해보았다. 가격 비교가 불가능한 것은 아니었지만 똑같은 제품을 다른 가격에 팔고 있는 사례를 발견하기가 쉽지 않았다. 세인즈버리는 막스앤스펜서처럼 가격 표적화를 하지 않고 있다는 뜻일까? 결코 그렇지 않다. 세인즈버리는 좀 더 정교했다.

    세인즈버리를 조사하면서 나는 막스앤스펜서에서와 똑같이 매장에 걸어 들어가서는 눈에 띄는 대로 물건을 집어들었다. 슈퍼마켓에 걸어 들어갈 때 우리가 어떤 물건에 눈길을 돌리는 것은 우연이 아니다. 고객들이 다니는 길목에 매력적이면서도 수익성이 높은 물건을 세심하게 배치하는 슈퍼마켓의 노력의 결과다. 어떤 상품이 매력을 가지는가는 고객이 누구인가에 달려 있다. 토트넘 코트 로드에 있는 훌륭한 물건들은 모두 꽤 비싼 것들이었다. 1리터들이 트로피카나 오렌지주스가 1.95파운드, 100밀리리터들이 트로피카나 '스무디'가 1.99파운드, 750밀리리터 비텔 생수가 80펜스 등이었다. 이러한 품목들은 토트넘 코트 로드의 가격이 달스턴보다 비싸지는 않았지만(비텔 생수의 경우에는 조금 비쌌다), 달스턴에서는 더 저렴한 대체 품목들을 좀 더 쉽게 찾을 수 있었다.

예를 들어 토트넘 코트 로드에서는 저렴한 오렌지 주스를 발견하지 못했지만, 달스턴에서는 세인즈버리 자체 브랜드의 냉장 주스가 트로피카나 주스 옆에 약 절반 가격으로 진열되어 있었으며 농축 주스는 트로피카나의 거의 6분의 1 가격이었다. 브랜드가 있는 파스타의 경우 양쪽 매장이 같은 가격이었지만 달스턴에는 그 옆에 거의 6배 저렴한 세인즈버리 파스타가 놓여 있었다. 이는 토트넘 코트 로드 매장에서는 가격에 민감하지 않은 손님들을 표적으로 하고 있는 반면, 달스턴 매장에서는 가격에 예민한 손님들을 표적으로 하고 있기 때문이다. 물론 가격에 둔감한 고객이라면 달스턴에서 그 특성이 더욱 확연히 드러날 것이다.

유기농 제품의 속임수

가격 책정의 고수들은 수익을 높이기 위해 고결해 보이는 행동을 곧잘 병행한다. 코스타 커피는 공정무역 커피를 판매하면서, 돈을 후하게 지불하는 고객들을 구별해내는 수단으로 이를 이용하면서도 자신들이 공정무역에 헌신하고 있다고 선전했다. 학생과 노인 들에게 가격 할인을 제공하는 것(제대로 말하자면 일자리가 있어 보이는 사람들에게 더 높은 가격을 요구하는 것) 역시 훌륭한 비즈니스 방법이다. 냉소적인 사람들(혹은 경제학자) 이외에 누가 그런 칭찬받을 행동에 반대를 하겠는가?

자연스레 가격을 높여 돈을 갈취하는 방법 중 요즘 인기 있는 방식은 유기농 식품의 유행에 편승하는 것이다. 식품 안전성에 대한 우려가 높아지면서 많은 사람들이 유기농 식품을 선호하고 있는데, 그들은 유기농이 낫다고 생각하거나 최소한 유기농 식품이 생명을 위협하는 일은 없을 것이라고 여긴다. 기회를 맞은 슈퍼마켓은 추가적인 비용을 훨씬 넘어서는 마진을 취하고 있다. 영국의 슈퍼마켓에서는 흔히 유기농 식품들을 한곳에 모아 진열하는데 겉으로는 유기농 고객들의 편의를 위한 것처럼 보이지만 유기농 식품을 찾는 고객들이 일반 대체 식품의 가격과 비교하지 못하게 하려는 이유도 있다.

워싱턴 D.C.의 스타벅스 매장 건너편에 있는 자연식품 매장 홀푸즈에서는 다양한 종류의 고급 과일과 채소를 판매하는 구역을 별도로 마련해 유기농 방식과 일반적인 방식으로 기른 농산물들을 나란히 판매하고 있다. 이 경우에도 나란히 전시된 상품들은 완전히 다른 품목들이다. 유기농 바나나는 '일반(비유기농)' 사과 옆에 쌓여 있고, 유기농 마늘은 일반 양파 옆에 진열되어 있다. 유기농 바나나가 일반 바나나 옆에 있거나 유기농 마늘이 일반 마늘 옆에 나란히 놓여 판매되는 광경은 본 적이 없을 것이다. 가격 비교가 쉬워지면 많은 것이 너무 솔직하게 드러나기 때문이다.

그렇다면 비싼 유기농 식품이 정말 가격 표적화 전략의 하나일까? 유기농 식품은 당연히 비쌀 수밖에 없다. 유기농 식품은 생산 비용이 더 들고, 유통기한은 더 짧으며, 일반 식료품보다 유통비용도 더 많이 든다. 하지만 카푸치노와 마찬가지로 슈퍼마켓 선반에 있는 대부분의 식품 가격에서 원재료가 차지하는 비중은 작다. 영국에서 유기농 우유는 1쿼트당 50센트의 프리미엄이 붙지만 농부들에게 돌아가는 프리미엄은 20센트 미만이다. 슈퍼마켓이 고객들 사이에 불고 있는 유기농 식품의 유행을 가격 인상의 기회로 삼아 자신들의 수익 증대에 이용하고 있다는 사실도 이제 놀랄 일이 아닐 것이다. 권고하건대 만약 당신이 유기농의 장점을 잘 알고 있다면 부디 식품 판매상이 당신의 열정을 이용하지 못하도록 유기농과 비유기농 식품의 가격 차가 크지 않은 소매점을 이용하거나 판매자 직배송 상품을 구매해 그들을 지원해주길 바란다.

저렴한 슈퍼마켓은 없다

내가 워싱턴 D.C. 중심부에 있는 홀푸즈 슈퍼마켓 인근에 살고 있다고 말하면 사람들은 그 슈퍼마켓이 참 근사하다는 말을 잊지 않는다. 홀푸즈는 스스로 '세계 최고의 유기농 식품 슈퍼마켓'임을 자처하면서 각종 신선한 과일과 채소, 무항생제 고기, 유럽 치즈와 맥주, 고급 초콜릿 등을 판매하고 있다. 훌륭한 식료품들을 즐겁게 쇼핑할 수 있는 곳이지만 내 지인들은 홀푸즈가 매우 비싸다는 불평도 잊지 않고 곁들인다. 과연 홀푸즈는 정말로 비싼 것일까?

이는 당신이 비싸다고 하는 말의 의미에 달려 있다. 추측하건대 사람들은 저마다 가격 비교 기준을 가지고 있다. 아마도 공정하게 가격을 비교하는 한 가지 방법은 다섯 블록 떨어진 곳에 있는 세이프웨이의 가격과 비교해보는 것이다. 세이프웨이는 상품 종류가 적고 조악한 실내장식 때문에 지역 주민들이 '소비에트 세이프웨이'라고 부른다. 홀푸즈 고객의 전형적인 장바구니 물가를 세이프웨이 고객의 전형적인 장바구니 물가와 비교해보면 십중팔구 홀푸즈 쪽이 좀 더 비싸다는 것을 발견하게 된다. 하지만 이는 양쪽 상점을 이용하는 고객에 관해서 좀 더 많은 사실을 이야기해준다. 여러 가지로 검증을 해보면 똑같은 물건의 가격은 홀푸즈가 세이프웨이에 비해 결코 비싸지 않음을 알 수 있다.

세이프웨이와 홀푸즈는 똑같은 바나나에 정확히 똑같은 가격을 매겨놓고 있다. 체리, 포도, 토마토 한 상자의 가격도 양쪽이 똑같다. 노란 양파, 아이리시 버터, 치리오스의 가격은 세이프웨이가 낮지만 생수, 트로피카나 프리미엄 오렌지 주스, 스위트 양파 등은 홀푸즈에서 더 싸게 살 수 있다. 간단히 말해서 당신이 똑같은 물건들을 세이프웨이와 홀푸즈에서 많이 구매해보면 양쪽의 가격 차이는 1~2달러에 불과하며 홀푸즈 역시 세이프웨이처럼 저렴하다는 사실을 알게 된다.

이는 어떤 가게는 싸고 어떤 가게는 비싸다는 우리의 통념과 다르다. 사실 그러한 믿음은 그다지 일리가 있는 것은 아니다. 비슷한 위치에서 비슷한 서비스로 똑같은 제품을 비싸게 파는 게 확실하다면 그곳을 이용하는 고객들은 모두 멍청이일 것이다. 홀푸즈에서는 좀 더 쾌적하게 쇼핑을 즐길 수 있는 것은 사실이지만, 기본적으로 홀푸즈 역시 여느 슈퍼마켓과 다를 바 없으며 당신이 쇼핑 카트에 담는 품목들은 세이프웨이에서와 별다를 바 없을 것이다.

그렇다면 왜 사람들은 홀푸즈가 더 비싸다고 생각할까? 그 것은 홀푸즈의 가격 표적화 대상이 다르기 때문이다. 다시 말해 홀푸즈에서 파는 기본 생필품 역시 가격 경쟁력이 있지만, 무엇을 '기본 생필품'으로 보는가에 대한 시각이 세이프웨이와는 다른 고객들에게 맞춰 상품 구색을 갖추고 있기 때문이다.

예를 들어보자. 세이프웨이의 트로피카나 오렌지 주스와 폴란드 스프링 광천수는 홀푸즈보다 더 비싸다. 홀푸즈 고객들은 트로피카나 주스와 광천수를 기본 생필품이라고 생각하여 이들 품목을 저렴한 가격으로 살 수 있기를 원한다. 반면 세이프웨이 고객들은 수돗물과 농축 오렌지 주스가 이를 완벽하게 대체할 수 있다고 생각한다. 광천수와 신선한 트로피카나 주스를 사는 세이프웨이 고객들은 자신이 사치스러운 기호를 가지고 있다는 신호를 보내는 것이다. 홀푸즈 고객들은 트로피카나라는 저렴한 선택을 지나쳐서, 즉석에서 신선한 과일을 갈아 만들어주는 좀 더 비싼 스무디를 선택할 수도 있다.

기본적인 노란 양파와 스위트 양파의 가격은 양쪽 가게가 비슷하다. 하지만 홀푸즈에서는 더 다양하게 선택할 수 있다. 진주색 양파에 빨간 양파, 마진이 높은 유기농 양파까지 진열되어 있다. 비싸더라도 품질 좋은 제품을 찾는 홀푸즈 고객들은 별 망설임 없이 눈에 띄는 양파 한 자루를 집어들고는 가격에는 별 관심 없이 값을 치를 것이다.

이것이 홀푸즈에서 담은 장바구니 가격이 세이프웨이에서 담은 장바구니 가격보다 훨씬 비싼 이유다. 이는 홀푸즈가 비싸고 홀푸즈 고객들이 어리석기 때문이 아니다. 홀푸즈는 자사 고객들이 품질 프리미엄이 가치가 있다고 생각하여 기꺼이 선택할 수 있는 비싼 대안을 추가로 제공하고 있기 때문이다.

나는 이렇게 조언하고자 한다. 만약 물건을 싸게 사고 싶다면 싼 가게를 찾으려 하지 말고 쇼핑을 싸게 하라. 비슷한 물건은 대개 가격도 비슷하다. 값비싼 쇼핑을 하게 되는 이유는 '나쁜 가격'을 제시하는 가게에서 쇼핑을 했기 때문이라기보다는 높은 마진을 붙인 물건들을 무관심하게 고른 결과다.

가격을 혼동시켜라

세일은 흔히 볼 수 있는 또 다른 가격 전략이다. 우리는 흔히 수백 가지 품목의 가격을 깎아주는 전 품목 세일 풍경에 너무도 익숙해진 나머지 상점에서 도대체 왜 그런 일을 하는지 미처 생각해보지 않았다. 그런데 이에 관해 곰곰이 생각해보자면 꽤나 당혹스러운 가격 책정 방식과 마주치게 된다. 세일은 상점에서 부과하는 가격을 전체적으로 낮추는 효과를 낸다. 하지만 왜 1년 내내 5퍼센트씩 깎아주는 대신 1년에 두 차례에 걸쳐 30퍼센트씩이나 깎아주는 것일까? 가격표를 수정하고 광고를 하는 등 많은 수고를 들여가면서 말이다. 이러한 수고를 마다하지 않고 가격을 혼동시키고 있는 이유는 무엇일까?

세일은 자기 표적화의 효과적인 방법이기 때문이라고 주장하는 이도 있다. 물건을 싸게 사기 위해 발품을 파는 고객과 그렇지 않은 고객이 있다면 상점 입장에서는 충성도가 높은 (혹은 게으른) 고객에게서 높은 가격을 받거나 싼 물건을 찾아다니는 고객들을 낮은 가격으로 붙잡는 것이 최선이다. 충성스러운 고객들의 돈을 갈취하되 너무 비싸지 않고, 가격에 민감한 고객들을 유인하되 터무니없이 낮지도 않은 어중간한 가격은 좋지 않다. 하지만 이야기는 여기서 끝이 아니다.

만약 가격이 변함없이 고정되어 있다면 가격에 둔감한 소비자들조차도 어디에서 물건을 특히 싸게 살 수 있는지 알아차릴 것이다. 그러므로 상점들은 상품 가격을 일률적으로 높거나 낮게 고정하기보다는 물건에 따라 들쭉날쭉하게 책정하는 편을 선택한다.

　같은 고객들을 상대로 두 개의 슈퍼마켓이 경쟁하는 상황을 생각해보자. 앞서 논의한 대로 어느 한쪽이 다른 쪽보다 일률적으로 값을 비싸게 받으면서 영업을 계속하기란 어려운 일이다. 그러므로 평균적으로 가격은 둘 다 비슷하지만, 두 곳 모두 자신들의 가격을 교란할 것이다. 그런 방식으로 두 슈퍼마켓은 염가품을 찾아다니는 사람과 특정 상품을 당장 꼭 필요로 하는 사람을 구별할 수 있다. 가격 표적화 전략이 효과를 보는 이유는 슈퍼마켓이 특별 제공 가격의 패턴을 항상 바꾸기 때문이며 그럴 경우 고객들이 양쪽 가게를 모두 찾아가 비교해보는 게 너무나 번거로운 일이기 때문이다. 만약 고객들이 어떤 품목의 할인 여부를 쉽게 예상할 수 있다면 가장 저렴한 재료들을 골라 만들 수 있는 요리법을 미리 정해놓고 쇼핑에 나설 수도 있을 것이다.

세일의 무작위적 패턴은 곧 가격 인상의 무작위적 패턴으로 이어진다. 기업 입장에서는 예측 가능한 방법으로 가격을 조금 올리는 것보다 예측 불가능한 방식으로 가격을 크게 인상(세일 가격 이상으로)하는 것이 수익성에 더 좋다. 고객들 입장에서는 예측 불가능한 가격 인상은 피하기가 곤란하지만(심지어 크지 않은 가격 인상은 눈치채지 못한다), 예측 가능한 가격 인상은 쉽게 피할 수 있다. 다음에 슈퍼마켓에 갈 때에는 가격 혼동에 주의를 기울여보기 바란다. 낱개로 파는 칠레 고추의 가격이 묶음으로 파는 것보다 10배 더 비싸다는 사실을 알고 있는가? 적은 분량만 사는 고객들은 보통 4~5센트의 가격 차이는 잘 헤아려보지 않기 때문이다. 채소 가격을 무작위로 3배 올리는 것도 흔히 쓰는 전략이다. 이러한 이윤 붙이기를 눈여겨보는 고객들은 그 주에는 다른 채소를 선택한다. 그들은 스스로를 터무니없는 가격 인상의 표적으로 만들지 않는다.

언젠가 나는 감자칩을 찾으면서 슈퍼마켓 측의 트릭을 발견했다. 진열대 맨 위에는 내가 좋아하는 감자칩 브랜드 '소금과 후추 맛'이 있었다. 한편 조금 떨어진 곳에 같은 브랜드의 감자칩이 맨 아래 진열되어 있었는데 같은 크기의 다른 맛이었다. 위쪽에 있는 감자칩은 아래쪽의 감자칩보다 25퍼센트 더 비쌌지만 사람들은 비슷한 장소에 있는 비슷한 두 제품의 가격을 좀처럼 비교하지 않았다. 그들은 가벼운 간식거리를 가볍게 집어 들었다.

물론 어떤 사람은 같은 과자라도 어떤 맛인가를 따진다. 어떤 사람은 '소금과 후추 맛'이 더 비싸다는 것을 알고서는 언짢아하면서도 돈을 지불한다. 반면 어떤 사람은 다른 맛을 선택하면서 더 저렴한 제품을 찾은 걸 행운이라 여길 것이다.

하지만 이 사례는 슈퍼마켓과 관련한 보편적 진실의 단편에 불과하다. 슈퍼마켓에는 유사한 대체품이 가득한데 가격이 변칙적이어서 어떤 것은 싸고 어떤 것은 비싸다. 가격이 변칙적으로 책정되기 때문에 주의 깊은 쇼핑객들만이 이를 눈치챌 수 있으며 그런 사람만이 대체 상품들과 가격을 비교해서 최고의 가격으로 구매할 수 있다는 사실을 기억하라.

가격과 희소성

이제 현실을 체크해보는 시간이다. 우리는 흔히 대기업의 힘은 무한하고 우리는 대기업에 끝없이 속고 있다고 이야기한다. 하지만 이는 사실이 아니다.

어떤 기업도 희소성이 없으면 힘을 가질 수 없다는 사실을 기억하라. 그리고 그 희소성이란 우리의 게으름이 그들에게 준 선물이다. 아무도 우리가 이 가게 저 가게 돌아다녀보는 것을 막지 않는다. 칠레 고추를 살 때 간단한 계산을 해보지 못하도록 우리를 방해하는 사람도 없고, 감자칩을 살 때 몇 초간 주위 진열대를 둘러보지 못하게 막는 것도 없다.

어떤 상점이든 그들이 가지고 있는 희소성의 힘은 아주 작다. 우리는 맘에 들지 않으면 그냥 나가서 옆 가게로 가면 그만인 것이다. 하지만 어떤 가게는 다른 가게에 비해 희소성을 좀 더 많이 갖고 있는데, 이는 가격 표적화 전략에 걸려드는 위험성을 감안할 때 생각해볼 필요가 있다.

예를 들어 앞 장에서 말한 '왜 극장 안에서 파는 팝콘은 더 비싼가?'라는 질문에 대한 대답은 무엇이었는가? 레스토랑에서 파는 와인이 더 비싼 것과 같은 이유일까? 일단 당신이 문을 열고 안으로 들어왔기 때문에, 그들은 원하는 대로 가격을 부과할 수 있는 것일까? 고객들은 멍청이일 수도 있지만 그 정도까지는 아니다. 사람들은 레스토랑 문을 열고 들어가기 전에 와인 가격이 비쌀 테고, 영화관에서 파는 팝콘과 사탕이 좀 더 비싸리라는 사실을 예상한다.

가격에 민감한 영화 관객은 미리 집에서 준비해 가져가거나 군것질거리 없이 영화를 본다. 가격에 민감하지 않은 사람(아마도 데이트 중이거나 구두쇠처럼 보이기 싫어하는 사람)은 크게 신경 쓰지 않고 팝콘을 사 먹을 것이다. 현명한 생각이다.

흔히 동네에 영화관이 하나밖에 없거나 도심에서도 당신이 보고 싶은 영화를 상영하는 영화관은 하나뿐인 경우가 많다. 이런 경우 그 영화관은 희소성을 가지고 있으며, 똑똑한 관리자라면 그것을 최대한 이용하고자 할 것이다.

하지만 레스토랑에서 와인을 비싸게 파는 것은 같은 이유로 설명할 수 없다. 일반적으로 한 레스토랑은 동네 안에 여러 대안이 존재하기 때문에 영화관만큼 희소성을 가지고 있지 않기 때문이다. 희소성의 힘이 작으면 가격은 원가에 맞추어 책정되게 마련이다. 하지만 대부분의 레스토랑에서 파는 와인은 원가보다 가격이 훨씬 높다. 레스토랑 사업에서 가장 큰 비용은 테이블 공간이기 때문이라는 주장도 있다. 그러므로 한가롭게 테이블을 오래 차지하고 식사하는 사람에게 더 많은 돈을 받고자 하는 것이며, 그래서 와인뿐 아니라 애피타이저와 디저트에도 높은 가격을 받고 있다는 이야기다.

우리는 영화를 보기 위해 극장에 가고 음식을 먹기 위해 레스토랑에 가는데, 이런 곳에서 제공하는 '옵션들'은 언제나 우리를 갈취하고 있을까? 그렇지 않다. 영화관과 레스토랑에서 제공하는 옵션 중에는 화장실이 있다. 그런데 화장실은 언제나 무료로 제공된다. 레스토랑에서 제공하는 물 역시 무료다. 물은 돈을 갈취할 수 있는 옵션이 아니다. 물은 업체가 희소성의 힘을 가지고 가격 표적화를 행사할 만한 가격 민감성이 결여되어 있기 때문이다.

싼 게 비지떡인 이유

어쩌면 이 글을 읽고 있는 당신은 기업 관리자로서 기쁜 마음에 손을 비비며 앞으로 사업에서 어떻게 가격 표적화 전략을 펼쳐나갈지 구상하고 있을지도 모르겠다. 하지만 너무 흥분하기 전에 당신의 가격 표적화 시스템에 구멍은 없는지 먼저 확인해볼 필요가 있다. 잠재적으로 최악의 누수가 생기는 두 개의 구멍이 있을 수 있는데, 구멍이 커지면 훌륭한 마케팅 계획을 망칠 수도 있다. 이에 적절히 대처하지 않는다면 아무리 훌륭한 계획이라도 수포로 돌아가고 말 것이다.

첫 번째 문제는 가격에 둔감한 고객들이 자기 표적화 게임에 참여하지 않는 것이다. 가격에 민감한 고객들이 비싼 물건을 잘 피해가지 못하도록 하는 것보다, 가격에 둔감한 고객들이 싼 물건을 사지 않도록 만드는 것이 더욱 어려울 때도 있다. 가격 차이가 작은 경우에는 문제가 되지 않는다. 앞서 보았듯이 절대적인 조건에서는 높은 마진을 붙이기 어렵지만, 칠레 고추를 비닐 포장에 담아 팔거나 감자칩 포장을 선반 상단으로 옮겨놓는 등 상대적인 조건하에서는 더 높은 마진을 붙일 수 있다. 어느 것을 살지 영리하게 결정하기란 항상 쉬운 일은 아니다.

가장 극단적인 사례는 운수업에서 찾을 수 있다. 기차나 비행기의 일등석은 일반석보다 비싸지만, 사람을 출발지에서 도착지로 옮겨주는 근본적인 수송의 역할은 일등석이든 일반석이든 마찬가지기 때문에 부유한 여행객들에게서 더 많은 돈을 갈취해내기란 쉬운 일이 아니다. 기업이 가격 표적화 효과를 내기 위해서는 최고의 서비스와 최저 서비스 간의 차이를 과장해야 한다. 예를 들어 기차 일반석에 좌석 테이블이 없는 이유(영국의 열차들은 보통 그러하다)는 오로지 일반석이 너무 쾌적하다면 일등석 잠재 고객이 저렴한 일반석을 선택할 수도 있기 때문이다. 따라서 일반석 여행객들에게는 어느 정도 불편을 주지 않을 수 없다.

기차가 처음 등장했던 시절, 프랑스의 일부 기차 회사들은 지붕이 없고 좌석이 나무로 된 객차를 운행했다. 삼등석 칸에 지붕을 씌우고 좌석에 쿠션을 대는 데 돈이 들기 때문만은 아니었다. 그 회사의 의도는 이등석 좌석을 살 수 있는 여행객들이 삼등석 좌석을 사지 못하게 하려는 데 있었다. 가난한 사람들을 불편하게 만든 이유는 그들을 괴롭히고 싶어서가 아니라 부자들을 겁주기 위해서였다. 그리고 같은 이유로 삼등석 여행객들은 거의 무자비하게 대하고 이등석 여행객들에 대한 서비스는 변변치 않았던 반면 일등석 여행객들에 대한 서비스는 아주 후했다. 가난한 승객들에게는 필요한 서비스조차 거절한 반면 부자 승객들에게는 과다하게 서비스했다. 세계 어느 공항이든 탑승 대기 구역이 잘 갖추어둔 곳이 드문 이유도 이와 비슷하다. 무료인 탑승 대기 구역이 편안하게 잘 갖추어져 있다면 항공사들은 더 이상 비즈니스 클래스 좌석을 팔면서 '공항 특별 라운지 제공'이라는 혜택을 부여할 수 없다. 일반석 승객들보다 퍼스트 클래스 승객과 비즈니스 클래스 승객이 먼저 탑승하고 내리게 하는 것도 같은 이유로 설명할 수 있다. 이러한 '서비스'는 이코노미 클래스 승객들을 겨냥한 것이 아니라 이 불쌍하고 애처로운 모습을 비행기 앞쪽에 타는 승객들이 보고 느끼게 하기 위해서다. 그들의 메시지는 확실하다. 앞으로도 계속해서 비싼 좌석 요금을 지불하라. 그러지 않으면 당신도 승무원 뒤에 서서 기다리게 될 것이다.

슈퍼마켓에서도 같은 트릭을 발견할 수 있다. 품질이 조악하다는 것을 포장으로 전달하는 제품들이 있다. 슈퍼마켓들은 흔히 레몬에이드, 빵, 볶은 콩 등 일부 상품에 자체 브랜드를 달아 판매하는데 그 포장 디자인이 짐짓 허술하다. 실력 있는 디자이너를 고용하고 좀 더 매력적인 로고를 프린트하는데 돈이 들어서가 아니다. 돈을 좀 더 지불할 수 있는 고객들이 조악한 포장을 보고 싼 물건을 구매할 의욕이 싹 가시게 하기 위해 나름대로 신경 써서 디자인한 것이다.

이렇게 염가 제품에 손이 가지 못하도록 고객의 의욕을 꺾는 슈퍼마켓 측의 노력이 없다면 레몬에이드 한 병에 5배 더 돈을 지불할 의사가 있었던 고객이 염가 제품으로 눈을 돌려 선택하는 일이 생길 것이다. 따라서 기차 일반석에 좌석 테이블이 없고, 공항 탑승 대기실의 의자가 불편한 것과 마찬가지로 '가치 있는' 제품의 조악한 포장은 자부심 강한 고객들로 하여금 스스로 높은 가격을 지불하게 하려는 것이다.

컴퓨터 업계에서도 아주 놀라운 사례를 찾아볼 수 있다. IBM의 저가 레이저 프린터 모델 '레이저라이터 E'는 고급 모델인 '레이저라이터'와 똑같은 부품으로 만들어졌음이 밝혀졌다. 단, 싼 모델에는 속도를 늦춰주는 칩이 추가로 설치되어 있을 뿐이다. IBM이 프린터 생산 비용을 낮추기 위한 가장 효율적인 방법은 같은 설계로 대량생산한 뒤 서로 다른 가격으로 파는 것이다. 물론 사람들이 비싼 프린터를 사게 하려면 싼 제품의 속도를 떨어뜨려야 한다. 이는 낭비일 수도 있지만

IBM 입장에서는 서로 다른 두 개의 프린터를 별도로 설계하고 생산하는 것보다 절약할 수 있는 방법이다. 반도체 칩 생산 업체 인텔도 비슷한 전략을 썼다. 아주 유사한 프로세싱 반도체 칩을 생산한 뒤 서로 다른 가격으로 판매한 것이다. 실제로는 가격이 낮은 칩의 생산비가 더 들었다. 싼 칩은 비싼 칩과 똑같이 만들어진 데다가 일부 기능을 제한하는 기능이 추가됐기 때문이다.

소프트웨어 패키지는 흔히 두 가지 혹은 그 이상의 버전이 존재한다. 하나는 모든 기능을 다 갖춘 것('전문가용' 패키지)이고, 다른 하나는 상대적으로 낮은 가격으로 대중 시장을 공략하기 위한 것이다. 많은 사람들은 통상적으로 전문가용 버전을 먼저 설계하고 이 중 일부 기능을 제한하여 일반인용 버전을 만든다는 사실을 모른다. 전문가용 버전이 높은 가격에 팔리기는 하지만 추가로 개발 비용이 소요되는 것은 일반인용이다. 생산 비용만 놓고 보면 전문가용이나 일반인용이나 똑같다. 컴퓨터 하드웨어와 소프트웨어는 연구 개발 비용은 높은 대신 생산 비용은 상대적으로 낮은 색다른 원가 구조를 가지고 있다. 인터넷 거품이 최고조에 달했을 때 경박한 전문가들은 이 색다른 원가 구조가 모든 것을 바꾸어놓는다고 주장했다. 하지만 우리가 지켜보았듯이 하이테크 기업이라도 돈을 버는 기본적인 원리는 열차 운송 업체나 커피숍과 크게 다르지 않다. 이렇듯 가격 표적화 전략에서 발생하는 첫 번째 '누수'는 제품에 고의적으로 제한을 가하지 않을 경우 부유한 고객들이 싼 제품을 사는 것이다. 두 번째 '누수'는 그룹 표적화 전략을 사용하는 기업들이 특히 취약하다. 즉, 제품이 한 그룹에서 다른 그룹으로 흘러 들어가는 위험이다. 가격 할인을 받아 구매하는 고객이 높은 가격에 살 수 있는 고객에게 이익을 붙여 되파는 경우가 있을 수 있다. 지금까지 우리가 살펴본 대상들은 주로 재판매할 수 없는 서비스(운송 서비스나 디즈니월드 관광 등)나 재판매하기 어려운 제품(샌드위치나 커피 등)이었다. 이는 우연이 아니다. 서비스와 편의 용품들은 누수되지 않기 때문에 가격 표적화 전략을 사용할 수 있는 가장 기본적인 요건을 갖추고 있다. 가격 트릭이 가장 훌륭하게 적용되는 곳이 바로 항공사, 레스토랑 및 칵테일바, 슈퍼마켓 등이다.

이와는 반대로 어떤 제품들은 본질적으로 누수가 발생한다. 비싸고, 쉽게 이동할 수 있으며, 쉽게 부패하지 않는 제품들이 그것이다. CD, DVD, 소프트웨어 같은 디지털 미디어 제품과 약품 등이 대표적인 예다. 기업들은 누수를 막기 위해서 막대한 노력을 기울이고 있지만, 인터넷을 통해서 세계 어느 곳에서도 제품을 구입할 수 있기 때문에 노력은 점점 더 힘들어지고 있다. 예를 들어 DVD 제작업계는 미국에서 산 DVD가 영국에서는 작동하지 않도록 지역코드를 부착하기로 합의

했다. 하지만 이 시스템은 소비자 연맹의 반대에 부딪히고 있으며, DVD 플레이어 제작업체들은 세계 어디서 구입하더라도 DVD를 볼 수 있는 장치를 부착하려 하고 있다.

만약 당신의 생각이 나와 비슷하다면, 이는 꽤나 낡은 궁여지책처럼 느껴질 것이다. 하지만 시장마다 DVD 가격이 제각각인 것을 곱지 않게 보는 대중들도 거대 제약 기업들이 가난한 나라에는 약값을 할인해 판매해야 한다고 생각한다. 혼란스럽게도 우리의 도덕적 본능은 상호 모순된 메시지를 보내고 있다.

간단히 말하자면 이런 생각일 것이다. 에이즈 치료제 같은 중요한 제품은 가난한 사람들이 이를 구매할 수 있게 해야 한다. DVD처럼 사소한 물건은 바가지를 쓰더라도 기분이 나쁜 것으로 그만이다. 하지만 그렇게 간단히 생각할 수 있을까? 가난한 나라에 DVD 가격을 낮추어서 팔아서 이들이 최소한 바나 마을 회관 같은 데 모여서라도 영화를 볼 수 있도록 해야 하지 않을까? 아니면 제약 회사들이 선진국에서 높은 가격에 약을 팔고 있는 사실에 더욱 분노해야 할까? 경제학은 이러한 윤리적 문제를 해결하지 못하지만 최소한 윤리적인 문제를 정확히 볼 수 있도록 뚜렷이 조명할 수는 있다.

모든 고객의 지갑을 열게 하는 법

머릿속으로 한 가지 실험을 해보자.

'알약주식회사'라는 이름의 제약 회사가 있다고 치자. 이 회사는 새롭고 강력한 에이즈 치료제를 개발했다. 그리고 가격 표적화를 생각하지 않고 전 세계에 동일한 가격으로 제품을 판매한다고 가정하자. 알약주식회사는 판매 가격을 낮추었을 때 판매량이 늘어나 얻는 이익과 마진 감소로 줄어드는 이익이 균형을 이루는 균형점에 맞춰 세계 공통의 가격을 정할 것이다. 예를 들어 알약주식회사가 이 균형점에서 가격을 낮추어 마진을 반으로 줄였다고 하자. 그럴 경우에는 판매량이 두 배로 늘어나지 않는 한 이익은 줄어들 것이다. 반면 가격을 높여 마진을 두 배로 늘릴 경우에도 판매량이 절반 이하로 떨어진다면 역시 전체 이익은 감소할 것이다. 이처럼 알약주식회사는 가격을 더 내리거나 올린다면 수익이 떨어지는 균형점에서 가격을 책정해 이익을 최대화할 것이다.

그 가격은 높을 것이다. 부자 나라 고객들은 효과적인 치료법에 많은 돈을 지불할 수 있는데, 푼돈만 지불할 수 있는 고객을 잡기 위해서 수천 달러를 포기할 수는 없기 때문이다.

알약주식회사는 약 판매에 희소성의 힘을 발휘해 생명을 살리는 약에 높은 가격을 받는 것이다. 그 결과 안타깝게도 가난한 나라 사람들은 약을 얻지 못한다. 알약주식회사의 탐욕 때문에 수많은 환자들이 죽어간다.

하지만 실제로는 안타까운 일이라고 생각할 수만은 없다. 알약주식회사의 탐욕 덕분에 사람들이 생명을 구하고 있기도 하다. 알약주식회사는 돈을 많이 벌 수 있는 특허를 취득하기 위해서 생명을 살리는 치료제를 열심히 개발해왔기 때문이다. 일반 개인들과 민간 보험회사들이 약값을 내고 있으며, 특히 커다란 미국 시장이 있기에 혁신적인 치료제 개발을 위한 노력이 촉진되고 또 보상을 받는다.

알약주식회사가 국제적으로 단일화한 높은 가격으로 약을 팔아 돈을 벌고 있지만, 회사나 다른 사람들에게 더 좋은 방법이 있다. 경제학자들은 그저 어깨를 들썩이며 '훨씬 나아질 것이다'라고 막연히 말하지 않는다. 그들은 구체적인 방법, 즉 알약주식회사가 더 많은 돈을 벌면서 세계에 더 공헌할 수 있는 방법을 제시한다.

한 명의 고객에게 1년간 필요한 약을 생산하는 데 10달러의 비용이 소요되며 판매 가격은 1천 달러라고 하자. 부자 고객(혹은 보험회사가 비용을 내는 고객)은 돈을 내고 약을 살 것이며 여기에 문제는 없다. 에이즈 환자에게서 치료제를 만드는 회사로 매년 990달러의 돈이 이동한다. 하지만 카메룬에서 택시 운전을 하는 에이즈 환자는 치료제로 1년에 50달러만 지불할 의향이 있다. 그 이상이 되면 그는 차라리 음식을 사거나 택시에 넣을 휘발유를 산다. 알약주식회사의 가격 단일화 정책으로 이 택시 운전사는 치료를 받지 못하고, 알약주식회사는 약간의 이익을 얻을 기회를 놓친다. 만약 알약주식회사가 택시 운전사에게 가격을 한 차례 할인하여 10달러에서 50달러 사이(30달러라고 하자)에 약을 판매한다면 모든 사람이 훨씬 행복해질 것이다. 50달러라면 약을 사려 했던 택시 운전사는 30달러에 살 수 있어서 좋고, 알약주식회사는 10달러짜리 약을 30달러에 팔아 20달러의 수익을 올릴 수 있어서 좋다.

　이것이 바로 '더 좋은 방법'의 내용이다. 만약 현재 상태에서 어느 누구도 불리해지지 않게 하면서 적어도 한 개인의 상태를 더 유리하게 만드는 방법이 존재한다면, 현재의 상황은 '비효율적' 혹은 좀 더 쉽게 말하자면 '개선의 여지가 있는' 상황이라고 할 수 있다. (만약 어떤 변화를 줄 경우 적어도 한 사람은 나아지지만 다른 누군가는 불리해진다면 그 상황을 효율적이라고 말할 수 있다. 그렇다고 효율적인 상황에서는 더 이상 발전이 불가능하다는 뜻은 아니다. 다만 비용을 들이지 않고 이를 발전시킬 방법은 없다는 뜻이다.) 이제 알약주식회사가 가격 표적화를 해서, 부자 서구 나라에서는 1천 달러에 약을 팔지만 카메룬 택시 운전사 같은 개발도상국 사람들에게는 30달러에 약을 판매한다고 상상해보자. 알약주식회사로서는 갑자기 완전히 새로운 시장이 열리게 된다. 새로운 가격 할인으로 이 회사는 연간 20달러의 수익을 가져다 주는 수백만 명의 신규 고객을 얻게 되는 동시에 부자 나라에서도 여전히 판매를 유지한다.

이는 제약 회사들이 크게 우려하는 대로 값싸게 팔린 약이 새어나가 서구 시장으로 역류하는 일이 없다고 간주할 때 얘기다. 이러한 누수 현상은 고객들이 기꺼이 많은 돈을 지불하려는 미국 시장에서는 높은 이익을 보는 한편, 비싼 약에는 보험금을 지급하지 않으려는 캐나다의 건강보험사에는 저가 전략을 펴고 있는 제약 회사들이 고민하는 문제다. 이러한 누수가 계속된다면 미국의 제약 회사들은 캐나다에는 가격 할인을 거부하게 될 것이다.

인터넷이나 다른 커뮤니케이션의 발달로 가격 투명성이 그 어느 때보다 높아졌는데, 이것이 제약 회사로서는 불리하게 작용하는 것이다. 누수가 생길 가능성이 높아졌기 때문에 희소성을 가진 기업들이 제품을 차별적으로 할인하여 공급하는 데 어려움이 생겼다.

알약주식회사의 이중가격 정책은 더 나은 상황을 만들었다. 부자 나라의 고객들은 그렇다고 나빠지는 것은 없다. 알약주식회사의 주주들은 더 많은 보상을 받는다. 가난한 나라의 에이즈 환자들 역시 혜택을 누린다. 비즈니스 스쿨에서 흔히 쓰는 표현을 빌리자면 윈윈 구조라고 할 수 있고, 경제학자들은 효율의 확실한 개선이 이루어졌다고 말할 것이다.

그렇다고 새로운 상황이 완벽하다는 뜻은 아니다. 단지 이전의 상황보다 확실히 나아졌음을 의미한다. 이전 상황에서는 알약주식회사가 가진 희소성이 꽤나 비효율적인 상황을 만들고 있었고, 가난한 나라에서는 많은 생명을 잃었다. 원가가 얼마 되지도 않는 약을 가난한 사람들이 살 수 없는 상황이라면 누구든 분노했을 것이다.

떠나는 고객을 붙잡아라

알약주식회사의 새로운 가격 표적화 프로그램은 윈윈 구조를 만들었다. 하지만 때로는 가격 표적화가 여러 면에서 불리하게 작용할 수도 있다.

이번에는 승객들을 기차로 운송하는 '기차주식회사'라는 가상 기업을 생각해보자. 기차주식회사가 운행하는 기차는 항상 승객들로 붐빈다. 기차의 일부 좌석은 미리 예약한 여행객, 노인, 학생, 가족 단위 손님에게 50달러를 할인해주고 있다. 다른 표는 정가대로 100달러를 받고 있으며 통근자와 기타 비즈니스 승객들이 구입한다. 이것은 아주 기본적인 그룹 표적화 전략이다. 저가 표를 일부만 발행하여 공급을 제한하고, 높은 가격을 지불할 용의가 있는 구매자에게 높은 가격을 요구하는 것이다(물론 좌석을 구분하여 저가 공급을 제한함으로써 수익성을 높일 수도 있지만, 가능하다면 남는 좌석을 모두 채우는 것이 수익을 더욱 높이는 길이다).

경제학자들은 이것이 비효율적이라는 것을 즉시 알 수 있다. 달리 말해서 다른 누구의 상태도 더 나빠지는 일 없이 최소한 한 개인의 상태를 더 좋은 상태로 만드는 방법을 생각할 수 있다는 뜻이다.

그 방법이란 100달러보다 조금 낮은 가격(95달러라고 하자)을 지불할 용의가 있으며, 현재 자동차로 출근하고 있는 통근자에게 표를 90달러에 제공하는 것이다. 그럼 기차는 꽉 차 있는데 좌석은 어디서 구할 것인가? 그렇다. 별로 바쁘지 않으며 50달러보다 조금 더 높은 가격(55달러라고 하자)까지만 지불할 용의가 있는 학생들을 정중하게 거절하고 그 좌석을 취하면 된다. 대신 그 학생들에게 보상하는 의미에서 추가로 10달러를 얹어 환불을 해준다.

자, 이제 상황을 정리해보자. 95달러까지 지불할 의사가 있던 통근자는 90달러만 지불했다. 그는 5달러의 혜택을 보았다. 학생은 50달러짜리 표에 55달러까지 지불할 용의가 있었기에, 만약 승차가 허용되었다면 그는 5달러의 혜택을 본다. 하지만 기차를 타지 못 하게 되어 10달러를 받게 되었으므로 그 학생 역시 행복하다. 기차주식회사는 어떠할까? 50달러짜리 표를 90달러짜리 표로 바꿀 수 있어서 높은 판매 수익을 거두었다. 10달러를 얹어 환불해준 것을 감안하더라도 회사는 30달러의 이득을 보았다. 모든 사람들이 승자가 되었다. 즉, 기차주식회사가 기존의 그룹 가격 표적화 전략 대신 이 시스템을 수용함으로써 모두가 혜택을 본 것이다.

하지만 실제로 이러한 상황은 벌어지지 않는다. 기차주식회사가 이런 시스템을 사용한다면 100달러를 지불할 용의가 있던 통근자들이 90달러에 표를 구하고자 할 것이며, 50달러를 지불할 의사가 없던 학생들도 표를 구매하고는 환불받기를 기다릴 것이다. 모든 상황이 가격을 책정하는 기차주식회사에 불리하게 변할 것이다.

이해를 돕는 차원에서 간략하게 정리해보면 이렇다. 그룹 가격 표적화 전략은 돈을 좀 더 지불할 의사가 있는 고객들에게서 좌석을 취해 덜 지불할 의사를 가진 고객들에게 좌석을 주게 되므로 비효율적이다. 하지만 항공사와 철도 회사는 여전히 이를 이용하고 있는데, 이는 대안인 개인별 가격 표적화를 실현할 수 없기 때문이다. 그러므로 어떤 경우(기차주식회사)에는 가격 표적화가 단일 가격보다 덜 효율적이고, 또 어떤 경우(알약주식회사)에는 가격 표적화가 단일 가격보다 좀 더 효율적이다. 가격 표적화가 판매량을 늘리는 데 실패하고 기차주식회사의 사례에서처럼 더 많은 가치를 부여하는 사람(통근자)에게서 덜 가치를 부여하는 사람(학생)에게로 단순히 상품을 옮기게 되는 경우에는 단일 가격 정책을 쓸 때보다 덜 효율적이 된다. 가격 표적화가 알약주식회사의 사례에서처럼 기존 시장에 영향을 주지 않고 새로운 시장을 열게 되면 단일 가격 정책을 쓸 때보다 더욱 효율적이 된다.

그리고 중간 상태가 존재한다. 그룹 가격 표적화를 사용하는 경우에는 흔히 두 가지 상황이 모두 발생한다. 이를 사용할 경우 새로운 시장이 어느 정도 형성되는가 하면, 일부는 고가치 사용자로부터 저가치 사용자로 제품이 헛되이 이동하게 된다. 예를 들어 보통 미국에서 책은 먼저 비싼 하드커버로 출판되고 나중에는 저렴한 페이퍼백으로 출판된다. 비싼 하드커버로 먼저 출판하는 목적은 나의 이야기를 빨리 듣고 싶어하는 사람을 높은 가격으로 표적화하기 위해서다. 이 경우 좋은 점은 출판사가 하드커버 판매 수익으로 일부 비용을 상쇄하고, 페이퍼백으로는 훨씬 싼 가격으로 그리고 더 많은 사람들에게 판매할 수 있다는 점이다. 나쁜 점은 처음에 가격이 비싼 하드커버판이 나오면 일부 독자들이 구매를 미룬다는 점이다. 희소성 세계의 현실은 그렇다. 희소성을 가진 기업들이 이를 부당하게 이용하려 하면 상황은 거의 언제나 비효율적이 될 것이며 우리 경제학자들은 그 상황에 대해 거의 언제나 더 나아지게 할 방법을 생각해낼 수 있다.

'거의'라고 말한 이유는 완전히 개인화한 가격 표적화 전략을 실행할 수 있는 기업은 판매를 놓치지 않을 것이기 때문이다. 부유하거나 꼭 필요한 고객은 많은 가격을 지불하게 하고, 가난하거나 필요성을 크게 못 느끼는 고객은 적게 지불하게 하면서, 생산 비용 이상을 지불하고자 하는 고객은 모두 붙잡는다. 이는 효율적인 상황이라 할 수 있다.

하지만 현실적으로는 그토록 완벽하게 효율적으로 판매할 수 있을 만큼 고객 정보를 많이 가지고 있기는 어려울 것이다. 만약 당신이 한 건의 판매도 놓치지 않기 위해 필요한 모든 정보를 가지고 있다면 어떻게 될까? 세상은 더 나아질까?

어쩌면 당신은 뭔가 다른 생각에 초점을 맞추고 있을지 모르겠다. 알약주식회사가 국제적 가격정책을 바꾸었을 때 수익성이 높아졌을 뿐만 아니라 효율적이고 공정한 길이 열렸다. 그렇다면 언제 개인적인 욕심이 공익으로 이어지는지 일반적으로 말할 수 있을까? 그 해답을 얻고 싶다면 이 책을 좀 더 읽어보기 바란다.

가격차별화

동일한 상품에 지리적·시간적으로 서로 다른 시장에서 각기 다른 가격을 매기는 일을 뜻하며, 이렇게 하여 설정된 가격을 차별가격이라고 한다. 동일한 상품에 별개의 가격이 매겨지는 경제적인 이유는 뚜렷이 구별할 수 있는 몇몇 시장에서 수요의 가격탄력성의 크기가 서로 다르기 때문이다.

일반적으로 가격탄력성(가격민감도)이 상대적으로 큰 시장에서는 낮은 가격이, 탄력성이 보다 적은 시장에서는 상대적으로 높은 가격이 설정된다. 지리적인 차별가격에는 자동차 등 내구소비재耐久消費材에 대한 국내외 시장에서의 판매가격차가 있고, 시간적인 차별가격에는 영화관의 조조할인 등이 있다. 지하철이나 버스요금의 학생 할인은 연령적으로 서로 다른 시장에서의 차별가격이라고 할 수 있다.

그러나 반드시 가격탄력성의 차이에 따라 가격이 차별화되는 것은 아니다. 대량 수요가에 대한 수량 할인 등은 도리어 비용 면에서 정당화될 수 있다. 가격차별이 가능하기 위해서는 ① 시장이 명확히 구별되어 있어야 할 것 ② 시장 간의 상품의 전매轉賣(구입한 물건을 다른 곳에 되판다) 비용이 시장 간의 가격차보다 클 것 등의 조건이 성립되어야 한다.

CHAPTER 3

경제학자가
꿈꾸는
완벽한 시장

완전시장

가장 효율적인 세상, 완전시장은 실재 세계에는 존재하지 않는다. 하지만 완전시장 모델은 현실의 시장 작용을 분석하는 중요한 단서를 제공하며 경제학자들은 이를 통해 시장 실패의 원인을 찾고 이를 개선하기 위해 최선의 노력을 기울일 수 있다. 이것이 경제학자들의 유토피아, 완전시장을 알아야 하는 이유다.

당신은 짐 캐리 영화와 경제학에 어떤 공통점이 있다고 생
각하지 않겠지만, 이 천 가지 얼굴을 가진 배우에게서도 많은
것을 배울 수 있다. 짐 캐리가 플레처 리드라는 주인공 역을
맡은 영화 〈라이어 라이어〉를 살펴보자. 플레처 리드의 아들
은 생일날 소원을 빌면서 늘 거짓말을 하는 아버지가 하루 동
안만이라도 거짓말을 하지 않게 해달라고 기도한다. 그런데
그 소원이 이루어져 거짓말을 일삼던 악질 변호사 플레처 리
드는 곤경에 빠지게 된다. 자신의 의지와는 상관없이 모든 질
문에 정직한 대답만 튀어나왔기 때문이다.

영화 속 플레처 리드의 아들처럼 자유시장은 당신이 진실
만을 말하게 한다. 영화 속에서 주인공은 그로 인해 곤란을 겪
었지만, 진실의 세계는 누군가의 이익을 희생시키지 않고서
는 이익을 증대시킬 수 없는 완전 효율적인 경제를 만든다.

3장에서 우리는 경제학에서 진실이 어떤 의미를 가지고 있는지, 진실이 어떻게 효율을 가져오는지, 효율은 왜 좋은 것인지 살펴볼 것이다. 또한 우리는 왜 효율은 언제나 공평한 것이 아닌지, 왜 세금이 부과되는지 등 효율의 단점도 알아볼 것이다. 앞으로 살펴보겠지만 세금은 거짓말과 같다. 세금은 진실의 세계를 방해한다. 하지만 나는 세금이 공정하고 효율적으로 부과될 수 있는 방법에 대해 조명할 것이다. 이는 겨울철 난방비를 걱정하는 독거 노인들에게는 좋은 뉴스가 될 수 있지만 타이거 우즈에게는 나쁜 뉴스가 될 수 있다.

당신이 플레처의 아들처럼 생일 소원을 빌 수 있게 되어, 유창하게 거짓말을 늘어놓는 아버지를 비롯해 세상 사람 모두 진실만 말하게 되었다고 가정하자. 이제 진실의 세계에서 카푸치노를 사보기로 하자. 당신에게 흰 거품이 가득한 카푸치노를 내놓기 전에 커피숍 판매원은 당신을 위아래로 보면서 이렇게 묻는다.

"당신은 이 커피에 얼마까지 지불할 용의가 있나요?"

당신은 거짓말로 그 커피를 원치 않는다는 듯 말하고 싶지만 저도 모르게 진실이 입 밖으로 튀어나오고 만다.

"난 카페인에 중독되어 있소. 15달러까지 내겠소."

판매원은 터무니없는 가격을 받을 준비를 하지만 당신도 몇 가지 질문을 한다.

"이 커피의 원가가 얼마인가요?"

"이 컵과 플라스틱 뚜껑을 사는 데 얼마나 들었나요?"

"소를 기르는 데 비용이 얼마나 들며, 한 마리에서 얼마나 많은 우유가 나옵니까?"

"냉장고를 돌리는 데 전기료가 얼마나 듭니까?"

커피 판매원이 플레처 리드가 되는 순간이다. 그녀는 질문을 피하거나 카푸치노의 원가를 높여 말하고 싶지만 거짓말을 할 수가 없다. 카푸치노의 원가가 15달러는커녕 1달러에도 못 미친다는 사실이 드러났다. 커피 판매원은 어떻게든 만회해보려 하지만 당신은 결정적인 질문 하나를 더 한다.

"이런 커피를 파는 곳이 30미터 안에 또 있습니까?"

"네."

그녀는 신음 소리를 내며 카운터에 머리를 처박고 굴욕적인 패배를 시인했다. 당신은 92센트짜리 커피를 받아들고는 의기양양하게 가게를 나온다.

가격이 말해주는 것

모든 가격 시스템에 적용되는 기본적인 사실이 있다. 상점이나 소비자 모두 반드시 특정 가격으로 사고팔 필요는 없다는 것이다. 양측 모두 언제나 선택할 수 있다. 당신이 커피에 50센트만 지불하고자 한다면 누구도 당신에게 생각을 바꿔 가격을 높이라고 강요하지 않으며 커피 판매원에게 가격을 낮추라고 강요하는 사람도 없다. 단지 판매가 이루어지지 않을 뿐이다.

물론 사람들은 뭔가 원하는 것(예를 들면 센트럴파크 서쪽에 있는 아파트)이 있지만 상대방이 터무니없이 높은 가격을 요구한다고 불평하기도 한다. 가격이 너무 높은 것은 사실이지만, 당신이 꼭 그 돈을 내고 살 필요는 없다. 당신이 그 돈으로 할렘가의 아파트를 사든 뉴어크에 있는 집을 사든 커피 수만 잔을 사든 그것은 당신 마음이다.

자유시장에서는 가격보다 가치가 적을 경우 사람들은 그 물건을 사지 않는다. 그리고 물건의 가치보다 판매 가격이 낮다면 사람들은 그 물건을 팔지 않는다(만약 그렇게 하더라도 오래가지 못한다. 원가의 반값으로 커피를 파는 사람이 있다면 머지않아 문을 닫게 될 것이다). 이유는 간단하다. 누구도 그들에게 강요하지 않은 상태에서 자유시장에서 발생하는 대부분의 거래는 효율성을 높인다. 그러한 거래는 양측 모두에게 이익이 되고(적어도 이익을 감소시키지 않고) 어느 누구에게도 해가 되지 않기 때문이다.

이제 당신은 왜 내가 그런 가격이 '진실을 말하는' 가격이며 정보를 드러내는 가격이라고 하는지 알게 될 것이다. 자유시장에서 구매자들은 커피 원가보다 높은 가격을 지불하고 커피를 사려하는데, 이는 간단히 말해서 92센트로 살 수 있는 다른 어느 것보다 커피를 선호하기 때문이라고 할 수 있다. 이는 그 제품의 가치가 고객에게는 구매 가격과 같거나 더 높다는 것을 의미한다. 한편 생산자에게는 제품의 원가가 판매 가격과 같거나 낮다. 이는 너무도 명백한 사실이지만, 여기에 함축된 의미는 훨씬 박진감이 있을 것이다.

자유시장에서 고객들은 자신이 지불하는 돈보다 커피의 가치를 더 높게 여기고 있다는 사실은 굳이 말하지 않아도 될 만큼 시시해 보인다. 하지만 이는 생각처럼 시시한 이야기가 아니다. 먼저 이 '시시한' 정보는 많은 것을 말해준다. 워싱턴 D.C.의 거대한 새 야구 경기장을 예로 들어보자. 몬트리올 엑

스포 야구팀은 워싱턴 D.C. 정부가 새 경기장 건립 비용을 보조해준다는 조건하에 연고지를 워싱턴 D.C.로 옮기기로 했다. 어떤 이는 경기장을 짓는 데 7천만 달러가 들 것이라고 하고 또 어떤 이는 그보다 훨씬 더 많은 비용이 들 것이라고 말한다. 이 결정은 좋은 것일 수도 있고 그렇지 못한 것일 수도 있다. 시민들이 낸 세금을 이런 곳에 쓴다는 결정이 좋은 것인지는 확실치 않다.

시장 시스템 안에서 어떤 결정이 이루어질 때는 그러한 논란이 없다. 내가 70달러를 내고 야구 경기 입장권을 샀다면 누구도 그것이 가치가 있다 없다 말할 수 없다. 나는 그만한 가치가 있다고 판단했기 때문에 선택한 것이다. 이처럼 자유로운 선택은 나의 선호와 우선순위에 관한 정보를 생산하며 수백만 명의 사람들이 각기 선택을 하게 되면 시장 가격은 그 사람들 모두의 우선순위와 선호도가 반영되어 결정된다.

완전경쟁시장의 특징

그러므로 자유시장에서 고객이 스스로 지불하는 돈보다 카푸치노의 가치를 더 높게 생각한다는 정보는 결국 사소한 것이 아니다. 하지만 우리는 거기에서 그쳐서는 안 된다.

이제는 그 커피 시장이 자유로울 뿐만 아니라 극히 경쟁적이어서 새로운 기업들이 커피 시장에 진입하여 기존 기업들의 기반을 잠식할 수도 있다고 가정해보자(경쟁이 치열한 산업에서는 직원들에게 임금을 지불하고 나면 남는 것이 거의 없는 수준이며, 그 이상으로 높은 가격을 받을 수 없다). 열띤 경쟁으로 커피 가격은 카푸치노 한 잔을 더 만들 때 소요되는 비용인 한계 비용 수준으로 하락한다. 특히 경쟁이 치열한 시장에서는 커피 가격이 한계 비용과 같아진다. 만약 커피의 가격이 더 낮아진다면 가격이 다시 상승하지 않는 한 기업들은 도태된다. 만약 가격이 한계 비용보다 높아진다면 새로운 기업들이 시장에 진입하거나 기존 기업들의 생산량이 늘어나 가격이 떨어질 것이다. 이제는 가격이 단순한 사실('구매자에게는 이 커피가 92센트 이상의 가치가 있다'는 사실과 '커피숍 쪽에는 그 커피의 원가가 92센트 이하'라는 사실)을 전달하는 게 아니라 더 자세한 진실('커피숍의 커피 원가는 정확히 92센트')을 전하게 된다.

다른 산업들 역시 완전 경쟁적이라면 어떻게 될까? 이는 모든 상품의 가격이 한계 비용과 같아진다는 의미다. 모든 제품이 복합적인 가격 네트워크를 통해 상호 연결되어 있어서 어느 나라에서 어떤 제품의 가격이 변동하면 다른 곳에서도 덩달아 가격이 변한다. 미세한 변화에 커다란 조정이 이루어지는 것이다.

예를 들어 브라질에 서리가 내려서 커피 수확에 타격을 입으면 전 세계 커피 공급이 줄어들게 된다. 이로 인해 커피 가공 업체들이 지불해야 하는 원두 구매 가격도 높아져서 결국 공급 부족이 상쇄될 수 있는 정도까지 커피 수요량이 떨어진다. 그렇게 되면 차와 같은 대체재의 가격이 다소 오르고 차 공급이 늘어난다. 한편 커피 크림 같은 보완재의 수요는 조금 떨어지게 된다. 케냐에서는 커피 농부들이 큰 이득을 보게 되고 이들은 집에 알루미늄 지붕을 씌우는 등 생활 개선에 돈을 투자하게 된다. 그리하여 알루미늄의 가격이 오르면 일부 농민들은 알루미늄 구입을 미루게 된다. 이로 인해 은행 계좌가 늘어나고 금고 가격은 오르게 된다. 브라질의 농민들은 수확을 망쳐 불행해지는 반면 반대편 농부들에게는 행복한 일이 벌어진다. 자유시장이라는 슈퍼컴퓨터는 수요와 비용에 관한 진실을 처리하는데 아주 복잡한 방법으로 사람들이 이에 반응할 수 있는 인센티브를 제공한다.

우스꽝스러운 가상 시나리오처럼 보이지만 경제학자들은 이러한 영향들을 측정할 수 있으며 또 측정해왔다. 브라질에 서리가 내리면, 국제 커피 가격이 오르고, 케냐 농부들이 알루미늄 지붕 재료를 사며, 지붕 재료 가격이 오르고, 그러면 농부들은 투자에 너무 많이 지출하지 않도록 시간을 조절한다. 시장이 완전하지 않더라도 이들은 아주 복잡한 정보를 전할 수 있다.

정부(혹은 어떤 조직이나 단체)는 그렇게 복잡한 정보에 잘 대응하지 못한다. 탄자니아에서는 커피가 자유시장에서 생산되지 않으며 커피 가격 상승에 따른 횡재를 농부가 아닌 정부가 얻는다. 역사적으로 정부는 돈을 분별 있게 사용하는 데 실패했는데, 감당할 수 없을 정도로 공무원들에게 많은 급여를 지불하였는가 하면 가격 급등에 따른 기회를 제대로 살리지 못했다. 그렇게 복잡한 정보를 시장이 어떻게 처리하는지를 이해하기 위해 우선 고객에 대해 생각해보기로 하자. 고객이 같은 돈으로 살 수 있는 다른 물건보다 카푸치노의 가치를 높게 평가하지 않는다면 그는 카푸치노를 사지 않을 것이다. 하지만 같은 돈으로 다른 무엇을 살 수 있을까? 진실의 세계에서, 그는 카푸치노와 가격이 같거나 혹은 낮은 어떤 것을 살 수 있을 것이다. 만약 그가 커피를 선택했다면 그는 이 세상에서 커피와 같은 비용이 드는 것들 중에서 커피를 가장 좋아한다고 말할 수 있을 것이다.

물론 사람에 따라서는 커피 대신 그 돈을 영화관에 가거나, 버스를 타거나, 속옷을 사는 데 쓰기도 할 것이다. 또 어떤 사람은 돈을 아예 쓰지 않고 대신 은행에 넣어둘지도 모른다. 이런 모든 경쟁하는 수요들이 생산자들로 하여금 반응하게 만든다. 만약 사람들이 컴퓨터를 원한다면 제조업체들은 공장을 건설하고, 직원을 고용하고, 플라스틱과 금속을 구매하여 컴퓨터를 생산한다. 사람들이 속옷 대신 커피를 더 원한다면 공원이나 주택이나 담배 농장이 들어섰을지 모를 땅에 커피 농장이 들어선다. 속옷 매장은 커피숍으로 대체될 것이다.

물론 신생 기업들은 은행에서 돈을 빌릴 것이고 이자는 예금을 하려는 사람들과 돈을 빌리려는 사람들 간의 균형에 따라 오르거나 내릴 것이다. 이자율은 또 하나의 가격일 뿐이다. 다음 해에 돈을 쓰는 대신 오늘 쓸 수 있게 해주는 것에 대한 가격이다(연방준비제도이사회나 영국 중앙은행이 이자율을 정한다고 생각할지 모른다. 실제로 이곳에서는 '명목' 이자율을 설정한다. 반면 인플레이션을 감안한 실질 이자율은 중앙은행의 조치에 반응하여 시장에 의해 형성된다).

변화는 여기에서 그치지 않는다. 가격 시스템 내에서 일어난 물결은 바깥을 향해 계속 퍼져나간다. 그 물결은 경제의 어떤 부문에서는 놀라운 속도로 파급되고 또 교육이나 기술 같은 부문에서는 느리지만 강력한 지진 같은 위력을 발휘한다. 예를 들어 컴퓨터를 생산하는 데 필요한 숙련된 노동자가 부족하다면, 제조업체들은 이들을 훈련하거나 다른 제조업체에서 노동자들을 끌어오기 위해서 급여를 올려야 한다. 숙련 노동자의 급여가 오르면서 사람들은 대학에 입학해 시간과 돈을 투자할 가치가 있다고 생각하게 될 것이다. 제조업체들이 더 싸고 좋은 컴퓨터를 생산하는 데 관심을 기울이면서 연구소와 기술학교가 진흥할 것이다. 또한 플라스틱 수요가 높아지면서 플라스틱의 원료인 원유 가격이 상승할 것이고, 석유를 원료로 쓰고 있던 사람들은 좀 더 싼 대체 원료로 전환하거나 에너지 절약 기술에 투자하게 될 것이다. 이러한 파급효과는 계속 이어진다. 어떤 부분에서는 영향이 미미하고 다른 어떤 부분에서는 영향이 막대하다. 어떤 부분에서는 즉각적인 효과가 나타나고 또 어떤 곳에서는 수십 년간 눈에 띄는 효과가 나타나지 않기도 한다. 하지만 진실의 세계(완전시장의 세계)에서는 모든 사람들이 영향을 받는다.

이처럼 완전히 경쟁적인 시장이 있다면 어떤 결과가 벌어질까?

기업들이 올바른 방법으로 물건을 만든다 ⇨ 자원을 낭비하거나, 과대 생산하거나, 잘못된 기술을 사용하는 기업들은 도태된다. 모든 제품이 가장 효율적인 방법으로 생산된다.

기업들이 올바른 물건을 만든다 ⇨ 제품의 가격이 이를 만드는 데 드는 비용과 같아진다. 또한 가격에는 고객들이 하나의 우선순위를 다른 우선순위의 대안으로 대체할 수 있는 조건이 반영된다(커피 두 잔이 데니시 페이스트리 하나와 맞먹는다. 사람들은

어떤 것을 선호할 것인가?). 가격은 제품의 원가가 얼마인가에서부
터 고객이 무엇을 선호하는가에 이르기까지 정보를 알려주는
직접적인 커뮤니케이션 라인이 된다.

물건이 올바른 비율로 만들어진다 ⇨ 커피가 너무 많이 생산
된다면 제조업체들은 가격을 내릴 것이다. 커피가 너무 적다
면 가격은 올라갈 것이다. 어떤 경우든 상황은 스스로 조절될
것이다. 경쟁시장에서는 가격이 비용과 같아진다. 누가 덜 생
산하도록 만들거나 더 많이 생산하도록 만들지 않아도 스스
로 균형을 찾아나간다. 경쟁의 규칙이 상황을 효율적으로 유
지되도록 한다.

물건이 '올바른' 사람에게 간다 ⇨ 물건을 사는 사람만이 그
물건에 적절한 가격을 지불할 용의가 있는 것이다. 내가 액셀

에게서 카푸치노를 압수해서 보브에게 준다고 치자. 진실의 세계에서 이는 낭비다. 액셀은 커피에 돈을 지불할 의사가 있었지만 보브는 그렇지 않았다. 즉, 액셀이 보브보다 커피에 더 많은 가치를 두었다는 의미이며, 나의 행동은 비효율적이었다. 내가 여기서 '올바른'이란 표현과 '효율적'이라는 표현을 동일시했다는 데 주목하라. 이러한 전제에 관해서 앞으로 간단히 살펴볼 것이다. 그리하여 만약 올바른 물건이 올바른 양과 올바른 방법으로 생산되어 이를 가장 가치 있게 여기는 사람에게 돌아간다면, 그보다 더한 효율은 없을 것이다. 달리 말하자면 완전경쟁시장보다 효율이 더 극대화될 수는 없다는 뜻이다. 그리고 가격 시스템에 담겨 있는 진실에서 자연스럽게 다음과 같은 결론에 도달한다. 가격은 기업의 비용을 나타내며 또한 고객들이 생각하는 가치를 표현한다.

비시장 시스템

서구 사회는 자유시장에 크게 의존하고 있기 때문에 시장이 없을 경우에 우리의 삶이 어떠할지 혹은 시장에서 한발 물러서서 과연 시장의 영향이 얼마나 큰지 살펴보기란 쉬운 일이 아니다. 하지만 어떠한 현대사회라도 시장 시스템을 적용하지 않고 제공되는 물건들이 있기 때문에 이를 살펴보면 시장의 장점과 단점에 관한 힌트를 얻을 수 있을 것이다. 우리에게 친숙한 경찰을 생각해보자. 경찰은 시장 시스템이 아닌 세금으로 운영된다. 비시장 시스템에는 나름대로의 장점이 있는데 그중 하나는 당신이 구조 요청을 할 때 누구도 당신의 신용카드 번호를 묻지 않는다는 점이다. 정부는 부자나 가난한 사람을 가리지 않고 동등하게 보호한다. 물론 그렇지 않다고 하는 사람도 있겠지만 말이다.

한편 비시장 시스템에는 단점도 존재한다. 경찰관이 당신에게 무례하게 행동하거나 무능하게 행동한다 하더라도 당신에게는 다른 경찰관을 고용할 수 있는 선택권이 없다. 만약 당신이 경찰의 보호를 과하게 받고 있더라도 이를 줄이는 것은 당신의 소관이 아니다. 더 많은 서비스를 받고 싶어도 돈을 주고 추가 서비스를 받을 수가 없다. 지역 정치인에게 로비를 해서 그가 당신의 요구를 들어주기를 희망하는 수밖에 없다.

국립학교 역시 대다수의 사람들이 이용하고 있는 비시장 서비스다. 영국과 미국에서는 대부분의 사람들이 자녀를 국립학교에 보내지만 학교마다 환경과 수준은 천차만별이다. 어떤 학교는 좋지만 어떤 학교는 그렇지 못하다. 학교에 대한 시장의 해결책은 식품에 대한 해결책과 비슷하다. 최고의 음식은 이에 가장 많은 돈을 지불할 의사가 있는 사람(그러한 능력도 포함된다)에게 돌아간다. 하지만 정부 영역에서는 가격이 없다. 그렇다면 어떤 일이 발생할까? 학부모들이 일어나서 학교 측에 항의하고 실랑이를 벌인다. 학군이 좋은 지역으로 이사를 가기도 한다. 영국에서는 기독교계 국립학교들의 학업 성적이 가장 좋다. 그리하여 종교가 없는 사람들도 목사들에게 추천장을 받아서 그런 학교에 입학할 수 있도록 일요일이면 자녀들을 교회로 보낸다.

경찰과 마찬가지로 비시장 시스템인 교육 역시 부자건 가난한 사람이건 교육을 받을 수 있다는 장점이 있다. 하지만 다시 말하지만 비시장 시스템은 심각한 문제를 안고 있다. 가치, 비용, 이익에 관한 진실이 모두 사라진다. 어떤 부모가 종교적인 이유로 자녀를 교회 학교에 보내는지 또 어떤 부모가 단지 좋은 학교에 보내고 싶어 교회 학교에 보내는지 구분할 수가 없다. 또한 부모들이 교사를 늘리고 시설을 보강하기 위해 돈을 낼 의사가 있는지도 알 수가 없다. 시장 시스템에서는 좋은 학교를 제공하는 데 얼마가 드는지, 누가 그러한 비용을 지불할 의사가 있는지한 진실이 드러난다. 비시장 시스템은 이러한 기본적인 물음에 고민하고 있다.

좋은 학교에 보내기 위해서 비용을 지불하려는 사람들은 분명 존재하며, 그렇기 때문에 학군이 좋은 지역의 집값은 다른 지역보다 높은 것이 사실이다. 학교의 선호도가 다른 교육의 비시장 시스템은 자녀를 좋은 학교에 보내기 위해 비용을 지불할 의사가 있는 부모들의 돈을 학교 인근 토지 소유자들에게 이동시키고 있다. 이는 합리적이지 못하다. 시장 시스템이 작동한다면 직접적으로 좋은 학교에 돈이 지불될 것이다.

가격 신호등

가격은 두 가지 기능을 한다. 시장 시스템에서, 가격은 학교 공급이 제한된 상황에서 누가 이익을 누리게 할지 결정하는 수단이다. 그런데 국립교육 시스템은 불합리하게도 돈을 가장 많이 지불하는 사람이 자녀를 최고의 학교에 보낼 수 있는 길을 막는다. 한편 가격은 또 다른 신호를 보내기도 한다. 만약 교사가 부족하면 좀 더 많은 교사를 고용하거나, 교사의 급여를 올리고, 좀 더 많은 학교를 세우며, 더 좋은 교재를 구매하라는 신호를 보낸다. 커피에 대한 높은 수요가 더 많은 카푸치노의 생산으로 이어지듯이, 장기적으로 가격 시스템은 좋은 학교를 위해 돈을 지불하려는 높은 의지로 인해 양질의 학교를 더 많이 세우게 할 것이다.

그렇다면 정치인들은 우리가 양질의 학교를 가치 있게 생각한다는 사실을 모르고 있을까? 그들은 왜 정부 예산을 여기에 쓰지 않는 것일까? 정치인들에게도 어려운 점은 있다. 우리가 양질의 학교를 원하고 있다는 사실을 알지만, 또한 더 많은 경찰관, 양질의 보건 시스템, 넓은 길, 훌륭한 복지 혜택, 낮은 세금, 20온스짜리 캐러멜 라테를 원한다는 사실도 듣고 있다. 이런저런 것을 요구하기는 쉽지만 그것들을 실행하는 데는 돈이 필요하다. 세금은 나름대로 장점을 가지고 있지만 많은 경우 진실에 공헌하지 못한다. 우리는 납부하고 있는 각각의 세금들이 과연 우리가 원하는 곳에 사용되는지 판단하여 세금을 낼지 말지 선택할 수는 없기 때문이다. 반면 가격은 선택적이므로 정보를 드러낸다.

물론 경찰 서비스나 학교 시스템은 비시장 프로세스로 제공할 수밖에 없다. 그런데 비시장 시스템은 나름대로의 장점을 가지고는 있지만 뭔가 중요한 것을 놓치고 있다. 정보, 즉 수요·필요·욕구에 대한 정보와 수고와 비용에 대한 정보가 그것이다. 때로는 평등과 안정이 정보를 얻지 못하는 손해를 상쇄해주기 때문에 감수할 수 있다. 하지만 종종 정보의 손실은 경제적, 사회적 낭비와 혼란을 초래하기도 한다. 우리는 학교와 경찰로부터 얻는 가치가 세금으로 나가는 비용보다 크다고 생각하지만 가격에 따라 선택할 수 있는 카푸치노처럼 확실히 알 수는 없다.

효율성 vs 공정성

완전경쟁시장은 거대한 슈퍼컴퓨터 네트워크와 같다. 놀라운 프로세스 능력과 모든 경제 영역에 있는 감지 장치를 통해 시장은 끊임없이 생산과 분배를 최적화하는 작업을 반복하며 완전한 상태에 도달한다. 경제학자들이 경제가 비효율적이라고 말할 때, 이것은 누군가의 이익을 희생하지 않으면서 다른 누군가의 이익을 늘릴 수 있는 상황임을 의미한다. 완전경쟁적인 시장은 완전히 효율적인 반면 효율적이라고 해서 반드시 공정한 사회, 우리가 살고 싶어 하는 사회가 보장되는 것은 아니다. 만약 빌 게이츠의 이익을 감소시키지 않으면서 다른 사람의 이익을 늘릴 방법이 없다면 빌 게이츠가 모든 돈을 차지하고 다른 사람들이 모두 굶어 죽고 있다 해도 그 상태는 효율적일 것이다. 우리에게는 효율성 이상의 뭔가가 필요하다.

그러므로 우리가 때로 선의의 거짓을 선호한다는 것은 놀랄 일이 아니다. 미네소타에 거주하는 노인의 난방비는 비싸지만, 우리는 노인들이 난방비의 진실에 직면하기보다는 그들에게 난방비를 보조해주길 선호한다.

보조금 못지않게 세금은 비효율성의 흔한 원인이다. 정부는 거래 시장에 세금을 부과하고, 우리가 원하는 대로 경찰력과 학교 건립 같은 좋은 일에 그 돈을 사용한다. 그럼 세금이 왜 비효율적일까? 세금은 완전히 경쟁적이고 효율적인 시장에서 가격이 전하는 정보를 파괴하기 때문이다. 가격은 더 이상 비용과 같지 않고, 그래서 비용은 더 이상 가치와도 동등하지 않다. 예를 들어 10퍼센트의 판매세는 다음과 같은 상황에서 '거짓'을 만들어낸다.

카푸치노의 가격	90센트
– 완전경쟁시장에서 세후 카푸치노의 가격	90센트
– 세후 카푸치노의 가격	99센트
– 잠재 구매자가 카푸치노에 지불하고자 하는 가격	95센트
– 카푸치노 판매	없음
– 세금 수입	없음

효과적인 이익 5센트가 생길 수 있는 거래(카푸치노 비용은 90센트이지만 그 가치는 95센트였다)가 세금 때문에 이루어지지 않았다. 더욱 나쁜 것은 세금도 걷히지 않았다는 사실이다. 만약 정부가 그런 상황에서 세금을 부과하지 않았더라면 정부는 손해를 입지 않으면서도 커피 구매자는 이득을 보는 확실한 효용성 증대가 나타났을 것이다.

세금 당국으로서는 언제 세금을 부과(세금이 구매자의 행동에 변화를 일으키지 않는 상황)하고 언제 세금을 포기(어찌 됐든 잠재 구매자들이 커피를 구매하지 않아 세금을 피했을 것이기 때문)할지 판단하기 어렵다. 하지만 그들은 2장에서 설명한 가격 표적화를 이용하여 이를 시도한다. 예를 들어 정부는 가솔린과 담배에 높은 세금을 부과하는데, 이는 환경과 건강을 생각해서가 아니라 차를 몰려면 반드시 가솔린이 필요하고, 또 담배에 중독된 사람들은 어찌 됐든 담배를 살 것이기 때문이다. 높은 세금을 부과하더라도 이들은 구매를 포기하지 않을 것이다.

우리는 딜레마에 직면한다. 비효율은 어느 누구의 이익을 희생하지 않으면서도 누군가의 이익을 늘릴 기회를 놓치게 하므로 피하고 싶다. 하지만 세금은 비효율을 만들며, 우리 대부분은 세금으로 부자에게서 가난한 사람에게 소득(크든 작든)을 재분배하기 때문에 세금이 필요하다고 생각한다. 우리는 상호 모순되는 두 가지의 필요에 직면한 것으로 보인다. 비효

율이라는 낭비를 피하면서도 부가 골고루 퍼지도록 해야 한다고 생각한다. 우리에게 필요한 것은 효율성과 공정성이 공존하는 경제를 만드는 방법이다.

유리한 출발 이론

우리는 과연 완전시장의 효율성과 선의로 이루어지는 정부 개입의 공정성 사이에서 선택을 해야만 하는 것일까? 이것은 대공황과 2차 세계대전을 경험하고 나서 자유세계 정부들이 품었던 질문과 비슷하다. 1930년대 루스벨트의 뉴딜정책은 대공황에 직면한 미국 정부의 역할을 확대시켰다. 전후 영국의 애틀리 정부는 보건, 철강, 항공, 정유, 철도, 통신 산업을 통제했다. 국유 기업들이 중요 산업을 장악한 것은 전후에 곤궁하고 궁핍한 경제 상황 때문이기도 했지만, 다른 한편으론 경제학자들이 전시에 보였던 정부의 노력들이 나쁘지 않았다고 평가했기 때문이다. 국가가 운영하는 경제가 크게는 소련과 중국에서, 작게는 탄자니아와 북한에서처럼 붕괴할 것이라고 예견한 사람은 거의 없었다. 사유 시장이 훨씬 효율적이라는 사실을 알고 있다고 하더라도 1940년대에는 이곳저곳에서 정부가 경제를 통제하는 모습이 나타났다. 전후 영국의 노동당 정부는 공정한 사회를 이룰 수 있다면 어느 정도 비효율성을 감수하는 것이 좋다고 생각했다.

하지만 효율성과 공정성 사이의 오랜 딜레마는 케네스 애로Kenneth Arrow라는 한 뉴요커에 의해 깨끗이 사라지게 되었다. 그는 10대 시절에 아버지가 잘나가던 회사를 잃고 대공황 때 모아두었던 돈마저 모두 잃는 것을 보면서 불공정에 대해 생각했다. 애로는 사회정의에 대한 욕구를 늘 지니고 있었지만, 그렇다고 효율성의 문제를 완전히 무시할 수도 없었다. 젊은 경제학자는 완전시장의 과오 없는 효율성과 꼭 필요한 공정성 사이의 긴장과 씨름하며 자신의 논리를 완성해나갔다. 경쟁시장과 효율성에 관한 기존의 생각들을 뒤튼 그의 해결책은 뛰어났다. 그는 완전시장의 효율성을 증명하였을 뿐 아니라 출발선을 조절함으로써 경쟁시장을 통하여 효율적인 결과를 얻어낼 수 있음을 증명했다. 애로는 경제학자들 사이에 칭송받는 업적을 쌓았으며 가장 젊은 나이에 노벨 경제학상을 수상했다. 그렇다면 그의 중요한 식견에 대해 살펴보기로 하자. 나는 이를 '유리한 출발Head Start 원리'라고 부른다. 무한히 복잡한 실제 경제에 초점을 맞추는 대신, 아주 간단한 1차원적 인간의 도전에 대해 생각해보기로 하자. 가장 빨리 달리는 선수가 이기는 100미터 경주가 바로 그것이다. 만약 당신이 모든 선수가 결승선에 동시에 들어오기를 원한다면, 그저 경기 규칙을 바꾸면 된다. 빠른 선수는 속도를 늦추게 하고 모든 선수들이 손을 잡고 결승선을 넘도록 명령하는 것이다. 그런데 이는 재능의 낭비다. 이와는 달리, 선수에 따라 출발선을 앞이나 뒤로 옮기는 방법도 있다. 그렇게 하면 각 선수들은 기존의 규칙대로 힘껏 달리면서도, 빠른 선수는 추가된 거리를 더 달려야 하기 때문에 결승선에 도착할 때는 늦은 선수들과 똑같이 들어오게 되는 것이다.

애로는 경쟁시장의 과잉을 균형 잡고자 할 때 동일한 방법이 효과가 있음을 입증했다. 정부가 시장에 직접 개입하기보다는 정해진 금액을 일괄적으로 징수하고, 또 일괄적으로 돈을 지급하는 정책으로 출발선의 위치를 조절하는 것이다.

예를 들어 정액세는 정부가 모든 사람들에게 800달러씩 징수하는 것을 생각해볼 수 있다. 아니면 선택적으로 65세 이상의 사람들에게 800달러를 징수하거나, 혹은 이름이 H로 시작하는 사람들에게 800달러씩 과세하는 식이다. 여기서 요점은 소득세나 커피에 대한 판매세와는 달리, 정액세는 누군가의 행동에 영향을 미치지 않는다는 점이다. 왜냐하면 이를 피할 방법이 없기 때문이다. 판매세와 달리 정액세는 효율성을 잃지도 않는다. 마찬가지로 재분배의 예를 들자면, 이름이 H로 시작하는 사람 모두에게 일괄적으로 800달러씩 지급하는 것이다. 이런 정책이 있다면 나는 기꺼이 찬성표를 던질 것이다.

정액세는 100미터 경주에서 출발선을 몇 걸음 뒤에 놓는 것과 마찬가지다. 소득세나 판매세는 잘 달리는 선수들에게 천천히 뛰라고 주문하는 것과 같다. 동일하게 결승선에 도달하도록 만드는 효과는 둘 다 마찬가지지만, 누구도 늦게 뛰게 하지 않는다.

달리기 경주에서는 느린 선수들을 몇 걸음 앞에서 출발하게 하는 것이 비슷한 결과를 만드는 확실한 방법 중 하나다. 경제에서는 그야말로 수만 가지 상품, 욕망, 원료, 재능 등이 혼재하기 때문에 유리한 출발 이론은 매우 과감한 시도다. 하지만 그 효과는 확실하다. 경쟁이 보장되는 경제 속에서 가능한 모든 기술과 원자재를 이용하여 거래, 협력, 교육, 투자 등의 모든 기회를 살리게 하는 동시에, 출발선을 옮기고 나머지는 완전시장에 일을 맡김으로써 공정한 결과를 얻을 수 있다.

여기서 암시하는 것은 완전시장에서 공정성과 효율성을 확보하는 데 유일하게 필요한 것은 '유리한 출발'이라는 사실이다. 적절한 정액세와 보조금은 모든 사람에게 동등한 기반을 제공한다. 완전시장은 모든 사람이 수정된 출발 지점에서 이익을 얻을 수 있는 모든 기회를 소개해준다. 문제는 이것이 실제로 가능한가 하는 점이다.

세금이 불공정해지는 이유

예를 들어보자. 미국의 정치 철학자 로버트 노직Robert Nozick
은 '공정성으로서의 정의'란 견해에 반대하는 유명한 주장
을 펼쳤다. 부의 특정한 배분이 '최선의' 혹은 '공정한' 배분
이라고 생각하는 개념에 이의를 제기했던 것이다. 노직은
1960~1970년대의 유명한 농구스타 윌트 체임벌린의 예를 들
었다. 체임벌린의 재능은 그를 부자로 만들었다. 노직은 이것
이 공정하다고 생각했다. 체임벌린의 부는 그의 경기를 보기
위해 기꺼이 돈을 지불하는 팬들의 합법적인 결정의 소산물
이기 때문이다. 하지만 이 상황이 노직의 생각에는 공정한 것
일지 모르지만, 과연 그처럼 돈이 불평등하게 배분되는 상황
을 공정하다고 할 수 있을까?

노직은 체임벌린의 소득에 무거운 세금을 부과하는 것이
더 공정한 상황을 만들 수는 있겠지만, 만약 체임벌린이 진정
으로 농구 시합을 즐기지 않게 되고 과중한 세금에 시달리다
보면 농구를 아예 그만둘 수도 있다고 경고했다. 그렇게 되면
상황은 훨씬 공정해질지 모르지만, 세금 수익도 없어지고 그
의 경기도 보지 못하게 될 것이다. 카푸치노에 매긴 판매세의
문제가 다시 한 번 나타나는 것이다. 그러므로 팬들이나 운동
선수들이나 모두 걱정하는 상황에서, 소득의 재분배를 공정

하다고 말하는 것이 과연 합리적일까 하는 문제가 대두된다. 오히려 불공정한 결과라고 보는 편이 맞지 않을까?

케네스 애로의 이론에 따른다면 타이거 우즈 같은 스포츠 스타에게 수백만 달러의 일회성 정액세를 부과하는 것이 해결책이 될 수 있겠다. 그에게는 여전히 골프를 해서 돈을 벌 수 있다는 인센티브가 존재한다. 왜냐하면 과중한 소득세를 피할 수 있다면 그렇게 하겠지만 골프 경기를 줄인다고 해서 소득세를 피할 수는 없기 때문이다. 그가 일회성 정액세를 납부한다면 여전히 좋은 자동차와 멋진 집을 살 수 있을 만큼 충분한 돈을 벌 것이다. 낭비도 없고 비효율도 없지만 더 많은 부의 분배가 이루어져 결과는 공정해지는 상황이다.

이 계획의 유일한 문제는 광범위하게 실행하기 어렵다는 것이다. 문제는 세금 부과가 어렵다는 데에 있다기보다는(프랭클린 루스벨트 대통령은 79퍼센트 세율의 소득세를 도입했지만 그 대상의 문턱이 너무 높아서 오로지 존 록펠러 한 명에게만 부과되었다), 정액세는 대상자의 행동이 변하지 않는다는 것을 가정하기 때문이다. 정액세가 이상적으로 부과되려면 타이거 우즈가 태어나기 전에 세금이 결정되어야 한다. 타이거 우즈가 자신의 성공으로 인해 많은 세금을 내야 한다는 사실을 예견했더라면 그는 차라리 다른 직업을 선택했을 것이기 때문이다.

물론 이는 불가능한 이야기이지만 우리는 유리한 출발 이론을 아직 버려서는 안 된다. 정액세와 정액 재분배를 항상 사용할 수는 없지만 경우에 따라서는 사용할 수 있다. 그리고 가능한 경우에 우리는 이를 고려해볼 가치가 있다. 이는 공정성을 추가하면서도 경쟁시장의 효율성과 진실을 보존할 수 있기 때문이다.

독거 노인의 난방비

유리한 출발의 좀 더 현실적인 적용은 환경에 해를 입히지 않으면서 노인들을 겨울철 추위로부터 보호하는 방법에서 찾을 수 있다. 영국에서는 겨울철이면 노인 2만 5천 명이 난방을 제대로 하지 못해 숨을 거둔다. 이 문제에 대처하기 위해서 가정용 연료에는 낮은 세율을 매긴다. 하지만 이는 '뒤로 달리게 하는' 다소 비상식적인 방법이다. 만약 정부가 세수를 늘려야 한다면(실제로 많은 정부들이 그렇다), 가장 먼저 생각해볼 수 있는 효율적인 전략은 모든 물건에 같은 판매세를 부과하는 방법일 것이다. 그것은 사람들의 구매 결정을 크게 왜곡하지 않기 때문이다.

좀 더 세련된 방법으로 2장에서 살펴보았던 '가격 표적화'를 적용해보자. 고객들은 연료 소비를 쉽게 줄이지 못하므로 가정 연료 가격에 그리 민감하지 않다. 이 때문에 정부는 연료에 세금을 더 부과하고 다른 물건에는 세금을 덜 부과한다. 고객들은 자신들의 행동을 크게 바꾸지 않을 것이므로 비효율성은 작을 것이다. 훨씬 정교한 견해(4장에서 자세히 소개할 것이다)는 가정용 연료가 재생 불가능한 자원인 데다 공해를 유발하므로, 높은 세금을 부과하는 것은 더욱 타당성을 가지게 된다.

가정용 연료의 세금을 낮추고 다른 물건에 더 높은 세금을 부과한다는 것은 가스나 석유를 살 돈이 없어 추위에 떨고 있는 노인들 문제가 아니라면 생각할 수 없는 방법이다. 그렇다면 이는 정부가 선택하기 어려운 대안일 뿐일까? 반드시 그렇지는 않다. 모든 사람들에게 높은 세율을 부과하는 대신 노인들에게 유리한 출발을 부여하는 것이 훨씬 분별 있는 선택이다. 그들은 가난한 데다 신체적으로 약해 충분한 난방이 필요하기 때문이다. 간단한 개선책은 연료에 붙는 세금을 올리되 노인들이 난방을 해서 따뜻이 지낼 수 있도록 돈을 지급하는 것이다.

우리는 유리한 출발 이론에 따라 돈을 지급받은 연금 생활자들이 제 나름대로 효율적인 방법을 발견할 것이라는 사실을 안다. 어쩌면 그 돈을 연료를 사는 데 다 쓰지 않을 수도 있다. 어떤 노인들은 더 나은 해결책을 찾을 것이다. 어떤 사람은 그 돈으로 플로리다로 갈 것이며, 어떤 사람은 집에 단열 공사를 할 것이다. 추위를 크게 느끼지 않는 사람은 다른 곳에 돈을 사용할 수도 있다. 필요하지 않은 사람은 연료를 추가로 사지 않을 것이며, 더 많은 연료가 필요한 사람은 연료를 구입하는 데 돈을 쓸 것이다.

유리한 출발 이론의 교훈은 문제가 생길 경우 경주에 직접 관여하기보다는 출발선을 재조정하여 문제가 해결될 수 있는지 확인해보는 것이다. 이러한 전략은 언제나 실용적인 것은 아니지만, 자유시장의 효율성이 다른 목표를 달성할 수 있도록 하는 것은 가치가 있다. 이번 장에서 우리는 플레처 리드의 이야기만큼 가상에 가까운 상황을 그려보았다. '진실의 세계'는 시장이 완전하고 자유롭고 경쟁적인 세계다. 한편 현실에서 우리가 완전하고 자유롭고 경쟁적인 시장을 달성하는 것은 권모술수를 잘 부리는 변호사가 누구에게나 진실만을 이야기하게 만드는 것처럼 어려운 일이다.

따라서 당신은 왜 이런 기묘한 경제학자의 공상을 간략하게나마 살펴보았는지 의아하게 생각할지도 모르겠다. 대답을 하자면, 이러한 공상은 왜 경제적 문제가 대두되는지 이해하는 데 도움이 되고 또한 우리가 올바른 방향으로 나아가는 데 도움이 되기 때문이다. 유리한 출발이 가미된 완전시장의 세계는 우리가 추구하는 것이기도 하다. 그리하여 실제 세계 경제가 제대로 돌아가지 않는 경우에 우리는 시장 실패의 원인을 찾아볼 수 있으며 이를 개선하기 위해 최선의 노력을 기울일 수 있다.

우리는 이미 이러한 실패 중 하나를 살펴보았다. 어떤 기업들은 희소성의 힘을 가지고 그들의 진짜 비용을 훨씬 초과하는 가격을 매겨놓고 있다. 그 때문에 경제학자들은 시장에 좋은 것과 기업, 특히 특정 기업들에 좋은 것 사이에는 중요한 차이가 있다고 생각한다. 시장에 호의적인 정치인들은 경쟁의 중요성을 믿으며, 기업들이 너무 많은 희소성을 갖지 않기를 원한다. 기업체 로비스트들에게 영향을 받은 정치인은 정확히 그 반대로 행동할 것이다.

정치인에 의해 선동되는 것이나 희소성을 지닌 기업들은 시장 실패의 하나다. 그 밖에도 두 가지가 더 있다. 다음 두 장에 걸쳐서 우리는 진실의 세계를 뒤로하고 다시 한번 현실의 세계에 직면하여 이에 관해서 살펴볼 것이다.

완전시장

완전시장이란 자본시장에 거래 비용, 세금, 자산의 분할 가능성과 시장성, 규제 등의 면에서 어떠한 장애 요인도 존재하지 않는 시장을 말한다. 또한 상품 및 자본시장에 완전경쟁이 존재하고, 정보 면에서 효율적이며, 모든 개인은 기대 효용을 극대화하려는 합리적인 인간이라는 가정을 충족한 시장이다. 경제 분석, 특히 가격이론의 영역에서 가장 중요한 시장 형태로 거론된다.

일반적으로 완전시장이 성립하려면 다음 조건이 필요하다. ① 동질의 상품을 취급하는 경우 팔 사람과 살 사람의 수가 많아 아무도 그 가격에 어떤 영향도 미칠 수 없을 것 ② 팔 사람과 살 사람 모두 시장에 완전한 정보를 가지고 있을 것 또 고객이나 공급원에 완전히 무차별일 것 ③ 모든 생산요소의 완전 가동성이 존재할 것 ④ 새로운 기업이 기존 기업과 같은 비용으로 그 산업에 참가할 수 있을 것 등이다.

본래 완전시장은 경제분석상의 한 모델로서 현실적으로는 이들 조건이 그대로 성립하는 일은 거의 없다. 그러나 완전경쟁의 모델은 현실의 시장 작용을 분석하는 데 중요한 단서를 제공하는 것으로 평가된다.

시장에 의한 자원 배분의 효율성이 확보되지 못한 상태를 시장실패라 한다. 일반적으로 시장실패의 요인으로는 불완전한 경쟁·정보의 비대칭·공공재·외부 효과·자연적 독점 등이 지적된다. 시장실패를 보완하기 위해 정부가 보조금을 내는 등 시장기구를 대신해서 자원 배분에 개입한다.

CHAPTER 4

출퇴근의
경제학

외부효과

도로마다 넘쳐나는 자동차는 심각한 대기오염을 일으키지만 운전자들은 그에 대한 어떠한 비용도 치르지 않는다. 경제학자들은 이것을 '외부효과'라 부른다. 무임승차free-riding를 꿈꾸는 이기적인 운전자들에게 손해배상을 청구하는 방법은 무엇일까? 과연 운전자들은 이러한 비용 청구를 순순히 받아들일까?

완전시장의 세계에서는 모든 것이 최적이라는 사실을 우리는 알게 되었다. 완전시장은 분배를 제외하고는 모든 면에서 흠잡을 데 없는 결과를 내는 완전 효율적인 상태다. 또한 우리는 유리한 출발 이론을 통해서 분배에 관한 불만을 미리 바로잡을 수 있다는 사실도 알게 되었다. 모든 문제, 최소한 제품과 서비스의 배분에 관해서라면 문제는 모두 해결되었다.

반가운 소리다. 하지만 아침마다 출근길에 두 시간씩 차에 갇혀 시간을 보내야 하는 문제는 어떨까? 길게 꼬리를 물고 있는 교통정체는 바보 같은 낭비가 아닐 수 없다. 모든 사람들이 버스를 타거나 카풀을 한다면, 다들 워싱턴 D.C. 시내에 있는 목적지까지 15분이면 도착할 것이다. 이런 문제의 완전시장은 어디에 있을까? 확실한 사실은 현재 상태가 완전시장이 아니라는 것이며, 덜 확실한 사실은 완전시장이 가능한가 하는 것이다.

모든 것이 완전시장으로 부드럽게 움직이는 경제는 흥미롭지도 않고 현실적이지도 않다. 하지만 완벽한 시장은 비교 대상이 되는 확실한 기준이기 때문에 경제학자들로서는 완전시장에서 출발하여 무엇이 잘못되고 있는지 연구하는 것이 무에서 출발하여 옳은 것이 무엇인지 연구해나가는 것보다 훨씬 수월하다. 그리고 세계를 바라보는 이러한 사고방식은 시내 교통 문제에 대한 해결책을 도출하는 데도 도움이 된다.

출퇴근의 괴로움

나는 행복한 삶을 살고 있지만, 종종 나를 화나게 만드는 것들과 마주치면 제발 좀 상황이 달라지길 바라곤 한다. 한 해 걸러 많은 돈을 주고 컴퓨터를 업그레이드해야 하는 일도 없었으면 좋겠고, 아플 때는 의사가 내게 제대로 치료를 하고 있다고 믿을 수 있었으면 좋겠다. 그리고 워싱턴 거리가 자동차와 매연으로 뒤덮이지 않았으면 참 좋겠다.

개인적이지만 많은 사람들이 가지고 있을 법한 이러한 불만은 시장이 각 영역에서 3장에서 거론한 이상적인 완전성을 달성하지 못했음을 말해준다. 2장에서 살펴보았듯이 시장은 희소성의 힘이 있을 때 제대로 작동하지 못한다. 컴퓨터 소프트웨어를 구매하는 경우, 문제는 시장이 가격 결정력을 가진 단일 회사, 마이크로소프트 사에 좌우되어 높은 가격이 형성되고 있다는 점이다. 또한 시장은 의사결정자들에게 정보가 부족할 때 제대로 작동하지 못한다.

나는 의사를 찾아갈 때 그가 내게 훌륭한 치료를 해주고 있는지 알지 못한다. 한편, 의사는 치료 비용을 개의치 않으며, 내가 가입한 보험회사는 진짜 상황을 알지 못한 채 지급을 거절할 모든 동기를 갖고 있다(의료보험 문제는 5장에서 다룬다). 마지막으로 누군가가 비관계인(거래와 관계없는 사람)에게 영향을 주는 의사결정을 할 때 시장은 제대로 작동하는 데 실패한다. 주유소에서 가솔린을 사는 것은 운전자나 주유소에 모두 이로운 일이지만, 그 결과 다른 운전자를 포함한 비관계인들은 일산화탄소를 마셔야 하므로 나쁜 영향을 미친다.

이 세 가지 큰 문제들을 '시장 실패'라고 부른다. 1장과 2장에서 살펴본 희소성의 힘, 5장에서 살펴볼 정보의 부재, 그리고 4장의 주제인 비관계인에게 부작용을 일으키는 의사결정이 각각 시장 실패의 원인이다. 경제학자들은 이러한 부작용을 '외부효과externality'라고 부른다. 예를 들어 공해는 가솔린을 사는 원래의 의사결정 밖에 놓여 있기 때문이다. 희소성의 힘이든 정보의 부족이든 외부효과든 경제가 이상적인 '진실의 세계'에 따라 움직이지 않을 경우, 문제가 발생한다.

뻔뻔한 운전자

워싱턴 D.C., 런던, 도쿄, 애틀랜타, 로스앤젤레스, 방콕 등 세계의 대도시마다 자동차가 넘쳐난다. 이 교통수단들은 무고한 비관계인들의 행복을 크게 해치고 있다. 우선 이들은 심각한 대기오염을 일으킨다. 현재 런던의 대기오염은 끔찍한 오염의 시대였던 1850년대보다는 낮지만 그래도 여전히 심각한 수준이다. 수천 명의 사람들이 다른 운전자 때문에 숨지고 있다. 영국에서는 1천 명당 1명꼴인 약 7천 명이 매년 대기오염으로 사망한다. 미환경보호국은 미국에서 매년 1만 5천 명이 디젤 엔진 등에서 발생하는 오염 물질로 조기 사망하고 있다고 추정하고 있다. 교통정체로 런던 같은 도시 지역에서 빚어지는 비용 문제는 더욱 심각하다. 꽉 막힌 도로 위에서 수시간 동안 갇혀 있는 바람에 생산성은 물론 생활의 즐거움도 빼앗기고 있다. 게다가 소음, 교통사고의 피해는 물론이고 특히 어린이들은 걸어서 학교나 인근 상점에 가지 못하며, 사람들도 좀처럼 길 건너 이웃들과 만나지 않게 되는 소위 '장벽효과'가 발생한다.

　이를 알면서도 사람들이 차를 몰고 다니는 것은 바보라서
가 아니다. 차를 타고 다니는 것이 확실히 이득이기 때문이다.
하지만 그 바람에 부모들은 자녀들을 걸어서 학교에 보내지
못하게 되고, 보행자들은 신호등을 무시하고 달려드는 차 때
문에 생명의 위협을 느끼며, 사무실 근로자들은 더운 여름에
도 소음 때문에 창문을 열 엄두를 내지 못한다.

　자기 차에 앉아 있는 운전자들은 다른 사람에게 피해를 주
고 있는데 자유시장은 교통 문제에 적절한 해답을 주지 못하
고 있다. 교통정체와 대기오염의 외부효과는 '진실의 세계'로
부터 중대한 이탈을 초래한다. 진실의 세계에서는 이기적인
모든 행동이 공익에 기여한다. 나는 속옷이 필요할 때 이기적
으로 속옷을 사지만 그런 행동으로 자원이 속옷 제조업자들
에게로 흘러가고 다른 누구에게도 피해를 주지 않는다. 속옷
을 생산하는 중국의 섬유 노동자들은 이기적으로 직장을 선
택하고, 제조업자들은 이기적으로 가장 적합한 종업원들을

선발한다. 이러한 일들이 모든 사람들의 혜택으로 돌아간다. 사람들이 원하는 상품이 그 일을 하기에 가장 적당한 사람들에 의해 만들어진다. 자기중심적인 동기가 사람들에게 일자리를 제공한다.

한편 운전자들은 다른 상황에 있다. 그들은 다른 사람에게 입히는 피해를 보상하지 않는다. 내가 속옷을 살 때는 속옷을 만들어 파는 데 드는 모든 비용을 내가 돈으로 보상하는 반면, 운전을 할 때는 자유로이 길을 다님으로써 사회에 어떤 손실을 입히고 있는지 생각할 필요조차 느끼지 않는다.

왜 교통 체증이 발생할까

운전자들이 아무런 비용도 지불하지 않고 도로를 이용하고 있다는 말은 아주 정당한 표현은 아니다. 영국에서는 해마다 꽤 많은 자동차세를 지불하지 않으면 차를 몰고 다니거나 심지어 길가에 차를 세워둘 수도 없다. 미국의 많은 주에도 비슷한 세금이 있다. 가스와 디젤 연료에는 사람들이 크게 불평을 할 만큼 높은 세금이 부과되고 있다. 2000년 가을 영국에서는 높은 자동차 연료비에 반발하는 사람들이 기름 운송을 방해하여 자동차 연료 공급이 중단되는 일이 벌어지기도 했다.

영국 운전자들은 매년 자동차 및 자동차 연료에 붙는 세금으로 200억 파운드를 내고 있으며, 미국에서는 1천억 달러에 달한다. 따라서 '운전자들이 충분히 비용을 치르고 있는가?'라는 질문은 잘못된 것이다. 이보다는 '운전자들이 올바른 비용을 치르고 있는가?'라는 물음이 더 정확하다.

여기에는 두 가지 가격 개념이 존재하는데 이를 구분할 필요가 있다. 운전자가 연간 자동차세를 납부한다면 시내를 운전하고 다니는 데 지불해야 하는 평균 가격은 아주 높다. 하지만 도시에서 추가로 주행하는 데 지불하는 가격은 낮다. 시내를 돌아다니는 데는 연료가 크게 소요되지 않는 데다 아무리 많이 돌아다닌다 하더라도 추가로 세금이 부과되는 것은 아니기 때문이다. 일단 돈을 내고 자동차를 몰고 거리로 나올 수 있는 권리를 얻고 나면, 적게 돌아다닌다고 해서 가격을 할인받는 것도 아니고 더 많이 돌아다닌다고 해서 세금이 더 붙는 것도 아니다. 이것이 평균 가격과 추가로 주행을 하는 데 드는 한계 가격의 차이다. 이 두 가지 가격의 개념을 이해하기 위해서 술에 관한 사례를 들어 보겠다. 내가 대학을 다닐 때 동아리와 단체에서 주최한 파티에 가보면 어떤 사람은 아예 술을 마시지 않지만, 대부분의 사람들은 너무나 많은 술을 마시곤 했다. 파티에는 두 종류의 입장권이 있었던 것이다. 10파운드 정도의 돈을 주고 표를 산 사람은 무한정으로 술을 마실 수 있었던 반면, 저렴한 표를 산 사람은 싸구려 오렌지 주스를 마시며 한쪽 구석에서 술 마시는 아이들의 꼬락서니를 지켜봐야 했다. 술을 마실 수 있는 표를 사고서 맥주 한두 잔만 마신다면 너무 비싼 거래를 한 셈이므로 대부분의 사람들은 무제한 술을 마실 수 있는 기회를 충분히 살리거나, 아예 마시지 않는 선택을 했다. 어떤 사람은 아주 좋은 파티라고 생각했을지 모르지만, 결과는 난장판이었다.

대학 당국에서는 알코올 의존증을 염려하여 다음 파티에서는 입장료를 20파운드로 올렸다. 그러자 일부는 싸구려 음료권으로 바꾸거나 아예 파티를 포기했지만, 대부분은 술 없는 파티를 원치 않았다. 지갑을 더 많이 비워야 했던 이들은 파티가 끝나면 자신들의 위장 속 내용물을 더 많이 비워냈다. 사람들이 술을 너무 많이 마신다고 생각한 주최 측은 술의 가격을 인상하는 방향으로 해결책을 모색했다. 문제는 술에 몇 가지 가격이 존재하는 것이었다. 우선 평균 가격이 있다. 술을 마실 수 있는 권리의 가격이 10파운드라고 하면 스무 잔의 술을 마시는 학생이 부담하는 술 한 잔의 평균 가격은 50펜스다. 그 다음으로는 한계 가격이 있는데 이는 제로다. 일단 술을 마실 수 있는 표를 사고 나면 얼마든지 술을 추가로 마실 수 있기 때문이다.

여기서 문제 하나! 당신이 대학 당국자라면 이 문제에 어떻게 대처하겠는가?

    ⓐ 음주 입장권의 값을 올린다.
    ⓑ 오렌지 주스의 품질을 올린다.
    ⓒ 입장료를 없애고 술을 마시는 만큼 돈을 받는다.

오렌지 주스의 품질을 높이는 것도 좋은 방법이겠지만 경제학자는 대안으로 ⓒ를 추천할 것이다.

다시 교통 문제로 돌아가보자. 이 문제는 학생 파티에 비유해 생각해볼 수 있다. 운전자들에게는 두 가지 선택이 있다. 하나는 상당한 금액의 입장료를 내고 원하는 만큼 맘껏 운전하는 것이고, 다른 하나는 아예 운전을 안 하는 것이다. 두 번째 선택은 '오렌지 주스' 안으로, 자전거를 타거나 대중교통을 이용하거나 걸어다니는 것이다. 학생 파티와 마찬가지로 두 번째 선택은 별로 매력적이지 않아서 많은 사람들이 첫 번째 선택을 하고 있다.

이제 당신은 다음과 같은 정책 대안을 제안할 수 있을 것이다. ⓐ 운전을 허가하는 기본료 인상. ⓑ 더 나은 '오렌지 주스' 공급(버스 운행을 늘리고, 기차 서비스를 개선하고, 자전거 도로를 확충하고, 횡단보도 늘리기). ⓒ 기본료를 없애고 운전하는 만큼 징수.

이러한 대안들은 어느 정도, 어쩌면 교통정체를 상당히 줄일 것으로 보인다. 하지만 문제의 원인에 대한 제대로 된 처방은 대안 ⓒ이다. 운전자들은 '진실의 세계'에 살지 않는다. 외부효과' 혹은 비관계인에게 해를 끼치는 부작용을 포함해 그들 행동에 따르는 진정한 비용을 지불하지 않고 있다. 대안 ⓒ는 그러한 비용을 지불하도록 한다. 우리는 이를 외부효과에 대한 비용 청구라고 할 수 있을 것이다. 현재 모든 잠재 운전자는 파티에 가는 학생들과 똑같은 처우를 제안받고 있다. 상당한 돈을 내고 제한 없이 술을 마시고 즐길 권리를 부여받거나 돈도 내지 않고 대가도 받지 않는다. 중간은 없다.

학생 파티는 술 한 잔에 평균 50펜스라는 사실에 크게 활기를 띠지 않는다. 학생 파티의 분위기를 돋우는 것은 술을 추가로 마시더라도 항상 무료라는 사실이다. 이와 마찬가지로 교통정체는 자동차로 시내를 돌아다니는 비용이 평균 50센트라서 발생하는 것이 아니라 아무리 더 주행을 하더라도 언제나 무료라는 사실 때문이다.

우리는 운전자가 평균적으로 얼마나 많은 비용을 치르느냐는 문제에 초점을 맞추어서는 안 된다. 물론 어떤 부류의 사람들이 어떤 세금을 얼마나 내고 있는지는 분명히 중요한 문제다. 하지만 이는 거리가 막히고 도시가 오염되는 것에 커다란 영향을 미치지 않는다.

교통정체 문제에서 중요한 것은 운전자가 한계적으로 지불하는 가격, 즉 운전자가 추가 주행을 하는 데 지불하는 가격이다. 결국 자동차로 얼마나 운전을 하느냐가 문제다. 대학 당국은 학생들에게 한 잔당 요금을 부과함으로써 음주 수준을 적절히 조절할 수 있다. 이와 비슷하게 교통 당국은 차를 몰 때마다 돈을 내게 해서 적절한 통행량을 유지할 수 있다.

즐거움과 불편함의 갈등

나는 늘 그렇듯 문제를 지극히 단순화했다. 대부분의 유럽 국가에서는 자동차 연료에 높은 세금을 매기고 있으므로 운전자들은 주행거리만큼 세금을 납부하고 있다고 할 수 있다. 하지만 자동차 연료에 부과된 세금은 운전자들이 서로에게, 또 비운전자들에게 끼치는 손실과 밀접한 연관이 없다. 농촌 지역 사람들도 세금을 내지만 런던, 뉴욕, 파리 등지에서 러시아워에 심각한 정체, 대기오염, 소음을 유발하는 것은 대도시 통근자들이지 그들이 아니다. 이들은 같은 거리를 달린다고 해도 대기오염이나 소음은 몰라도 정체를 유발하지는 않는다. 알래스카에서 같은 거리를 운전해 여행한다고 해도 정체를 유발하는 일이 없으며, 소음은 단지 길 잃은 순록에게만 들릴 것이다. 오염으로 입는 피해도 미미할 것이다.

손해에 대한 대가를 운전에 부과하는 개념은 각 운전자들이 자신의 행동으로 발생한 비용에 대응하게 하는 것으로서, 이에 따르자면 러시아워에 뉴욕 운전자들은 다른 사람에게 더 큰 해를 입히므로 대가를 더 많이 지불해야 한다. 외부효과로 인한 손해에 부과하는 요금은 시간과 장소에 따라 달라져야 진실을 제대로 반영할 수 있을 것이다.

외부효과로 인한 손해에 돈을 청구한다고 해서 모든 사람이 타인에게 불편을 끼치지 않도록 만들 수는 없겠지만, 자신들이 다른 사람에게 일으키는 불편을 자각하게 할 수는 있다. 극단적인 예를 들어보자. 당신이 등산을 가면 깊은 산속의 아름다운 자연경관을 감상하는 즐거움을 누릴 수 있다. 하지만 다른 사람이 버린 쓰레기를 발견하면 마음이 언짢아질 것이다. 그들은 당신을 불편하게 했지만 그들 산에 오르지 못하게 막는 것은 효율적인 방법이 아니다. 그들에게 산에 오르는 즐거움은 당신에게 끼치는 폐보다 크기 때문이다.

외부효과에 대한 청구는 즐거움과 불편함 사이에서 균형을 맞추어야 한다. 외부효과의 비용을 반영해야 하는 것은 옳지만 그 이상은 아니다. 우리는 다른 사람에게 폐를 끼치지 않기 위해 자제하는 세상을 만들어야 하지만, 비록 다른 사람들에게 약간의 불편을 준다 하더라도 누구나 자유롭게 즐길 수 있는 세상을 추구해야 한다.

　3장에서 우리는 완전시장이 최소한 시장이 기능하고 있는 세상에서 생겨난다는 사실을 발견했다. 완전시장은 우리에게 지나치는 사람들을 향해 미소 짓거나 가족을 사랑하게 만들지는 못하더라도 카푸치노의 실제 비용(바리스타, 커피 열매를 수확하는 사람, 커피업체 소유주, 기계 제조업자 등의 시간과 수고)보다 더 지불할 의사가 있는 한 카푸치노를 확실히 얻게 해줄 수는 있다. 달리 말하자면, 완전시장은 우리가 얻는 즐거움이 그것을 얻는 데 드는 수고보다 크다면 우리가 자유롭게 이를 즐길 수 있게 해준다.

　그 때문에 경제학자들은 시장이 잘 작동하고 있는 것으로 보이면 안도한다. 그러면서도 시장이 크게 실패하지 않도록 경계를 늦추지 않는다. 그렇다면 시내에서 운전을 할지 말지를 여부를 결정할 때 내가 얻는 이익이 다른 사람들에게 끼치는 손실을 능가한다고 어떻게 확신할 수 있을까? 효율적인 시장 거래가 이루어진다면 비용과 이익은 걱정할 필요가 없다. 그러므로 정유와 가솔린 판매가 완전시장이라면(완전시장과는 거리가 멀다는 일반적인 믿음과는 달리) 가솔린을 정제하고 나누어 판매하는 데 드는 수고는 가격에 완전히 반영되어 있다. 나는 가솔린으로 얻는 이익이 이를 정제하고 운송하는 데 드는 수고보다 크다면 가솔린을 구매할 것이다.

대신 우리는 시장 거래에서 놓치는 비용과 이익을 걱정해야 한다. 가솔린이 만들어내는 매연이 대기를 오염시키고 지구 온난화를 유발하지만, 내가 가솔린을 태울 때 입히는 오염에 대해서 나나 석유 회사는 거의 비용을 지불하지 않는다. 이를 해결하는 방법은 완전시장을 흉내 내어 운전자들에게 자신들의 행동으로 인한 비용을 모두 지불하도록 하는 것이다. 운전자들은 석유 회사에 시장 비용을 지불했지만 추가로 외부효과 비용을 지불해야 한다. 이 외부효과 비용은 다른 사람들에게 입히는 손해이면서도 운전자나 석유 회사에 부과되지 않고 있는 것이다.

이제 우리는 외부효과에 대한 비용 청구를 설계할 수 있는 모든 지식을 가지게 되었다. 하나씩 정리해보자면 첫째, 개인의 선택이나 시장 거래로 손해와 이익이 발생할 수 있으며 만약 그렇다면 이는 비효율적(즉, 어떤 사람의 이익을 희생시키지 않고서도 다른 누군가의 이익을 늘릴 수 있는 상태)이다. 둘째, 우리가 이러한 비효율을 바로잡기 위해 조치를 취하고자 한다면 평균 가격이 아닌 한계 가격을 다루어야 한다. 셋째, 잘 기능하고 있는 시장 가격에 포함되어 있는 비용은 걱정할 필요가 없고, 오직 이에서 제외되어 있는 외부효과 비용만 헤아리면 된다. 넷째, 한계 가격은 그러한 외부효과 비용을 정확히 반영해야 한다. 우리가 싫어하는 행동을 단순히 규제하는 것만으로는 부족하다. 규제는 누군가 얻는 이익은 작은 반면 다른 사람에게 입히는 손해는 큰 행위에 초점을 맞추어야 한다.

혼잡세가 교통 체증을 막을 수 있을까

외부효과에 대한 비용 청구로 효과적인 수단은 정부 세금인데 세금은 언제나 논란의 대상이다. 흔히 외부효과에 대한 비용 청구는 상반되는 두 가지 높은 도덕적 기준으로부터 공격을 받는다. 한쪽에서는 외부효과에 대한 청구가 가난한 집단을 겨냥한 불공정한 세금이라고 반대한다. 교통정체 시간에 운전하는 운전자들에게 비용을 부과하는 개념을 살펴보자. 자동차 지지자들은 운전자들이 이미 충분한 돈을 내고 있으며 가난한 운전자들을 도로에서 쫓아내는 것은 공정하지 못하다고 주장한다. 또 다른 사람들은 그러한 조치가 시행되더라도 부자들은 여전히 운전할 여력이 있다고 반대한다. 자동차를 반대하는 사람들은 부자들이 원하는 만큼 자동차를 운전하고 다닐 수 있기에 차량에 의한 환경 피해가 있다고 주장한다.

외부효과에 부과된 요금은 부를 불공정하게 배분할까? 이는 가난한 사람들을 겨냥하는 것이 아니라 자발적인 행동을 겨냥한다. 만약 당신이 다른 사람에게 폐를 끼치는 행동을 멈춘다면 당신은 외부효과 요금을 지불할 필요가 없다. 부자는 가난한 사람보다 운전을 더 많이 할 수 있다는 것은 사실이다. 하지만 이는 부자가 가난한 사람보다 식비를 더 많이 감당할 수 있는 것과 마찬가지다. 이것도 불공정하기는 마찬가지인데 식료품 같은 일반적인 상품에 가격 시스템이 작동하는 것을 받아들일 수 있다면 왜 길 위의 공간과 깨끗한 공기에 대해서는 이를 받아들일 수 없단 말인가? 우리는 의식주가 공짜가 될 수 없으며 만약 공짜가 된다면 남아나는 의식주는 하나도 없게 되리란 사실을 알고 있다. 마찬가지로 길은 현재 무료로 사용할 수 있기 때문에 우리는 도로 공간이 부족해지는 것이다.

게다가 부자들은 자동차를 더 많이 사용할 수 있기 때문에 외부효과에 부과되는 요금은 흔히 바람직한 방향으로 돈을 재분배한다. 혼잡세에서 그 진실이 확연히 드러난다. 영국에서 가난한 사람들은 운전을 하는 대신 자전거를 타거나 걷거나 버스를 탄다. 소득수준 하위 10퍼센트 사람들이 쓰는 소득 대비 자동차 연료비는 소득 상위 10퍼센트 사람들의 7분의 1 수준이다. 상위 10퍼센트의 부자들이 자동차 연료비로 사용하고 있는 돈은 가난한 하위 10퍼센트의 사람들보다 최소한 30배는 더 많다. 결론적으로 혼잡세는 효율성을 끌어 올릴 뿐만 아니라 부자들의 세금을 올려서 부를 재분배하는 역할도 한다.

이는 영국에서 혼잡세를 지지하는 사람들에게는 반가운 소리이지만, 미국에서는 그렇지 않다. 미국에서는 가난한 사람들이 여전히 운전을 많이 하고 다니기 때문에 소득에서 세금으로 지불하는 돈의 비율이 더 높아지게 된다. 하지만 외부효과에 부과된 세금이 재분배를 아주 많이 하지 않도록 설계할

| 사람들은 자동차 연료에 얼마나 많은 돈을 쓰고 있을까?

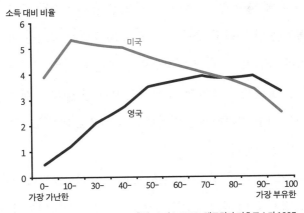

출처: 스미스 1992. 체르믹과 리초프스키 1997

수 있기 때문에 이러한 반대는 고려할 필요가 없다. 도로를 사용하는 문제에서 정부는 고액의 입장료와 같은 면허세를 폐지하고 각각의 주행에 혼잡세를 부과해 배분에 관한 커다란 영향 없이 효과적인 이익을 볼 수 있다. 그리하여 외부효과에 부과된 세금의 재분배 효과는 상당 부분을 상쇄하면서 효율성 증대 효과를 유지할 수 있다. 이것은 3장에서 제안한 타이거 우즈에게 부과하는 정액세의 변형이다. 우리는 효율성을 해치지 않으면서 정액세를 재분배에 이용할 수 있다.

재분배 측면의 공격을 받은 경제학자는 환경보호라는 또다른 도덕적 기준의 세찬 공세에 직면해야 한다. 모든 환경주의자가 대기오염 및 혼잡에 대한 과세에 반대하는 것은 아니지만 일부 환경주의자들은 반대한다. 그들은 대기오염이 불법이라고 간주하기 때문에 가난한 사람에게는 불법을 저지르지 못하게 하고 부자들에게는 불법을 용인해주는 결과를 초래해서는 안 된다고 생각한다. 왜 부자들에게 공기 오염을 허락해야 한단 말인가? 일반적으로 말해 일부 압력 집단들은 사람들에게 돈을 지불하게 하면 그들이 어떤 불쾌한 행동을 하더라도 이를 지속하게끔 허락하는 셈이므로 외부효과에 대한 과세를 반대한다.

부자들이 재미 삼아 공기를 오염시키지는 않는다. 부자들이 혼잡세를 더 지불할 가능성이 높은 것은 사실이지만, 이를 무시하지는 않을 것이다. 아마도 그들은 상점에 두 번 가지 않고 한 번에 가도록 주의를 기울일 것이며 심지어 먼 거리까지 운전해가느니보다 가까운 상점으로 걸어가는 것을 택하게 될 것이다. 외부효과에 부과된 세금은 부자나 가난한 사람 모두에게 다른 대안을 훨씬 매력적으로 만들 것이다.

기본적으로 우리는 강제적 수단으로 외부효과에 대한 규제의 효용성을 혼동해서는 안 된다. 혼잡세로 하루에 1달러를 부과할 수도 있고, 10달러 또는 1천 달러를 부과할 수도 있다. 우리가 알고 있는 것은 외부효과의 심각성을 누그러뜨리고자 사회가 어떤 결정을 하든 세금을 부과하는 것이 가장 효과적인 대처 방법이라는 사실이다. 예를 들어 잘 설계된 혼잡세는 도로 사용을 줄이는 데 가장 효과적이다. 도로 사용을 어느 정도까지 줄이는 것이 바람직한지는 공개적으로 의논해볼 문제이지만, 혼잡세가 가장 효과적인 수단이라는 점에는 이의가 없다.

혼잡세에 대한 대안으로 운전을 완전히 금지하는 극단적인 방법을 생각해보자. 이 방법의 문제는 제대로 작동하지 않는다는 데 있다. 정부가 모든 사람에게 일주일에 30킬로미터를 운전할 수 있는 바우처를 준다고 생각해보자. 그럴 경우 어떤 사람들, 대부분 가난한 사람들은 다른 사람에게 즉시 자신의 바우처를 팔려고 할 것이다. 돈을 선호하는 가난한 사람들과 운전할 수 있는 권리를 선호하는 부자들 사이에 거래가 이루어진다. 만약 정부가 바우처의 거래를 허용한다면 이는 혼잡세를 부과하는 다른 방법이며, 혼란스러운 거래가 이루어질 것이란 사실을 감안하면 덜 효율적인 방법이라고 할 수 있다(부과되는 돈이 얼마이든 바우처의 시장가격이 나타날 것이다). 만약 정부가 바우처 거래를 금지한다면 거래하고 싶어 하는 사람을 하지 못하게 막는 것이므로 이 방법은 확실히 비효율적인 계획이 된다.

주차료를 높게 부과하는 것과 같은 대안들은 비록 쉽게 증명하기는 어렵지만 여전히 덜 효율적인 방법이다. 높은 주차료는 일부 운전자들의 운전 의욕을 떨어뜨리기는 하겠지만 운전과 주차 사이에는 직접적인 상관관계가 있다고 보기 어렵다. 일부 운전자들은 무료로 주차할 수 있는 공간을 찾아서 길에서 더 많은 시간을 보낼 것이다. 정부가 운전자에게 어떤 비용을 부과하여 운전 의욕을 떨어뜨리고자 한다면 더 직접적으로 부과하고 그 수입을 뭔가 유용한 곳에 쓰는 편이 낫다.

외부효과에 대한 과세에 관심이 있는 사람들은 언제나 충분치 못하다고 불평할 것이며 또 어떤 사람들은 너무 가혹하다고 비명을 질러댈 것이다. 이에 경제학자들은 외부효과에 대한 과세가 가혹하든 그렇지 않든 이것이 가장 효율적인 방법이라고 이야기할 것이다. 다른 어떤 대책을 사용하더라도 경제학자들은 외부효과에 대한 과세 방법을 사용하여 다른 사람의 이익을 해치는 일 없이 누군가의 이익을 늘릴 수 있는 대안을 제안할 것이다.

외부효과 측정하기

앞에서 우리는 어떠한 수준이든 외부효과에 부과되는 세금은 논란거리가 된다는 것을 알았다. 경제학자는 '진실의 세계'를 재창조하기 위해서 진정으로 외부비용에 대응할 수 있는, 또한 진짜 외부비용만을 측정하여 세금을 산정하는 이상적인 방법을 찾고 있다.

운전과 관련한 외부효과를 측정하는 이상적인 시스템은 어떤 것인지 생각해보자. 인구 밀집 지역을 운전할 때 오염 물질을 배출하여 주변에 피해를 주는 운전자에게는 세금이 부과된다. 주행할 때마다 부과되는 요금은 이산화탄소 배출량에 따라 다르다. 이산화탄소는 지구상 어디서나 기후 이상을 유발하기 때문이다. 혼잡 시간에 혼잡 지역을 주행하는 운전자에게는 추가 세금이 부과된다. 또한 세금은 자동차의 배기가스가 얼마나 깨끗한가에 따라서도 달라진다. 최악의 매연을 배출하는 노후한 버스에는 높은 세금이 부과되고 그 결과 엔진 업그레이드가 촉진된다. 무거운 차량은 약한 도로와 다리를 건널 때 요금이 추가된다. SUV는 사고가 났을 때 다른 도로 사용자의 생명까지 해칠 위험성이 높기 때문에 이에 따른 세금이 부과될 것이다.

그렇다면 값비싼 자동차에는 사치세가 부과되어야 할까? 전혀 그렇지 않다. 그런 세금은 분명 환경 면에서 역효과를 낼 것이다. 그럴 경우 사람들은 낡고 오염물질을 더 많이 배출하는 자동차를 몰고 다닐 것이기 때문이다. 낡은 싸구려 자동차는 일반적으로 근사한 새 차보다 더러운 배기가스를 배출할 것이다. SUV는 연비가 낮은 데다가 차체가 무겁고 높아서 다른 차량에 해를 입힐 확률이 더 높기 때문에 더 많은 세금이 붙게 된다. 세금의 목적은 사람들에게 더 싼 자동차를 몰고 다니도록 유도하는 것이 아니라 더 작고 가볍고 연비가 좋은 자동차를 운전하도록 유도하는 데 있다.

이는 복잡하게 들린다. 과연 이렇게 세금을 산정하는 것이 가능할까? 만약 자동차마다 혼잡 지역을 탐지하는 GPS와 연결된 소형 컴퓨터가 탑재되어 있고 자동차의 배기가스도 측정할 수 있다면 가능할 것이다. 계기판은 실시간 요금을 보여주며, 어쩌면 음성으로 조언을 해줄지도 모른다. "팀, 당신은 현재 분당 9센트씩 부과되고 있습니다. 엔진을 손보면 이 요금을 절반으로 줄일 수 있다는 사실을 알고 있습니까?"

　이런 기술 중 상당수는 이미 실제로 쓰이고 있다. 하지만 외부효과의 비용을 어떻게 산출할 것인가 하는 어려운 문제는 여전히 존재한다. 컴퓨터가 정체와 오염을 측정한다 하더라도 교통정체로 다른 사람의 시간을 낭비하는 비용은 어떻게 측정할 것인가? 미세 먼지나 벤젠으로 사람들에게 해를 끼치는 비용은 어떻게 측정할 것인가? 시간, 건강, 평화, 심지어 죽음 같은 측정하기 어려운 많은 외부효과가 외부효과 비용과 연관되어 있다.

　좀 더 명확하게 하기 위해서 운전에 의해 발생되는 각각의 외부효과 비용에 초점을 맞추어보자. 우선 다음과 같은 물리적 요소는 측정하기가 어렵다. 차 한 대가 더 지나감으로써 도로는 얼마나 더 망가지는가? 차 한 대는 얼마나 더 많은 소음을 일으키는가? 사고는 얼마나 많이 일어나는가? 다른 자동차를 얼마나 지연시키는가? 공해는 얼마나 많이 발생하는가?

그 공해는 건강을 얼마나 해치는가? 정신적인 영향은 더욱 측정하기 어렵다. 공기 오염, 소음, 시간 지체, 스트레스 같은 골칫거리는 사람들에게 얼마나 영향을 주며 심지어 질병과 죽음에는 얼마나 영향을 주는가? 말할 것도 없이 사람들은 저마다 다른 가치를 매길 것이다.

이런 문제에 직면하면 포기하기 쉽다. 분명히 소음이나 시간 지체에 따른 비용을 계산해내기란 불가능해 보인다. 하지만 이러한 결정을 회피할 수 있다고 생각한다면 우리는 스스로를 기만하는 것이다. 정부가 결정하는 모든 정책과 당신이 내리는 모든 개별적인 선택에는, 비록 이에 관해서 실토하거나 스스로 인정하는 사람이 없을지라도 가치 평가가 내재되어 있다.

우리는 개별적으로 우리의 환경, 시간, 인생을 끊임없이 판단하고 가치를 매긴다. 당신이 아파트나 호텔 방을 빌릴 때 소란스러운 지역을 피하려고 더 많은 돈을 지불한다면, 당신은 평화와 고요함에 더 많은 가치를 부여하고 있는 것이다. 택시를 타는 대신 버스를 기다리기로 결정했다면, 이는 당신이 시간에 어느 정도의 가치를 부여하는지 암시한다. 만약 화재경보기를 사서 다는 수고를 하지 않기로 결정했다면, 당신은 시간과 경비 절약을 택하고 죽을 수 있는 확률을 늘린 거래를 한 셈이다. 하지만 당신이 어떤 것을 선택하더라도 당신은 조용함, 시간, 생명에 대해 자신이 부여한 가치에 관해서 다른 누구에게, 심지어 자신에게조차 확실하게 말하기 어려울 것이다.

정부도 우리의 생명에 얼마나 가치를 부여하는가 하는 가치 판단을 포함한 의사결정을 한다. 정부는 추가로 교통 표지판을 세우고, 도로를 정비하고, 과속 단속 카메라를 설치하는 데 돈을 사용하거나, 국민 보건을 향상하고 암 연구를 지원하는 데 예산을 쓸 수도 있다. 하지만 그런 일을 하는 대신 세금을 낮추거나, 같은 돈으로 대학의 질을 향상시키거나, 국립공원을 단장하는 데 돈을 쓰기도 한다. 정부가 내리는 이러한 결정 속에는 인간 생명의 가치를 포함한 주관적인 가치 판단이 내재해 있다. 외부효과에 대한 세금을 추정하는 것은 더욱 난처하다. 외부효과를 산정해서 과세하게 되면 그러한 추정이 정당화되고 또 그에 따라 집행되기 때문이다. 하지만 이에 대한 가치 판단과 정당화가 이루어지지 않으면 최선의 경우에는 정치적으로 마구잡이식 입안이 이루어지고 최악의 경우에는 이익집단의 제몫 챙기기 주장에 휘말리게 된다.

이러한 주관적인 가치를 추정하는 최선의 방법 가운데 하나는 사람들의 실제 행동을 관찰하는 것이다. 경제학자들은 '드러난 선호revealed preference(현시 선호)' 이론을 갖고 있다. 이는 사람들의 선호가 소비자로서 내리는 선택으로 드러난다는 이론이다. 당신이 배를 살 수 있는 능력이 있어도 사과를 샀다면 당신은 배보다 사과를 더 선호하는 것이다. 경제학자들에게 선호는 단순히 추론되는 것이 아니라 이처럼 선택에 따라 실제로 규정되는 것이다. 건강이나 안전 같은 눈에 보이지 않는 요소에 대해서도 사람들은 합리적인 소비자로 행동한다고 할 수 있다. 당신이 5달러를 내고 택시를 타서 20분을 절약하는 대안을 택하지 않을 경우, 경제학자는 당신이 뭔가 다른 곳에 5달러를 사용하길 선호한다고 판단한다.

또한 경제학자는 당신이 어떤 집을 고르는지를 보고 당신에게 평화롭고 조용함이 주당 15달러의 추가적인 가치를 지니고 있다고 판단한다. 그리고 당신이 화재 경보기를 설치하지 않고 지내는 것을 보았다면, 당신이 사망 확률을 100만분의 1로 줄이는 것보다 한 시간의 노력과 20달러의 돈을 더 선호한다고 추정할 수 있다.

사람들의 선호에 관해 알 수 있는 두 가지 중요한 정보 원천은 집값과 임금이다. 집값에는 사람들이 상점, 녹지, 낮은 범죄율, 조용함, 아침 햇살 등의 쾌적함에 얼마만큼의 가치를 부여하고 있는지 그 정보가 내재되어 있다. 이 중 일부는 꽤 정확히 측정될 수 있다. 예를 들어 길을 사이에 두고 똑같은 두 집이 마주보고 있다고 하자. 두 집의 가격을 비교해보면 햇빛이 드는 것을 사람들이 얼마나 선호하는지 알 수 있다. 한편 아주 흡사한 기술을 필요로 하지만 위험도가 다른 두 일자리의 임금은 위험에 관한 정보를 드러내고 있다.

이 방법에는 결점이 있다. 특히 번잡하지 않은 곳에 집이 위치하고 있어 평화롭고 조용하며 아이들이 놀기에 안전하면서도 단열이 잘되어 난방비를 아낄 수 있다면 어떠할까? 주당 15달러 중 실제로 얼마가 조용한 주위 환경에 대한 지불일까? 해저 석유 굴착기지 근무자는 보수는 좋지만 위험한 일을 수행하며, 한번 투입되면 6주간 술을 못 마시는 것은 물론 여가 시간도 좁은 실내에서 보내야 한다. 그런 경우에는 어떠할까? 그의 높은 보수는 위험과는 상관없이 전적으로 그가 감수해야 하는 불편에 연관된 것인지도 모른다. 이처럼 서로 다른 요소들을 구별해내기란 언제나 어려우며, 이에 얼마나 성공했는지를 판단하는 것도 불가능하다. 하지만 충분한 정보가 있다면 경제학자들은 괜찮은 방법을 사용할 수 있다.

두 번째 문제는 당신이 화재경보기를 사면서 그것이 당신의 사망 확률을 100만분의 1에서 5천만분의 1로 줄여주리라고 생각할 수도 있다는 점이다. 그러므로 우리는 당신이 자신의 생명에 얼마의 가치를 부여하는지 쉽게 결론을 내리기 전에 화재경보기가 생명을 구해줄 확률이 얼마나 될 것이라고 당신이 생각하고 있으며, 이에 수고와 시간을 투자하는 방안을 합리적으로 생각하고 있는지 알아볼 필요가 있다.

이 방법들은 논란의 여지가 있고 불완전하면서도 주류 경제학의 중요한 가정을 반영하고 있다. 당신이 마음속으로 무엇에 가장 큰 관심을 가지고 있는지 알 수 있는 사람은 당신뿐이라는 사실이다.

우리가 모르는 사실

외부효과에 대한 가격을 책정하기 위해서는 소음, 사고, 오염, 정체 같은 외부효과를 줄이는 데 우리가 진정 얼마나 가치를 두고 있는지에 관한 불확실한 정보에 기댈 수밖에 없다. 우리에게 부족한 지식은 이것뿐만이 아니다. 우리는 소음, 사고, 공해, 정체를 줄이는 가장 저렴한 방법도 모른다. 이는 외부효과에 대한 가격 책정에 있어 부족한 두 번째 지식이다.

외부효과의 가격 책정은 다른 어떤 정책보다도 불확실한 정보에 의존한다. 어떤 정책(규제, 가격 산정, 명령 및 통제, 과세, 혹은 '자유방임' 등)이든 오염이나 정체 같은 외부효과에 대한 추정과 시간·편의성·건강 등에 대한 사람들의 주관적인 선호를 함축하고 있다. 추정이 정확할수록 성공적인 정책이라고 할 수 있다.

외부효과에 대한 과세는 두 번째 지식 공백을 피해간다. 어느 누구도 우리의 교통 문제를 해결할 수 있는 가장 저렴한 방법을 알지 못하기 때문이다. 적어도 아직까지는 말이다. 하지만 외부효과에 대한 과세는 오염, 정체 등의 문제를 시장이 만드는 진실의 세계 속으로 가져온다. 사람들이 진실을 대면해야 하는 한, 아니면 최소한 자신들의 행위가 유발하는 비용을 추정해야 하는 한 그 비용을 줄이는 방법을 발견할 것이다. 이에 대응하는 시간이 길어질수록 더 훌륭하고 혁신적인 대응을 해나가게 될 것이다.

뉴올리언스 효과

뉴올리언스를 방문해보면 사람들이 가격 신호에 얼마나 크게 반응하는지 알 수 있다. 뉴올리언스에는 낙타 등 모양의 독특한 건축 양식을 보이는 집들이 있는데 이는 세금을 회피하기 위한 목적으로 지어졌다. 19세기 말에 주택은 입구에서 보았을 때 몇 층이냐에 따라 세금이 부과되었는데 낙타 등 모양 주택은 입구에서 보았을 때는 1층이고 뒤에서 보았을 때는 여러 층이다. 디자인은 매력적이지만 실용적이지는 못하다. 영국에도 비슷한 사례가 있는데, 1696년부터 1851년까지 유리창의 숫자대로 세금을 매기는 정책 때문에 온통 음침한 집들이 많이 생겨났다.

교통 혼잡세를 지지하는 사람들은 교통 혼잡세가 낭비적인 집을 짓게 만든 뉴올리언스 효과를 내는 것이 아니라 자동차를 덜 몰고 다니는 방향으로 사람들을 유도할 것이라 믿는다. 그들은 몇 주 만에 기대하는 성과가 나오지는 않겠지만, 몇 달이나 몇 년이 지나면 안전하고 더 빠르게 목적지에 갈 수 있는 사회가 될 것으로 기대한다.

혼잡세는 차를 몰고 슈퍼마켓에 갈 것인가, 아니면 버스를 탈 것인가, 또는 걸어서 가까운 상점에 갈 것인가, 아니면 인터넷으로 식료품을 주문할 것인가 하는 등의 일상적인 의사 결정을 바꿔놓을 수 있다. 하지만 더 큰 의사 결정에도 영향을 미친다. 해마다 3명 중 1명은 직장을 바꾸고 7명 중 1명은 이사를 하는데 이런 일이 발생할 때는 혼잡세가 확실히 고려된다.

또한 행동의 변화 하나가 다른 행동 변화를 일으키는 도미노 효과가 발생한다. 혼잡세 때문에 점점 더 많은 사람들이 버스를 타기 시작하면, 더 여유로워진 도로에서 버스는 더 빨리 달리게 될 뿐 아니라 비용 효율을 더 높게 유지하며 자주 운행될 것이다. 점점 더 많은 사람들이 카풀에 참여한다면, 사람들은 경로가 비슷한 카풀 회원을 더 빨리 모을 수 있을 것이다. 점점 더 많은 사람들이 혼잡세를 피해 일주일에 하루 이틀 정도 집에서 일하거나 하루 중 다른 시간대에 출퇴근을 하게 된다면, 점점 더 많은 기업들이 그들에게 융통성을 발휘하게 할 것이다. 사람들이 혼잡세를 피하기 위해 직장 근처로 이사를 할 수도 있고, 직원들이 높은 혼잡세를 물며 통근하지 않도록 기업들이 외곽 지역으로 옮겨갈 수도 있다.

외부효과 세금의 매력은 문제에 대처하면서도 해결책에 대한 가정을 하지 않는다는 점이다. 혼잡세는 러시아워에 시내로 차를 몰고 오면 다른 사람에게 손해를 끼친다는 신호를 운전자들에게 준다. 운전자들은 혼잡세를 낼지 아니면 이를 피할 방법을 찾을 지를 선택해야 한다. 이를 피할 방법은 아주 많으며, 시장은 방법을 찾아내는 데 필요한 장치를 만들 수 있다. 외부효과가 존재하지 않으면, 시장은 자동적으로 비용을 감안해 생산자가 이를 줄이는 인센티브를 제공한다. 외부효과가 존재하면, 시장에는 그 비용이 보이지 않지만, 외부효과 과세 같은 시스템은 그에 따른 비용이 존재한다는 보이지 않는 신호를 보낸다.

런던이 2003년 초에 혼잡세 과세 지역을 지정(시내 중심으로 차를 몰고 오는 데 하루에 5파운드)했을 때, 사람들은 많은 비판론자들의 예상보다 훨씬 빠르게 반응했다. 1년 만에 자동차를 몰고 오는 사람의 수는 거의 3분의 1로 줄었고 세금을 물지 않는 교통수단이 더욱 인기를 끌게 되었다. 버스 승객이 15퍼센트 늘었고 오토바이를 타는 사람이 20퍼센트 늘었으며 자전거 이용자가 30퍼센트 증가했다. 더 이상 과세 지역으로 들어오지 않는 운전자들은 여러 가지 대응책을 선택했다. 4분의 1은 과세 지역을 피해 다녔고, 55퍼센트는 대중교통을 선택했으며, 20퍼센트는 자전거나 카풀 등의 대안을 선택하거나 때로는 집까지 걸어다니기도 했다. 자동차 이용이 줄어들었고 정체로 빚어지는 시간 지체는 훨씬 더 많이 감소했다. 이는 혼잡세가 도로를 더욱 효율적으로 이용할 수 있게 해주었음을 의미한다. 그리고 사람들이 혼잡세를 피하기 위해 시간을 더욱 조정하게 되면서 이러한 외부효과에 효과적으로 대처하는 비용이 더 많이 떨어졌다.

대기오염 허가 티켓

1990년대에 EPA(미국 환경보호국)가 산성비에 대처할 방안을 궁리할 때 대기오염을 줄이는 데는 외부효과에 대한 과세가 효율적이란 사실을 발견했다. EPA는 발전소에서 나오는 유황 오염을 줄이고자 했다. 일부는 효과적이었지만 오염을 줄이는 데 드는 비용이 발전으로 얻는 이익과 맞먹을 정도였다. 그리하여 규제 당국은 어느 정도까지 오염을 줄이도록 요구해야 할지 확신하지 못했다.

문제는 오염 물질 제거 비용으로 과연 얼마가 소요되는지에 관해 발전소가 규제 당국에 거짓말을 할 수도 있다는 것이다. 심지어 사람이 호흡할 때도 오염 물질인 이산화탄소가 나온다. 하지만 규제 당국은 오염을 막기 위해서 우리에게 숨조차 쉬지 말라고 요구할 수는 없다.

그렇다면 어떤 오염을 줄여야 하는 것일까? 그리고 어떤 방법으로 해야 할까? 발전소에서 전기 생산 방식을 바꾸어서? 아니면 전기 소비를 줄여서? 아니면 다른 어떤 방법으로? 오염원을 배출하는 곳에 물어보면 그들은 오염을 줄이는 것은 호흡을 멈추게 하는 것이나 마찬가지라고 대답할 것이다. 오염 물질을 완전히 제거하는 비용은 매우 비싸며 따라서 다른 누군가가 이를 변화시켜야 한다.

하지만 진실을 밝혀내는 것이 진정 어려운 것은 아니다. 규제 당국은 사람들에게 전기 소비 방식을 바꾸든지 요금을 지불하라고 말함으로써 오염을 줄이는 데 비용이 얼마나 들지를 밝혀낼 수 있다. 사람들이 어떤 결정을 내리는지 지켜보고 이를 판정하는 것이다.

EPA는 유황 배출을 규제하기 위해 한 가지 시도를 했다. 산성비를 만드는 이산화황 배출권을 경매에 부친 것이다. 오염 배출업체들은 배출 허용 할당량을 받은 뒤 경매를 통해 더 많은 배출 허용을 받거나, 가동을 멈춰 배출을 줄이거나, 아니면 깨끗한 석탄을 구매해야 했다. 애초에 EPA가 단순히 탈황장치를 설치하라고 업체들에 요구했을 때 발전소들은 그렇게 하기에는 너무 많은 비용이 든다고 주장하면서 강제적인 규제를 중단하라고 열심히 로비를 벌였다. EPA는 업체들의 주장에 근거하여 이산화황 배출을 줄이는 비용이 1톤에 250달러에서 700달러, 경우에 따라서는 1500달러에 이를 것으로 추정했다. 하지만 EPA가 1993년에 이산화황 배출권 경매를 진행했을 때 이와 비슷한 높은 금액으로 입찰한 업체는 거의 없었다. 기업들은 자신들의 비용을 과장해왔던 것이다. 1996년에 배출 허용권의 가격은 톤당 70달러까지 떨어졌지만, 많은 업체들은 계속 오염 물질을 배출할 수 있는 권리를 사는 대신 깨끗한 석탄을 사거나 탈황장치를 설치했다.

규제 당국은 이산화황 배출권을 사는 데 아무도 큰 돈을 지불할 생각이 없는 것은 이산화황을 줄이는 비용이 훨씬 싸기 때문임을 알았다. 결국 이산화황 배출권을 높은 가격에 산 사람은 잠시 명성을 얻고자 단일 허가권을 구매한 학생 환경단체뿐이었다. 이 경매를 통해서 실제로 이산화황의 배출이 줄어드는 효과를 보지는 못했지만(이를 위해서는 법률이 필요했다), 전 세계 입법자들이 실제로 탈황에 얼마나 비용이 드는지 '진정으로' 알게 되었고 이는 많은 법을 제정하는 데 기반이 되었다. 이제는 막연히 아는 게 아니라 탈황 비용을 완전히 파악했기 때문이다. 중국 북동부에 있는 타이위안에서도 비슷한 계획을 하는 등 전 세계적으로 본보기가 되었다.

경제가 대기오염을 줄인다

"오늘 여기에 어떻게 오셨어요?"

"네?"

나는 당황했다. 환경단체가 주최한 토론회에 패널로 갔는데 행사장 문을 들어서기도 전에 아주 진지한 얼굴의 젊은 회원이 나를 엄한 눈빛으로 보면서 질문을 했던 것이다.

"오늘 여기까지 어떻게 오셨냐고요. 탄소 감축 프로그램에 참고하고자 조사하고 있습니다."

"탄소 감축 프로그램이라고요?"

"우리는 탄소 동력을 이용하지 않는 환경에서 모든 회의를 개최하길 원합니다. 그래서 참석자 모두에게 얼마나 멀리에서 왔으며 어떤 교통수단으로 왔는지 알려달라고 요청하고 있습니다. 그리하여 얼마나 많은 이산화탄소가 배출되었는지 파악해서 이를 상쇄하기 위해 나무를 심는 계획을 세웁니다."

이에 내 안의 경제학자가 슬그머니 고개를 들기 시작했다.

"호주에서 무연탄 동력 증기선으로 이곳에 왔습니다."

"죄송합니다만 무연탄이란 어떤 거지요?"

"석탄의 한 종류인데, 아주 더럽고 황이 다량 함유되어 있죠. 와우!"

경제학자의 부인이 그의 옆구리를 찔렀다.

"신경 쓰지 마세요. 우리는 여기까지 자전거를 타고 왔어요."

"아, 네."

나는 독자들이 이 실제 이야기를 통해 몇 가지 의문을 떠올렸으면 한다. 왜 환경단체는 탄소 중립적 회의를 개최하는 것일까? 물론 그 대답은 '기후변화를 야기하지 않으면서 논의를 진행하기 위해서'다. 그런데 이것은 진실이면서도 뭔가 오해를 불러일으킬 소지가 있다.

내 안의 숨은 경제학자는 효율성의 시각에서 문제를 살폈다. 만약 나무를 심는 것이 기후변화에 대처하는 좋은 방법이라면, 회의는 집어치우고 나무를 심는 것이 더 낫지 않겠는가? 만약 문제를 인식하는 토론이 중요하다면, 나무 심기는 잊어버리고 그 시간에 토론을 더 많이 하는 것이 낫지 않겠는가?

달리 말하자면, 왜 그 회의는 벤젠 중립, 납 중립, 오존 중립, 황 중립, 교통정체 중립, 소음 중립, 교통사고 중립도 아니면서, '탄소-최적'이 아닌 '탄소-중립'을 유독 주장하는 것인가? 환경을 직접적으로(나무를 심음으로써), 또 간접적으로(토론을 촉진함으로써) 개선하는 노력에 집중하는 대신 이 단체는 스스로를 엄격하게 '중립'에 놓기 위해 지대한 에너지를 사용하고 있는 것이다. 그리고 엄밀히 말하자면 환경오염의 모든 혹은 상당 부분에 중립적인 것도 아니다. 단지 이산화탄소라는 한 가지 오염에만 중립성을 지키는 것이다. 그것도 아주 대중적인 방법으로 말이다.

어쩌면 이런 논리가 경제학자들의 독선적인 입장을 드러내는 것이라고 생각할지도 모르지만, 환경문제 해결에 대해 좀 더 다양한 시각을 보여주는 것만은 사실이다. 환경단체가 행사를 통해 윤리적 본보기를 보이고자 한다는 사실은 공공 정책이 우리의 행동으로 발생하는 환경비용과 직접적인 연관을 맺지 못하고 있다는 사실을 반증한다. 아무리 도덕적 입장에서 환경문제를 주장한다고 하더라도 이를 더 효과적으로 다루어야 하는 것은 분명하다.

환경문제가 단순히 도덕적인 주제로 국한되어 다루어지는 세계에서는 환경주의자들도 일상적인 결정을 할 때 환경의 영향을 제대로 헤아리지 못한다. (쓰레기 매립장에서 처리하는) 일회용 기저귀를 쓰는 것이 더 나쁠까, (세탁 과정에서 전기를 사용하고 환경오염을 일으키는 비눗물을 배출하는) 빨아 쓰는 기저귀가 더 나쁠까? 아무리 선의를 가지고 있더라도 어느 쪽이 올바른 선택인지 알기 어려울 것이다.

더욱 중요한 것은, 기저귀 문제 같은 크고 작은 환경문제는 소수의 집단이 도덕적 잣대를 가지고 개인 행동에 대해 어떤 주장을 한다고 해서 해결되는 건 아니라는 사실이다. 소수의 환경 보호주의자들은 환경 피해에 대한 적절한 행동 신호를 보내기에 그 수가 부족하며 대다수의 사람들은 환경문제를 이해하고 있다고 하더라도 스스로 불편을 감수하려 들지 않는다. 정보와 인센티브는 둘 다 중요하며, 앞서 3장에서 살펴보았듯이 시장은 이 둘을 모두 제공할 수 있다.

경제학자들은 오랫동안 환경문제를 분석하는 데 앞장서 왔으며, 그들이 외부효과에 대한 과세를 지지하고 있는 이유는 그만큼 환경문제를 해결하기가 어렵기 때문이다. 경제학자들은 환경보호를 중시하지만, 환경 문제를 시장과 진실의 세계에 적절히 통합함으로써 일반인이 환경에 대해 책임 있게 행동하게 만드는 정보와 인센티브를 함께 제공할 수 있는 세계를 꿈꾼다. 그런 세계 속에서 우리는 시장 가격 내에서 자신의 행동 비용에 대한 확실한 신호를 가지게 된다. 비닐은 분해되지 않으므로 세금이 적절히 부과될 것이다. 이로써 비닐 포장, 비닐봉지, 비닐 기저귀를 덜 쓰게 될 것이다. 사람들은 비닐이 제공하는 편리성에 추가로 돈을 지불할 만한 가치가 있다고 생각할 경우에만 비닐을 사용(기저귀는 그러할 테고 비닐 포장은 그렇지 않을 것이다)할 것이다. 기후 변화에 일조하는 발전소에도 역시 세금이 부과될 것이며 우리가 더 깨끗한 연료를 개발하지 않는 한 전기료도 오를 것이다.

우리의 결정이 환경에 어떤 영향을 미치게 될지 초조해하는 대신 기저귀와 같은 제품에 붙는 외부효과 세금을 기꺼이 지불한다면, 우리는 우리의 행동이 유발하는 해로움에 대해 다른 사람에게 보상하게 될 것이며, 동시에 그러한 해악이 우리의 편의성보다 적다는 확신을 하게 될 것이다. 우리는 심지어 기저귀로 주변을 어지럽히기보다 우리의 환경을 개선하는 효과를 더 크게 볼 수도 있다.

즐거운 외부효과

지금껏 우리는 경제학자들이 소위 '부정적 외부효과'라고 부르는 부정적인 부대 작용에 관해 알아보았다.

'부정적 외부효과'라고 하면 당신은 재빨리 '긍정적 외부효과'도 있다는 점을 눈치 챌 것이다. 긍정적 외부효과는 보상 없이 다른 사람에게 기분 좋은 부대 효과를 일으키는 것을 말한다.

　만약 에이브러햄이라는 사람이 자신의 집 전면에 페인트칠을 하고 정원을 손질한다면 거리가 한결 산뜻해 보이지만 어느 누구도 그가 페인트칠을 하고 가지치기를 한 데 대해 보상하지 않는다. 만약 베린다란 사람이 길가에 멋진 카페를 차린다면 그 주변은 사람들이 기분 좋게 걸을 수 있는 길이 되지만 카페 손님들은 자신이 누린 즐거움에 대해서만 지불하지 지나가는 행인들이 느끼는 즐거움에까지 돈을 지불하지는 않는다. 크레이그란 사람이 자기 아들에게 홍역, 볼거리, 풍진 예방접종을 한다면 다른 아이들 역시 같은 질병에 걸릴 확률이 낮아지지만, 크레이그에게 예방접종을 권장하는 것은 정부뿐이다.

　이렇듯 기분 좋은 긍정적 외부효과는 에이브러햄이 자신의 집을 단장하는 수고를 하지 않거나, 베린다가 파산을 두려워해 카페를 열지 않거나, 크레이그가 백신의 부작용을 우려해 예방접종을 하지 않는다면 사라지고 만다. 그들이 한 일들로 우리는 이득을 보겠지만, 그들은 각각 모든 것을 고려하여 과연 그런 행동이 애쓸 만한 가치가 있는지 판단한다. 부정적 외부효과가 환경오염과 교통정체를 유발하는 경향이 있듯이, 긍정적 외부효과는 낮은 접종률, 지저분한 이웃, 기분을 상쾌하게 해주는 카페의 부족으로 이어질 수 있다. 또한 사람들은 흔히 부정적 외부효과에 주의를 기울이지만 긍정적 외부효과가 더욱 중요할 수도 있다. 인생을 살 만한 가치가 있도록 하는 많은 것들이 사실 긍정적 외부효과에 달려 있으며, 질병으로부터의 자유, 정직한 공직 생활, 활기찬 이웃, 과학기술의 혁신 등 긍정적 외부효과는 아직 충분하지 않다.

긍정적 외부효과의 중요성을 깨달았으니 이제 그 해결책은 부정적 외부효과에 대한 대응책에서 그대로 대입하여 찾을 수 있을 것이다. 외부효과에 대한 과세 대신 외부효과 보조금을 지급하는 방법이 그것이다. 예를 들어 백신은 흔히 정부나 구호기관에서 보조를 받는다. 과학 연구 역시 정부 기금의 지원을 받는다. 하지만 얼마나 지원을 해주어야 하는가는 현실적으로 판단할 필요가 있다. 외부효과에 대한 과세나 보조금이 외부효과에 커다란 보정 작용을 하는 것은 사실이지만 이로 인해 예상치 않은 지장이 생길 수도 있기 때문이다.

외부효과 보조금

외부효과가 더 이상 외부효과가 아닌 때는 언제일까? 옆집에서 키우는 나무가 우리 집 담에 피해를 끼치고 있어서 불만이 이만저만이 아니라고 해보자. 정말로 그 나무가 골칫거리라면 나는 이웃에게 돈을 주면서 그 나무를 베어달라고 부탁할 수 있다. 만약 그가 내 제안을 거절한다면 그가 나무에서 얻는 즐거움이 내가 느끼는 불쾌함보다 크다고 결론 내리고 그대로 두거나 또는 법에 호소해 이웃이 그 나무를 베도록 할 수도 있다. 하지만 내가 법률상의 권리를 행사하지 않도록 이웃이 내게 비용을 지불한다면 나는 그 돈을 담을 고치는 데 사용할 수 있다. 나에게 결정권이 있다면 내가 더 부자가 될 것이고 그에게 결정권이 있다면 그가 더 부자가 될 것이다.

하지만 어떤 경우에도 이웃에게 그 나무가 더 가치가 있다면 남아 있을 것이고 내게 주는 피해가 더 크다면 베어질 것이다.

사람들이 모여 협상을 할 수 있는 한 외부효과는 더 이상 외부효과가 아니다. 외부효과란 시장 거래의 외부에 있기 때문에 그렇게 불린다는 사실을 기억하라. 하지만 우리가 시장 외부에 있다고 생각하는 것 중에도 일부는 쉽게 시장 안으로 들어올 수 있다.

이러한 유사 외부효과는 사적 영역에서 잘 다루어질 수 있다. 정부가 세금으로 간섭해 외부효과를 '해결'할 때 훨씬 더 많은 공을 들이는 모습을 발견하기도 한다. 이는 문제를 해결하지 않느니만 못하다. 발전소에서 생기는 오염이 너무 심각하다며 비용을 과장하여 냉장고와 가로수를 끄고 매일 저녁 깜깜한 길을 걸어야 한다면 이는 과잉 대응이 아닐 수 없다.

외부효과에 대한 이러한 교정의 '과잉 투여'는 언제 발생하는 것일까? 에이브러햄이 자기 집 앞을 페인트칠하는 사례를 이야기할 때 나는 이웃이 그의 행동에 대해 보상하지 않는다고 말했지만 실제론 보상하는 경우가 발생하기도 한다. 특히 집주인이 긍정적 외부효과를 기대하며 페인트를 사서 세입자에게 주는 경우는 흔하다. 만약 세입자가 페인트를 새로 칠한다면 그는 쾌적한 집에서 살게 될 것이고, 집주인 역시 나중에 그 집을 더 쉽게 세를 놓을 수 있게 될 것이다. 집주인과 세입자 모두에게 돌아가는 이점을 생각한다면 아파트에 페인트를 새로 칠할 가치가 있겠지만, 집주인이 돈을 주지 않는다면 세입자가 그런 수고를 하지 않으려 할 수도 있다. 페인트를 제공함으로써 집주인은 자신이 누리게 될 이익에 대한 비용을 분담하게 된다. 이러한 경우에 외부효과는 비용 분담에 대한 협상으로 '내부화'된다.

그런데 정부가 긍정적 외부효과에 대한 보조금을 생각하고 있다면 어떻게 될까? 탁상행정을 하는 한 관리가 임대 아파트들은 자주 단장을 해주지 않아서 지역 경관을 해치고 있다고 생각한다고 치자. 새 단장을 자주 하는 것은 세입자나 집주인 모두에게 가치가 없지만 어느 한쪽이 다른 쪽의 이해를 감안한다면 서로가 이 일을 하기로 동의할 것이다. 아무튼 정부는 긍정적 외부효과를 기대하고 자신의 아파트를 새 단장하려는 세입자들에게 보조금 500달러를 나누어주었다고 하자(만약 이를 믿기 어렵다면 긍정적인 외부효과를 기대해 정부가 에너지 효율 개선을 하는 주택에 보조금을 지급하고 있음을 상기해보라).

새 단장한 덕분에 세입자가 한결 깨끗한 환경에서 살게 되는 가치가 300달러이고 집주인이 미래에 더 받을 수 있는 임대료가 500달러라고 하자. 그리고 새 단장하는 데 드는 비용이 1천달러라고 하자. 정부는 외부효과를 완전히 계산했다. 집주인에게 돌아가는 500달러의 이익(임대료 인상)은 세입자와는 관계가 없고 300달러에 500달러를 더하면 1천 달러에 미치지 못하므로, 보조금은 세입자가 집을 새 단장하도록 만드는 데 충분치 않다. 달리 말하자면 새 단장하는 수고가 집주인과 세입자 모두에 대한 가치보다 크다.

하지만 세입자는 500달러의 보조금을 받는 것으로 인센티브가 충분하므로 주인에게 일부 비용, 예를 들면 350달러를 부담할 것을 요청한다. 세입자는 85퍼센트의 비용을 집주인과 정부가 부담하는 셈이므로 자신은 150달러만 내고 300달러의 이득을 볼 수 있어 좋다. 집주인의 경우에는 새 단장에 350달러를 내고 500달러의 이득을 볼 수 있으므로 역시 비용을 부담하려 한다. 하지만 이런 새 단장은 해서는 안 된다. 결국 정부는 500달러를 쓰면서도 세입자와 집주인에게는 고작 150달러씩 이득을 보게 하는 데 그친다. 효과적으로 돈을 썼다고 볼 수 없다.

그렇다면 왜 이런 문제가 발생했을까? 그것은 긍정적 외부효과가 한 번은 정부 보조금으로, 다른 한 번은 협상의 과정에서, 두 번에 걸쳐 다루어졌기 때문이다. 어느 해결책도 사회를 위해서 외부효과에 대응하는 효과적인 방법을 제시하고 올바른 결론에 도달하지 못한다. 이 경우에 긍정적인 외부효과가 새 단장 작업을 정당화할 만큼 충분히 크지 않기 때문이다. 두가지 대안 모두 긍정적 외부효과에 대한 보조금이 너무 많음을 의미한다. 부정적 외부효과에서도 같은 현상이 발생한다. 만약 정부가 내 이웃집의 낡아빠진 가스 동력 잔디깎이에 세금을 부과하고 나는 그가 다른 사람에게 입히는 손해보다 그 잔디깎이로 얻는 즐거움과 편의성이 크더라도 그 괴물을 사용하지 않을 것을 약속하면 돈을 지불하겠다고 제안하는 경우를 생각해볼 수 있다.

많은 외부효과가 실제로 존재한다. 정원의 갈라진 벽이나 칠이 벗겨진 아파트가 아니더라도 우리에게는 꽉 막힌 도로가 있다. 교통정체는 커피 한 잔을 앞에 두고 협상한다고 해서 쉽게 해결될 문제가 아니다. 관련한 사람들이 너무도 많기 때문에 이들 사이에 합의를 이끌어내기란 불가능하다. 또한 언제나 돈이 드는 협상을 피하고 공짜로 이득을 보고자 하는 사람들이 존재하게 마련이다.

정부가 부과하는 외부효과 세금은 낮게 나는 비행기가 내는 소음의 경우처럼 외부효과에 대한 협상이 이루어지기 어려울 때 적절히 이용될 수 있다. 한편 사람들이 테이블에 둘러앉아 충분히 일을 해결할 수 있는데 정부가 간섭한다면 일을 망쳐놓을 가능성이 크다. 첫째로 정부는 이익집단에 휘둘려 공익을 위해 행동하지 못할 수도 있기 때문이고, 둘째로 '과잉 투여'의 문제 때문이다. 마지막으로 사람들이 정부보다도 자신들의 비용과 이득에 대해서 진실을 더 잘 알고 있기 때문이다. 외부효과 세금은 교통정체와 기후변화와 같은 문제에 대해서 아주 잘 작용한다. 개별 협상이 거의 불가능하기 때문이다. 더 작은 주제라면 정부가 개입해 치료하려드는 것이 질병을 내버려두는 것보다 나은 게 확실한지를 확인할 필요가 있다.

숫자를 벗어난 경제

이번 장에서는 환경오염, 교통정체, 이웃 간의 분쟁 등 우리 사회에 드리워진 주요 문제점에 대처하는 방법을 제안해 보았다. 쓰레기, 혼잡 지역 차량 운행에 대한 외부효과 세금, 과학기술 연구나 예방접종 보조금은 시장의 문제점들에 대처하는 가장 효과적인 방법임을 배웠다. 외부효과에 대한 세금은 사람들에게 올바른 선택을 할 수 있는 정보와 또 이를 실행하도록 하는 인센티브를 모두 제공한다. 그러한 세금은 규제가 얼마나 심해야 하는가의 문제와 자동적으로 연관되는 것은 아니지만, 일단 정치적 프로세스가 우리가 원하는 것에 대한 입장을 정하고 나면 이는 그러한 목표를 달성하는 데 가장 비용 효율적인 방법을 제공한다.

당신은 소위 전문가라는 사람들이 자동차나 오염에 부과하는 세금이 경제에 좋지 않다고 불평하는 소리를 자주 듣고 있을지도 모르겠다. 이들은 경제를 걱정한다. 하지만 그들이 걱정하는 '경제'란 무엇인가? 당신이 블룸버그 텔레비전을 보거나 《월스트리트 저널》을 꼼꼼히 읽는다면 그 경제라는 것을 GDP(국내 총생산) 같은 이름의 지루한 통계자료 더미로 오해하기 쉽다. GDP란 1년간 그 경제에서 생산된 모든 것의 총비용을 집계한 측정치다. 예를 들어 한 잔의 카푸치노가 더 만들어진다면 GDP에 2.55달러(일부 재료가 수입산이라면 그보다 조금 적은 금액)가 추가된다.

그리고 만약 이것이 '그 경제'라고 한다면, 그 전문가들의 말이 맞다. 오염에 대한 세금이 GDP와 같은 숫자를 줄이기 때문이다. 하지만 이걸 신경 쓰는 사람이 있을까? 분명 경제학자는 아니다. GDP는 해로운 것들(무기 생산, 비싼 수리비용이 발생하는 겉만 번지르르한 건축물, 통근에 드는 지출)을 측정하고 중요한 것들(자녀를 돌보거나 등산을 가는 것)을 놓친다.

대부분의 경제학자들은 GDP에 크게 연연하지 않는다. 경제학은 누가, 무엇을, 왜 얻느냐에 관한 것이다. 깨끗한 공기와 원활하게 흐르는 교통은 그런 의미에서 '경제'의 일부다. 만약 사람들이 더 빨리 일터에 도착해서 생산이 늘어나고 수송이 효율적으로 이루어져 물품 가격이 낮아진다면 교통 혼잡세는 GDP를 높일 수도 있다. 물론 혼잡세가 GDP를 줄일 수 있는 가능성은 더욱 충분하다. 하지만 이는 우리 생활의 소소한 일에 지나지 않는다. 우리가 어디로 가고 무엇을 할 것인가에 관한 새로운 대안들을 더 많이 가질 수 있다면, 이는 유익하고 의미 있는 일이 되리라는 사실을 우리는 확실히 알고 있다. 인생에는 숫자로 측정할 수 있는 것보다 중요한 것들이 많다. 심지어 경제학자들도 이를 알고 있다.

외부효과

생산자나 소비자의 경제활동이 다른 사람에게 의도하지 않은 혜택이나 손해를 가져다주면서도 이에 대한 대가를 받지도 않고 비용을 지불하지도 않는 상태를 말한다. 외부효과는 외부경제와 외부비경제(외부불경제)로 구분된다. 외부경제는 다른 경제주체의 경제활동에 의해 소비자 또는 생산자가 무상으로 유리한 영향을 받는 것을 말한다. 과일나무를 심는 과수원 주인의 활동이 양봉업자의 꿀 생산량 증가를 가져오는 경우나 교육 및 기술혁신 활동 등이 외부경제의 효과를 갖는다고 할 수 있다. 외부불경제로는 대기오염·소음 등의 공해가 문제시되고 있다. 외부경제효과가 있으면 시장기구가 완전히 작용해도 자원의 최적 배분이 실현되지 못한다.

CHAPTER 5

좋은 중고차는
중고차 시장에
없는 까닭

정보의 비대칭성

중고차 시장에서는 왜 쓸 만한 중고차를 찾기 어려울까? 몸이 아픈 사람일수록 의료보험을 타기 어려운 이유는? 시장을 비효율적으로 만드는 정보 비대칭은 좀 더 많은 정보를 선점하기 위한 치열한 공방전을 유발한다. 정보를 둘러싼 신경전, 양쪽 모두에게 유익한 거래란 존재하는가?

영국의 극작가 제롬의 19세기 희극 여행기 『보트 위의 남자』
는 제롬이 대영박물관에서 의학사전을 뒤적거리는 장면으로
시작한다.

나는 장티푸스 편을 펼쳐 그 증상을 읽어나가던 중, 내가
장티푸스에 걸렸으면서도 이를 모르고 몇 달간 지내왔음을
발견했다. 그리고 또 다른 병을 앓고 있지는 않을까 하는 생각
에 무도병舞蹈病 편을 보았더니 예상했던 대로 나는 이 병 역시
앓고 있었다. 더욱더 나의 몸 상태에 관심을 가지게 된 나는
책을 샅샅이 읽어봐야겠다는 생각에 알파벳 순서대로 가장
먼저 학질을 찾아보았다. 아니나다를까, 나는 이 병 역시 앓고
있었으며 약 2주 후면 중대국면이 시작되리라 예상할 수 있었
다. 브라이트 병의 경우에는 다행스럽게도 이 병의 변종에 걸
려서 이 병만으로 판단했을 때는 몇 년간 더 생존할 수 있다는

사실도 알게 되었다. 그 밖에도 콜레라와 그 합병증을 앓고 있었고, 디프테리아는 태어나면서부터 앓고 있었던 것으로 보였다. 나는 계속해서 26개의 질환에 관한 이야기를 읽었는데 내가 걸리지 않은 유일한 병은 '하녀의 무릎'이란 병뿐이라고 결론 내렸다.

자, 이제 당신이 제롬이라면 어떻게 하겠는가? 그는 강을 따라 올라가는 여행을 하기로 결심했지만 그는 경제학자가 아니었다. 그런 상황이라면 나는 당장 전화기를 들어 보장범위가 넓은 의료보험을 들라고 조언할 것이다. 많은 보험금을 청구할 것이 확실하다면 최대한 보장을 받기 위해 보험료 지불을 마다할 이유가 어디 있겠는가? 하지만 의문이 생길 것이다. 병에 걸렸다는 사실을 알고 있는 제롬 같은 사람들이 보험에 당장 가입하려고 할 때 누가 그들에게 보장을 제공하려 하겠는가?

중고차 매매 게임

이는 어리석은 질문이 아닐 수 없다. 경제학자들은 거래의 한쪽이 내부정보를 갖고 있고 다른 한쪽은 갖고 있지 않을 경우 시장은 우리가 기대하는 것만큼 작동하지 않는다는 사실을 알고 있다. 이는 직관적으로 생각해도 일리가 있는 말이다. 하지만 미국의 경제학자인 조지 애커로프George Akerlof가 1970년에 혁명적인 논문을 발표하고 나서야 전문가들은 이 문제가 얼마나 심오하고 드라마틱한지 비로소 깨달았다.

애커로프는 중고차 시장을 예로 들면서 시장이 아무리 경쟁적이라고 해도 판매자는 자동차의 품질에 관해서 많은 것을 알고 있는 반면 구매자들은 그렇지 못하다면 중고차 시장이 제대로 작동하지 못한다는 사실을 보여주었다. 가령 중고 자동차의 절반은 '복숭아(훌륭한 차)'이고 나머지 반은 '레몬(결함 있는 차)'이라고 하자. 복숭아는 판매자보다 잠재 소비자들에게 더 가치가 있다. 그렇지 않다면 구매자는 사려 하지 않을 것이다. 말하자면, 구매자에게 5천 달러라면 판매자에게는 4천 달러다. 레몬은 가치가 없는 쓰레기 차다. 판매자들은 자신들이 팔고 있는 차가 레몬인지 복숭아인지 알지만, 구매자들은 추측할 뿐이다.

공정한 도박을 하고자 하는 구매자는 복숭아일 확률과 레몬일 확률이 반반인 자동차의 합리적인 가격을 2천 달러에서 2500달러로 생각한다고 하자. 한편 판매자도 역시 50 대 50의 확률이 공정한 거래라고 생각하지만, 실제로는 50 대 50 확률의 게임을 하고 있지 않다. 판매자는 차가 복숭아인지 레몬인지 확실히 알고 있기 때문이다. 문제는 레몬을 갖고 있는 판매자는 2500달러에 사겠다는 제안에 당신의 손을 덥석 잡겠지만, 복숭아를 갖고 있는 판매자는 일종의 모욕으로 생각할 것이다. 2500달러에 차를 사려고 돌아다니다 보면, 중고차 업자들이 오로지 레몬만 그 가격에 팔려고 한다는 사실을 금방 알게 될 것이다. 물론 당신이 4001달러를 제안한다면 복숭아를 만날 수도 있겠지만 레몬 역시 당신 앞에서 사라지지 않는다. 그리고 4001달러는 양호한 자동차를 살 확률이 50퍼센트인 거래치고는 그리 매력적인 가격이 아니다.

이것은 시장의 외변에서 일어나는 사소한 문제가 아니다. 이런 시나리오대로 흘러간다면 시장은 붕괴할 것이다. 어떤 판매자도 복숭아를 4천 달러 미만으로 팔려 하지 않을 것이며 어떤 구매자도 레몬일 확률이 절반인 자동차에 그렇게 많이 지불하려 하지 않을 것이기 때문이다. 판매자는 복숭아를 팔려고 내놓지 않고 구매자는 판매자가 그러하리란 사실을 알기 때문에 결국 거래되는 차량은 오로지 가치가 거의 없는 레몬들뿐이다. 문제에 대한 가정이 덜 극단적이라면 시장 기능의 상실도 덜 극단적이겠지만, 결과는 비슷하다. 만약 어떤 사람이 제품의 품질에 관해 다른 사람보다 더 잘 알고 있다면 고품질 제품은 전혀 거래되지 않거나 많이 거래되지 않을 것이다.

중고차를 사려 했던 사람이라면 누구나 애커로프의 설명에 공감할 것이다. 중고차 시장은 본래의 역할만큼 기능하지 못해서 중고차 가격은 낮게 형성되고 질은 낮다. 좋은 차를 갖고 있는 판매자는 좋은 가격을 받기 위해 이를 내놓지 않으려 한다. 그 차가 진정 복숭아라는 사실을 증명할 길이 없어 높은 가격을 받지 못하므로 차라리 자신이 갖고 있으려 한다. 당신은 내부정보를 갖고 있는 판매자가 이득을 볼 것이라 생각하겠지만 사실상 승자는 없다. 현명한 구매자는 부정하게 조작된 게임에 참가하지 않는다.

이 문제가 얼마나 드라마틱하고 얼마나 걱정스러운 것인지 확실히 알아보자. 애커로프가 서술한 시장은 일부 사람이 바가지를 쓰는 시장이 아니다. 상황은 그보다 더 심각하다. 그는 존재해야 하지만 공정성을 좀먹는 내부정보 때문에 존재하지 않는 시장을 서술했다. 좋은 차를 가진 판매자는 응당 구매자와 거래할 수 있어야 하며, 판매자의 가격과 구매자의 가격 차가 1천 달러이기 때문에 각 거래에서 1천 달러의 이윤을 보게 된다. 거래 가격이 4천 달러에 가까우면 구매자가 더 많은 가치를 갖게 되고, 5천 달러에 가까우면 판매자가 더 많은 가치를 갖게 된다. 하지만 애커로프는 구매자가 증거 없이 구매하지 않으려 하는 한편 판매자가 증거를 제공하지 못하기 때문에 가치 창조 거래가 발생하지 않는다고 주장한다.

내부정보에 영향을 받는 것은 중고차 시장뿐만이 아니다. 임대 전용 아파트에 딸린 가구를 생각해보자. 왜 임대 전용 아파트의 가구는 오래가지 않을까? 애커로프의 모델이 그 해답을 제공한다. 아파트는 세입자가 임차 여부를 결정하는 데 영향을 미치는 확실하고 눈에 띄는 특성들(크기, 위치, 인테리어 등)을 많이 가지고 있다. 하지만 알아채기 어려운 품질도 있다. 예를 들면 가구의 내구성이다. 집주인에게는 비싸고 내구성이 뛰어난 가구를 제공할 만한 인센티브가 없다. 잠재 세입자들이 입주해 생활해보기 전까지는 알아내기 어려운 특성이기 때문에 여기에 큰돈을 들이려 하지 않는다(물론 집주인은 자신이 어떤 가구를 넣더라도 세입자가 망가뜨릴 것이라고 예상하기 때문에 싸고 품질이 나쁜 가구를 넣는다고 볼 수도 있다. 하지만 이러한 염려 역시 좀 더 튼튼한 가구를 넣지 않는 이유다). 그 결과 임대 아파트용 값싸고 품질이 낮은 가구 시장이 존재하는 한편 임대 아파트용 품질 좋은 가구 시장은 존재하지 않는다.

또한 내부정보는 런던의 레스터 스퀘어나 뉴욕 맨해튼의 타임스 스퀘어, 아테네의 플라카 등과 같이 관광객이 북적대는 곳에서 훌륭한 식사를 하기 어렵게 만들기도 한다. 흔치 않은 경우를 제외한다면, 배고픈 관광객들은 많은 돈을 내고 2급 요리를 먹게 된다. 관광객들은 가까운 거리에 좋은 식당이 있더라도 어느 식당이 탁월한 선택인지 알지 못하기 때문에 실제보다 높은 가격을 지불하게 되는 경향이 있다. 이유는 간단하다. 처음 방문한 여행객들은 나쁜 음식점과 좋은 음식점을 고르기 어렵기 때문이다. 좋은 음식점들은 정보가 많은 지역 주민들에게 쉽게 사랑받을 수 있는 위치에 있다. 나쁜 음식점들은 음식점 업계에서 레몬의 위치에 남게 된다. 애커로프가 서술하는 것은 모두가 모르는 상황이 아니라 어느 한편이 다른 한편보다 많은 정보를 가지고 있는 상황이라는 점에 주의할 필요가 있다. 어떤 차가 레몬인지 복숭아인지 구매자와 판매자가 모두 모른다면 문제가 안 된다. 구매자는 복숭아일 확률이 반반인 자동차에 최대 2500달러를 지불하려 할 테고 똑같이 정보가 없는 판매자는 2천 달러가 넘는 제안이라면 받아들일 것이다. 물론 이들은 협상을 할 것이다. 다만 협상에 나선 한쪽이 너무 많이 알고 있고 다른 한쪽은 조금밖에 모르는 경우에는 거래가 성사되지 않는다. 문제는 사실 파악이 공평하게 이루어지지 않아 발생하므로 경제학자들은 이를 '정보의 비대칭'이라고 부른다. 이러한 정보의 불균형은 '진실의 세계'에서 멀어지게 하는 것은 물론 시장 전체를 완전히 무너뜨릴 수도 있다.

정보 선점 싸움

애커로프의 레몬 문제가 중고차나 가구 딸린 셋집, 관광지 음식점에만 적용되는 것이 아니다. 불행하게도 이 문제는 의료보험처럼 그보다 훨씬 중요한 상품 시장에도 피해를 입힌다.

의료보험은 질병이 예측 불가능할 뿐 아니라 치료에 막대한 돈이 들 수도 있기 때문에 중요하다. 어떤 의학 치료는 매우 비쌀 뿐만 아니라 치료 시기를 미룰 수도 없다. 또한 질병은 소득이 낮은 시기에 잘 나타난다. 은퇴한 후에 건강을 더 돌볼 필요가 있으며 의학적 치료가 필요한 사람은 일을 하지 못할 수도 있다. 따라서 의료보험은 귀중한 상품이다. 만약 의료보험 시장이 제대로 기능하지 않는다면 보험료가 올라가고 많은 사람들이 보험의 혜택을 받지 못하는 결과가 나타난다.

툭 하면 아픈 사람을 레몬이라고 하고 건강을 잘 유지하는 사람을 복숭아라고 가정해보자. 앞서 언급한 제롬과 비슷한 사람이라면 스스로를 레몬이라고 생각하고 가능한 한 모든 의료보험에 가입하라는 조언을 받을 것이다. 반대로 스스로 건강하다고 자부하며 부모가 백 살까지 산 사람은 아마도 아주 싼 의료보험에 들 것이다. 즉, 보험의 필요성을 별로 느끼지 못한다.

정보 격차가 존재하는 시장은 쇠락한다는 사실을 증명한 애커로프 덕분에 우리는 보험시장이 좋은 품질의 중고차 시장처럼 사라질 수도 있음을 알게 되었다. 달고 맛있는 복숭아 같은 몸을 가진 당신은 일반적인 보험 상품에서 좋은 거래 기회를 찾지 못하는 반면, 제롬과 나처럼 시고 작은 레몬같이 몸이 부실한 사람은 일반 보험 상품을 두 팔 벌려 환영할 것이다. 그 결과 보험회사는 보험금을 청구하지 않을 것 같은 고객은 놓치고 많은 보험금을 청구할 만한 이롭지 못한 고객들만 얻게 됨으로써, 결국 보험 수혜는 낮아지고 보험료는 오르게 된다. 건강 상태가 중간인 사람들은 보험료가 너무 비싸서 점차 해약하게 되고, 이로 인해 보험회사는 사업을 유지하기 위해 보험료를 또다시 인상한다. 점점 더 많은 사람들이 보험을 해약하면서 결국에는 가장 건강이 좋지 않은 레몬만이 보험에 남아 있고, 보험료는 감당하기 어려울 정도로 올라간다. 물론 보험회사는 고객 정보를 더 많이 알아냄으로써 보험시장을 바로잡고자 할 것이다. 담배를 피우는가? 나이는 몇인가? 부모는 55세에 유전병으로 죽었는가 아니면 100세에 스포츠카 사고로 숨졌는가? 유전적인 정보를 더 많이 입수할수록 보험회사는 특정인에 대한 의료보장 제공 비용을 정확히 예측할 수 있게 된다. 앞에서 보았듯이 보험시장은 내부정보가 존재하는 부자연스러운 시장이었다. 보험 가입자들에 비해 보험회사가 모르는 정보가 많았다. 하지만 보험회사들이 정보 격차를 줄여나간다면 그들은 더 많은 사람들에게 보험을 제공하게 될 것이다.

이것은 2장에서 스타벅스와 홀푸즈가 사용한 가격 표적화와 같은 내용처럼 들릴지 모르지만, 사실은 완전히 다른 게임이다. 가격 표적화를 시도할 때 스타벅스는 자신의 원가를 알고 있었고 단순히 일부 고객들에게 더 높은 가격이 통할 것인지를 알고자 했다. 한편 의료보험 회사들은 훨씬 근본적인 과업에 직면한다. 그들은 각 고객들에 대한 보상금을 충당하기 위한 비용이 얼마나 들지 모르며, 고객들보다 더 정확히 이를 산정해내지 못할 경우 과중한 보험 보상금 때문에 파산하고 말 것이다. 그 효과 역시 다르다. 가격 표적화는 고객의 돈을 더 많이 짜냄으로써 커다란 파이 조각을 갖는 방법이었던 데 반해 보험 고객 정보를 알아내는 것은 거래를 가능하게 만듦으로써 예전에는 없었던 새로운 파이를 만드는 것이다.

　불행히도 보험시장은 일부의 희생으로 구원될 수 있다. 제롬과 나 같은 레몬이 보험에 가입할 때는 높은 보험료를 적용받을 것이다. 당신 같은 복숭아는 보험료를 적게 내고도 보험에 들 수 있다. 양쪽 모두에게 꽤 공정한 보험료가 책정되는데, 이는 의료 비용 추정액보다 많지도 적지도 않게 감당할 수 있는 보험료를 의미한다. 만약 보험회사가 정확한 정보(아마도 미래의 유전 테스트를 통해 얻은)를 갖고 있다면, 병에 걸릴 것으로 예상되는 사람은 보험료로 수십만 달러를 내게 될 것이다. 이는 더 이상 보험이라고 하기 어렵다.

　개인별 건강 배경을 확인할 수 있고 보장을 제공하는 데 드는 비용을 예상할 수 있다면 보험회사들은 흑자를 유지할 수 있을 것이다. 만약 보험회사들이 나와 제롬 같은 레몬들의 보험료를 올리지 않는다면 곧 파산하고 말 것이다. 문제는 나이가 많고 만성질환을 갖고 있는 사람처럼 값비싼 의료 처치가 필요할 것으로 예상되는 사람들에게는 절대 여러 가지 보장을 해주지 않으리라는 점이다. 이들의 보험료는 예상되는 의료 비용을 감안해서 책정되기 때문에 의료보험 없이 지불해야 할 의료 비용 이상을 보험료로 지불해야 한다.

　되짚어 생각해보면 흥미로운 결론에 도달하게 되는데, 보험이란 상호 무지에 의존한다고 할 수 있다. 보험회사는 양쪽이 모두 발생 여부를 알 수 없는 상해, 화재, 의료비 등을 보장한다. 만약 우리가 미래를 예측할 수 있다면 보험의 의미는 사라질 것이다. 보험회사가 고객보다 화재를 더 정확히 예측할 수 있다면, 화재보험이 필요 없는 고객에게만 보험을 팔려고 할 것이다. 우리 집이 화재로 무너질 것이란 사실을 내가 알고 있었다면, 보험회사는 내게 화재보험을 파는 대신 경찰을 부를 것이다. 보험은 상호 무지에 의존하는 것이므로 그 무지의 영역을 좁혀나가는 의료과학의 발전은 보험사나 피보험자 모두에게 보험의 기반을 약화할 것이다. 우리가 더 많이 알게 될수록 우리는 더 적게 보장받게 된다. 불행히 높은 비용에 직면하게 되는 위험으로부터 사람들을 보호하고자 한다면 이는 염려되는 대목이 아닐 수 없다.

왜곡된 선택

애커로프가 예로 들었던 중고차 시장 이야기로 돌아가보자. 구매자와 판매자에게는 문제를 바로잡고자 노력할 만한 동기가 존재한다. 판매자는 복숭아에 좋은 가격을 받길 원하고 구매자는 복숭아를 사고 싶어 한다. 내부정보가 상호 이익이 되는 거래 기회를 망쳐놓고 있다면 양측의 정보 격차를 줄일 방법을 찾아야 할 것이다.

애커로프는 정보의 비대칭 이론에 관한 논문으로 2001년도 노벨 경제학상을 받았다. 이에 대한 부분적인 해결책을 제안한 두 명의 경제학자, 마이클 스펜스Michael Spence와 조지프 스티글리츠Joseph E. Stiglitz도 공동 수상했다. 스펜스는 정보를 가진 사람은 정보가 없는 사람에게 신뢰할 수 있는 방법으로 정보를 제공한다고 주장했다. 한편 스티글리츠는 정반대로 관찰하여 정보가 없는 사람이 정보를 가진 사람에게서 필요한 정보를 얻어낸다고 보았다.

스펜스는 복숭아를 가진 판매자가 단순히 "우리 자동차는 모두 복숭아예요"라고 말하는 것은 너무 간단하고 불충분한 언급이라는 사실을 발견했다. 레몬 판매자 역시 "우리 자동차는 모두 복숭아예요"라고 말할 수 있을 것이다. 구매자는 누가 진실을 말하고 있는지 알 수 없으므로 이러한 주장 자체는 아무런 정보도 전달하지 않는다. 스펜스는 품질의 진정한 신호는 레몬 판매자가 할 수 없거나, 적어도 감당할 수 없는 것임을 발견했다.

한 예로 값비싼 자동차 쇼룸을 구비해놓는 것을 생각해볼 수 있다. 이는 그 지역에서 오래오래 영업을 계속할 계획일 때만 감당할 수 있는 투자다. 복숭아 판매자는 만족한 고객들이 다음에도 자신을 찾을 것이라 기대하며 고객들이 믿을 만하고 쓸모 있는 자동차를 샀다는 사실을 다른 사람들에게 입소문내줄 것을 기대한다. 수년에 걸친 판매는 쇼룸에 대한 투자를 보상해줄 것이다. 반면 레몬 판매자는 그렇게 운영할 수 없다. 대신 과장한 레몬을 몇 대 팔고는 자신에 대해 부정직한 평판이 들려오지 않을 다른 지역으로 옮겨갈 것이다.

은행이 언제나 근사한 빌딩을 사용하는 이유도 이 때문이다. 정부가 은행을 감독하지 않던 시절에는 그들이 고객들의 예금을 몽땅 싸갖고 야반도주하지 않으리라고 누가 장담할 수 있었겠는가? 고객들은 돈을 챙겨 도망갈 사기꾼이라면 은행을 청동과 대리석으로 단장해놓지 않을 것이라고 믿었다. 이와 같은 이유로 당신은 상품 품질에 관한 내부정보가 부족할 때 시장 좌판에서 사기보다는 조금 더 돈을 지불하더라도 상점에서 사려고 할 것이다. 잘 단장한 상점은 불만 사항이 생겨 돈을 환불받으러 갈 때도 그 자리에 있을 것이며 바로 그러한 가능성 때문에 당신이 품질에 불만족하는 일이 별로 없으리라 생각하는 것이다.

어떤 경제학자들은 스펜스의 이론을 정보 내용이 없는 매우 비싼 광고를 설명하는 데 사용했다. '코카콜라. 리얼Coca-Co-la. Real'이라는 광고에 실린 정보는 무엇이라고 생각하는가? 그 광고에서 잠재 고객들이 엿볼 수 있는 정보라고는 광고가 비쌀 것이라는 사실뿐이며, 그래서 코카콜라 회사는 언제나 그랬듯이 높은 품질의 제품을 계속 생산할 것이라는 추측이다.

스펜스는 이를 이용하여 왜 경제학이나 마케팅 학위처럼 특정한 경력 기회를 잡기 어려운 철학을 전공으로 택하는 학생들이 있는지를 설명했다. 고용주는 똑똑하고 근면한 직원을 채용하고자 하지만 면접만으로는 그런 사람을 구별해내기 어렵다. 한편 사람들은 철학 학위를 받은 사람은 공부를 열심히 했다고 생각하며 게으르고 아둔한 사람은 철학 학위를 따기 어려울 것이라고 추측한다.

스펜스는 똑똑하고 부지런한 사람은 철학 학위를 받는 수고를 통해 자신의 그런 점을 증명할 수 있다고 보았다. 게으르고 아둔한 사람이 철학 학위를 아예 따지 못하는 것은 아니지만 그런 사람들은 처음부터 철학 공부를 하려 들지 않을 것이다. 고용주들은 철학 학위 자체가 채용 후보자의 생산성 자체를 향상시키지는 않는다는 사실을 알면서도 그들을 채용하고자 한다. 철학 학위는 게으르고 아둔한 사람이 따기에는 너무도 수고스럽기 때문에 이는 신뢰할 만한 신호가 되기 때문이다. 아마도 스펜스 자신이 프린스턴에서 철학을 전공했기 때문에 이런 생각을 한 것으로 보인다.

스펜스는 이것이 기존에 내부정보로 기능이 저해되었던 시장에서 단절된 정보를 연결할 수 있는 한 가지 방법임을 증명했다. 고급 일자리 지원자, 은행, 중고차 판매원, 청량음료 제조업체들은 자신들을 저급한 일자리 지원자, 은행, 중고차 판매원, 청량음료 제조업체들과 단순히 차별화하는 일에 막대한 시간과 돈(취득하기 어려운 학위를 목표로 하는 것, 호화로운 건물·장식·광고에 지출하는 것)을 들일 필요가 있음을 발견했다.

스펜스의 아이디어는 레몬 문제가 해결 불가능한 것은 아니지만 해결을 장담할 수 있는 것도 아님을 시사한다. 스펜스 모델 중에서 낭비적인 신호가 불가능할 때 모두가 유익해지는 경우도 발생한다. 만약 철학과 진학이 금지된다면 고용주들은 게으른 직원과 똑똑한 직원을 구별하지 못해서 이들의 예상 생산성을 평균하여 둘에게 같은 급여를 지불할 것이다. 그렇게 되면 우선 게으른 직원들에게 유익하다. 똑똑한 직원들도 고임금에서 철학 학위를 받는 데 드는 비용을 뺀 액수보다 평균 임금이 높을 경우 역시 유익하다. 고용주는 상관이 없다. 그들은 열등한 직원에게도 평균 임금을 주지만 우수한 직원도 역시 낮은 평균 임금으로 일을 시킬 수 있기 때문이다.

애커로프는 내부정보가 양측 모두에게 유익한 거래를 발견하기 어렵게 한다는 것을 보여주었고 스펜스는 그러한 거래를 가능하게 하는 방법을 보여주었다. 하지만 또한 그렇게 하는 데 소요되는 사회적 비용이 너무 높을 수도 있다는 사실을 발견했다. 스펜스가 정보를 가진 측에서 신뢰성 있는 정보 신호를 보내는 방법을 연구한 반면, 스티글리츠는 정보를 갖지 못한 측이 이를 알아내기 위해 어떤 일을 할 수 있는지 연구했다. 그는 보험시장을 면밀히 관찰한 뒤 정보를 갖지 못한 보험회사가 보험금을 청구하리라 예상되는 고객들에 대하여 아무 일도 할 수 없는 것은 아니라는 결론을 내렸다. 예를 들어 보험회사는 보험료는 낮추되 공제를 늘려 여러 형태의 거래를 제안할 수 있다. 이는 보장의 수준을 낮추는 효과를 지닌다. 보험료가 낮아짐으로써 보험의 가격은 낮아지지만, 피보험자가 보험료를 청구했을 때 적게 지급하게 된다. 저위험 고객들은 보험금을 청구하는 일이 자주 있을 것으로 예상하지 않기 때문에 보험료가 싼 거래에 관심을 기울이는 반면, 고위험 고객들은 보험금 청구가 잦을 것으로 예상하기 때문에 보험료가 높은 상품을 선호할 것이다. 그러므로 보험회사는 여러 형태의 고객들을 설득해 그들이 자신의 내부정보를 드러내도록 할 수 있다. 이는 2장에서 커피숍이 사용한 자기 표적화 전략과 조금 비슷하다.

스타벅스는 휘핑크림, 향료 시럽 같은 사치를 제공하여 고객들로 하여금 가격을 의식하는지 안 하는지 드러내도록 했다. 애트나 보험은 공제액이 500달러에서 5천 달러 사이에 있는 개인별 네 종류의 보험을 제공함으로써 보험 구매자들이 스스로 얼마나 많은 보험 청구를 예상하고 있는지 드러내도록 했다.

하지만 스티글리츠 역시 애커로프의 레몬 문제를 비용 없이 해결할 수 있다고 결론짓지 않았다. 이와 반대로 그는 내부 정보에 대응하여 은행은 대출을 거부할 수도 있고, 기업은 저임금으로 더 많은 직원들을 채용하기보다는 특권을 가진 내부자들에게 높은 임금을 지불하길 선호할 수도 있으며, 보험 회사들은 고위험 개인들의 보험 가입을 거부할 수도 있음을 보여주었다.

보험료 인상의 원인

레몬 문제 해결의 어려움은 미국의 보건 시스템이 왜 그토록 제 기능을 하지 못하는지 설명해준다. 미국은 민영 의료보험 회사가 의료 비용의 많은 부분을 지불하도록 하고 있다. 이런 시스템은 세계적으로 드물다. 영국·캐나다·스페인은 의료 비용의 상당 부분을 국가에서 지급하고 있으며, 호주·벨기에·프랑스·독일·네덜란드는 의료 비용을 사회보장 시스템 안에서 해결하고 있다. 이런 시스템에서는 대부분의 사람들이 보험에 반드시 가입해야 하며 보험료는 보험금을 청구할 위험도가 아닌 수입에 연동되도록 법률로 정해놓고 있다.

미국 시스템은 보험에 자발적으로 가입하도록 하며, 보험료는 소득이 아닌 위험에 연동되어 있다. 하지만 이처럼 미국인들이 사랑하는 시장 기반 원칙은 만족스러운 의료보장을 해주지 못하고 있는 것으로 보인다. 최근 조사에 따르면 미국인 응답자의 17퍼센트만이 의료보장 시스템에 만족하고 있으며 대규모 개혁이 필요하지 않다고 응답했다. 이처럼 많은 사람들이 불만족스러워하는 이유는 어디에 있을까?

표면적인 이유는 단순하게 설명할 수 있다. 시스템이 너무 비싸고 극히 관료주의적이며 누더기 같은 땜질식이기 때문이다. 가장 먼저 비용을 살펴보자. 미국의 1인당 의료 비용은 스위스보다 3분의 1가량 높으며, 유럽의 많은 국가들보다 2배가량 높다. 영국은 모든 거주자들에게 무상으로 의료보장을 제공하는 데 비해 미국 정부는 노년층medicare(메디케어)과 일부 저소득층medicaid(메디케이드)에게만 의료보장을 하면서도 1인당 지급하는 비용은 미국 정부가 지출하는 돈만 따져도 영국의 공공 및 민간 지출 금액보다 많다. 영국 정부의 1인당 의료비 지출이 미국 정부의 지출보다 적음에도 모든 사람들에게 무상 의료보장을 제공하고 있다는 사실에 대부분의 미국인들은 크게 놀란다. 사실상 공무원들에게 제공하는 의료보험 비용과 민영 의료보험을 진흥시키기 위해 제공하는 세제혜택까지 감안한다면 미국 정부가 지출하고 있는 1인당 의료보장 비용은 세계에서 가장 높다고 할 수 있다.

그다음은 관료주의다. 하버드 메디컬스쿨 연구원들은 미국의 공영 및 민영 시스템의 행정 비용이 1인당 1천 달러가 넘는 것을 발견했다. 달리 말하자면 세금, 보험료, 직접 부담 의료비 등을 모두 계산할 때 미국인들이 일반적으로 병원 수납처에 내는 비용은 싱가포르와 체코에서 지출되는 총 의료비와 맞먹는다고 할 수 있다. 이들 두 나라는 미국과 보건 수치가 비슷한 나라들이다. 기대 수명과 건강 수명 기대치(건강하게 사는 기간에 대한 수명과 질병에 걸려 수년간 시달리는 기간을 제외한 수명을 구분하는 통계치)가 체코는 미국보다 조금 낮고 싱가포르는 미국보다 조금 높다. 또한 미국의 보건행정 비용은 1인당 307달러로 미국보다 보건 지수가 월등히 높은 캐나다의 보건행정 비용보다 3배 이상 높다.

세 번째는 누더기 같은 땜질식 보장 시스템에서 원인을 찾을 수 있다. 의료보험은 흔히 직장과 일괄 계약(이는 노동시장의 효율성을 떨어뜨리기도 한다)을 맺고 있기 때문에 근로자들은 의료 보장을 받지 못할까 봐 두려워 다른 직장을 구해놓기 전에는 직장을 그만두지 못하는 경우가 많다. 더욱 안 좋은 것은 미국인의 15퍼센트는 어떤 형태의 의료보장도 받지 못하고 있다는 사실인데, 이는 세계에서 가장 부유한 나라로서는 충격적인 통계치가 아닐 수 없다. 반면 독일은 전체 인구의 0.2퍼센트만이 의료보장에서 제외되어 있으며 캐나다와 영국은 정부가 모든 국민들에게 의료보장을 제공하고 있다.

조지 애커로프와 그의 레몬 이론을 생각해보면 미국의 의료보장 시스템이 겪고 있는 문제점은 놀랄 일이 아니다. 자발적인 민영보험은 균형을 잡지 못할 수 있다. 의료보장보다 비용에 더 압박을 받는 일부 사람들(예를 들어 돈은 없고 중병에 걸릴 가능성은 낮은 가난한 젊은이들)은 시스템에서 떨어져 나갈 것이다. 그 결과 의료보험 회사들은 비용을 충당하기 위해 평균 고객들의 보험료를 올리게 되고 이는 또 다시 점점 더 많은 사람들을 보험에서 이탈하게 만든다. 순수한 레몬 이론과는 달리 시장이 완전히 붕괴하지는 않는다. 그 원인 중 하나는 의료비를 전적으로 자신이 부담해야 하는 위험에 대한 우려가 높은 나머지 공정한 보험료보다 상당히 많은 금액이라도 지불하려는 사람들이 다수 있기 때문이다. 그 결과 이탈 행렬은 멈추겠지만 많은 사람들이 시스템에서 빠져나가는 건 사실이다.

또한 스펜스와 스티글리츠 덕분에 보험회사들이 레몬 문제를 피해갈 방법을 고안해낼 수 있겠지만, 그래도 낭비가 많아 효율적인 방법이라고 보기는 어렵다. 보험회사들은 고객들의 위험, 행동, 비용 등을 모니터하기 위해 분투해야 하는데 미국 시스템의 거대한 관료 조직은 그러한 결과의 하나다. 또 다른 결과는 의료보험이 직장별로 계약이 되어 발생하는 거대한 구멍이다. 간단히 생각해봐도 의료보험이 직장과 연계되어야 할 이유는 없다. 종업원들은 흔히 자신들의 직장과 일괄 계약된 보험에 가입하도록 강요받는다. 이러한 일괄 계약은 사회의 가장 건강한 구성원들이 보험에 가입하도록 하여 시장에서 빠져나가는 것을 막아준다. 하지만 이런 해결책은 값싸게 얻어지지 않는다. 적절한 보험료와 이상적인 보장 등의 계약 조건을 계약 당사자가 결정하는 것이 아니라, 인사 담당가 일괄 구매한다. 그로 인해 더 많은 지출 낭비가 발생할 소지가 생긴다.

미국 의료보장 시스템의 단점들은 애커로프의 레몬 이론에 근거해 예측할 수 있는 것만이 아니다. 환자들이 스스로 어떤 치료를 받을지 선택할 수 없는 것도 미국 보험 시스템의 문제다. 의료 청구서를 집어든 보험회사는 언제나 협상을 통해 적절한 치료 방법을 선택한다. 물론 누군가에게 당신의 의료비를 내라고 요구할 때는 당신이 선택한 방식으로 치료를 받지 못한다고 해도 놀랄 일이 아닐지 모르겠다.

아무튼 불충분한 보장, 비능률, 고비용은 민영 의료보험의 커다란 결점이며 또한 애커로프, 스펜스, 스티글리츠의 이론적 모델로 잘 설명할 수 있는 것들이다.

보험이 사고를 만든다?

정보가 없는 구매자는 자신이 확인할 수 없는 품질에 돈을 지불하려 하지 않기 때문에 내부정보가 시장을 황폐화하는 레몬 문제(경제학자들의 용어로 '역선택')는 더 넓은 내부정보 문제(경제학자들 용어로 '정보의 비대칭')의 일부다. 또한 내부정보는 '도덕적 해이'라는 장애물을 만들어낸다. 그 개념은 간단하다. 만약 나쁜 일이 발생할 경우 고객에게 보상을 해준다면, 그들은 부주의해질 수도 있다.

예를 들어 내 차가 도난보험에 들어 있으면 나는 안전하지 않다고 생각하는 외진 길이라도 공간만 있으면 아무 데나 주차할 것이다. 만약 내 보험이 도난에 대한 보장을 해주지 않는다면 나는 돈을 조금 들이더라도 주차 요원이 있는 주차장에 차를 세울 것이다. 만약 내가 직장을 잃었을 때 정부가 실업수당을 준다면, 나는 아무 소득이 없을 때처럼 서둘러 직장을 구하지 않을 것이다. 은행이 파산하더라도 내 계좌에 있는 돈은 보장받을 수 있다면, 그 은행이 재정적으로 안전한지 확인하는 수고를 뭣 하러 하겠는가?

도덕적 해이는 실제 경제에서 피할 수 없는 문제다. 보험 회사들(혹은 다른 어떤 기업이라도)은 도덕적 해이를 완전히 피할 수 없다고 하더라도 이를 줄이는 조치를 취할 수는 있다. 예를 들어 보험회사들은 파면이나 임신 등에 대한 보장은 제공하지 않는다. 그런 보장은 막대한 돈이 들어갈 것이기 때문이다. 이유는 간단하다. 짜고서 파면당하거나 임신하기 쉽기 때문이다. 직장을 그만두거나 아이를 가지려고 계획하는 많은 사람들이 자신들의 계획을 행동으로 옮길 경우 돈을 주는 보험이 있다면 열심히 이 보험에 가입할 것이다. 그 결과 도덕적 해이는 민영 실업보험 시장을 파괴한다.

한편 공영 실업보험은 도덕적 해이에도 불구하고 여전히 존재한다. 안된 말이지만 실직한 사람들에게 돈을 지불하면 분명 실업을 촉진한다. 하지만 정부가 실업수당을 없앤다 하더라도 여전히 실업자는 있을 것이며 실업자를 지원하는 것은 모든 문명사회가 해야 할 일이다. 진실은 우리가 거래를 하고 있다는 것이다. 실업을 촉진하는 것은 나쁜 일이지만 수입

이 없는 사람들을 지원하는 것은 좋은 일이다.

공영 및 민영 보험회사들은 도덕적 해이로부터 스스로를 보호하고자 한다. 보험회사들이 흔히 사용하는 방법 중 하나는 공제 형식으로 보장을 조절해 불충분한 보장을 제공하는 것이다. 만약 내 자동차 보험의 사고 시 공제액이 200달러라고 하면 나는 그 돈을 잃을지 모른다는 생각에, 값비싼 도난 방지 대책을 강구하지는 않더라도 최소한 내 차가 잘 잠겨 있는지는 확인하고 다닐 것이다.

보험회사들은 도덕적 해이와 싸우는 또 다른 방법으로 내부정보를 구한다. 의료보험 회사는 내 보험료를 책정하기 전에 내가 담배를 피우는지 확인한다. 물론 나는 거짓말을 할 수도 있지만, 기초 검진만으로도 내가 담배를 피운다는 사실이 드러날 것이다. 대부분의 정부는 실업수당을 지급할 때 그가 열심히 구직 활동을 하고 있는지 확인한다. 정부는 사람들의 구직 활동을 완벽히 조사할 수는 없기 때문에 실업수당을 적게 지급한다. 실업자가 얼마나 열심히 구직 활동을 하고 있는지 파악할 수 있다면 정부는 진정 필요한 사람에게 더 관대하게 혜택을 줄 수 있을 것이다.

불완전한 정보의 문제에는 '역선택'과 '도덕적 해이'가 포함되지만 또 다른 광범위하고 모호한 주제도 존재한다. 예를 들어 내가 모시는 사장은 내가 더 열심히 일하려고 할 경우 나에게 추가로 돈을 주려는 의사가 있지만, 내가 얼마나 열심히 일하려 하는지 막연하므로 나의 성과급이 급여에서 차지하는 비중은 작을 것이다. 사장이 나의 기술과 노력을 완벽하게 관찰할 수 있다면 그는 나의 임금을 실적과 연동할 수 있을 것이다.

다른 예를 들어보자. 내가 시내의 최고급 레스토랑에서 식사하려 한다고 하자. 나는 어떤 레스토랑이 최고인지 모르므로 실수하지 않기 위해 기존의 친숙한 브랜드를 찾는다. 고객들이 주변에 가장 싼 레스토랑을 찾아보려는 수고를 하지 않음을 알고 있기에 기성 레스토랑 브랜드들은 원래보다 더 높은 비용을 청구할 수 있다.

이러한 정보 문제가 시장을 완전히 파괴할까? 분명 도움은 안 되지만 문제를 과장하는 것은 옳지 않다. 정보의 비대칭에도 시장은 흔히 잘 작동한다. 사람들이 정보의 질을 향상시키거나 혹은 불완전한 정보에 의해 야기된 손해를 줄이는 창의적인 해결책을 만들어내기 때문이다.

나는 카메라처럼 복잡한 장비를 살 때는 제품에 관한 유용한 정보를 얻고자 친구와 상의하거나 웹사이트를 참조하고 소비자 잡지를 찾아본다. 내부정보를 제공하는 전문가의 리뷰는 사려는 물건에 관해 잘 모르는 경우에는 특히 도움이 된다. 내가 언제나 전문가들에게 의존하는 시장이 또 하나 있는 데, 이 시장은 정보 문제가 심각한 곳이다. 바로 휴가 시장이다. 나는 새로운 지역을 여행하기 좋아하지만, 어디로 가야 할지, 무엇이 즐거울지, 어디가 볼품없는 곳인지, 누가 좋은 거래를 제공하고 있는지, 어디가 아름답고 어디가 위험한지 모르는 경우가 많다. 만약 문제를 해결할 수 없다면, 우리는 휴가를 떠나지 못할 수도 있다. 아니면 대신 훌륭한 안내서를 사서 좀 더 많은 것을 알아볼 수도 있다.

다시 한번 의료보장 문제를 살펴보면 이 문제의 특히 중요한 사례를 찾을 수 있다. 여행 가이드북에서 멋진 휴가지를 알아보는 것과 안내서에서 심장 전문의를 찾는 것은 다르다. 하지만 휴가 계획을 세우는 사람이 직면한 기본적인 정보 문제는 마찬가지다. 심장 수술 환자들은 어떤 의사가 좋은 평판을 받고 있으며 어떤 방법이 가장 성공률이 높은지 그리고 어떤 병원이 가장 실력이 있는지에 관해 더 많이 알고자 한다. 하지만 대부분의 환자들은 여전히 자신들의 의사가 얼마나 좋은지를 잘 알지 못하고 있다고 생각한다.

사회보험의 문제점

민영보험에 기반을 둔 의료보험 시스템은 앞서 살펴보았듯이 뒤죽박죽에다 고비용이고 관료주의적이다. 그렇다면 정부가 운영하는 시스템은 더 나을까?

불행히도 시장이 실패할 수 있듯이 정부도 실패할 수 있다. 정치인과 관료 들은 자신의 동기를 가지고 있다. 정부가 운영하거나 규제하는 경제에서도 희소성, 외부효과, 불완전 정보는 마술처럼 사라지지 않는다. 시장 실패와 정부 실패가 모두 존재할 때 그 선택은 흔히 두 가지 악 중에서 덜 나쁜 것이 된다. 이에 관한 흥미로운 사례로 모든 영국 시민들에게 보건 서비스를 제공하는 영국 국립보건청을 들 수 있다. 직업이 있는 사람은 약 처방전 발급 비용으로 소액의 돈을 내긴 하지만, 이 서비스는 대부분 무료다. 또한 이 기관은 완전한 의료보장을 제공한다. 영국의 어떤 병원에서든 시민들은 무료로 치료받을 수 있다.

예상하겠지만 이 시스템은 초만원이어서 환자들이 오랜 시간을 기다려야 할 뿐 아니라 선택의 여지도 없다. 의사가 권하는 치료법을 받아들이지 않을 도리가 없다. 다른 치료는 받을 수가 없다. 전체적으로 치료 결과는 나쁘지 않은 편이지만 치료를 받기 위해 오랫동안 기다려야 하는 문제는 수년간 불만의 대상이 되어왔다.

이 시스템의 문제점을 알아보기 위해 한때 부각되었던 영국 시각 장애인의 사례를 살펴보기로 하자. 시각 장애인들을

대표하는 왕립시각장애인협회는 치료 방법을 평가하고 국립
보건청의 치료비 지급 여부를 판단하는 NICE(국립임상연구소)
의 결정에 반대하는 격렬한 캠페인을 벌였다. NICE의 판단에
따르면 심장 수술은 지원 리스트에 있지만 미용성형 수술은
지원 리스트에 없다.

논란은 광역학요법이라는 새로운 치료법의 승인에 NICE
가 보인 무관심에서 나왔다. 이 치료법은 망막 손상 없이 망막
표면 아래에 있는 병변을 없애기 위해 '비주다인' 혹은 베테프
로핀이라고 불리는 약물 투여와 저밀도 레이저 치료를 병행
하는 처치 방법이다. 이 병변을 치료하지 않으면 망막 중심부
에 망막 황반이라는 돌이킬 수 없는 손상을 입게 된다. 그 결
과 환자는 다른 사람의 얼굴을 인식하지 못하고 독서나 운전
을 하지 못하게 된다. 이것은 영국에서 실명의 주요 원인이 되
고 있다.

2002년에 NICE는 양쪽 눈 모두 영향을 받았을 때에 한해
서 덜 손상을 입은 눈에만 광역학요법 치료를 받게 하는 극단
적인 내용의 지침을 마련했다. 이는 한쪽 눈의 시력을 잃게 되
더라도 양쪽 눈의 치료는 거부하라는 것을 의미한다.

NICE를 비난하기에 앞서 NICE의 상황을 먼저 알아보자.
NICE가 직면한 근본적인 문제는 제한된 재원으로 무수한 치
료법을 지원해야 한다는 점이다. 환자들에게 물어보는 것은

좋은 방법이 아니다. 치료비를 거의 부담하지 않는 환자들은 어떤 치료든 더 많이 요구할 것이기 때문이다. 그러므로 NICE는 누가 어떤 종류의 보건 서비스를 받을 것인지 결정해야 하는 딜레마를 해결해야 한다.

그런 상황에서 의료비 지출은 어떻게 결정되어야 할까? 당신이 NICE의 책임자라면 어떻게 할 것인가? 거의 불가능한 임무처럼 보이지만 각 치료의 비용과 효과를 조사하여 이를 비교해보아야 한다. 때로는 아주 간단할 수도 있다. 심장 발작을 방지할 수 있는 확률이 20퍼센트인 치료법은 10퍼센트인 치료법보다 우선해야 한다. 의사결정의 압력 속에서 당신은 첫 번째 방법이 2배 더 좋다고 말할 수 있으며, 두 번째 방법보다 2배 이상 비싸지 않은 한 첫 번째 방법을 사용해야 한다고 판단할 수 있다. 물론 결정하기 곤란한 경우도 있다. 사고후 다시 걸을 수 있는 확률을 높이는 치료법과 실명을 줄일 수 있는 치료법의 우선순위를 어떻게 비교할 수 있을까? 불가능하다! 하지만 당신이 NICE라면 결정해야 한다.

이때 NICE의 방법은 'QUALY, 질보정 생존연수Quality-Adjusted Life Years'에서 각 치료법의 영향을 계산하는 것이다. 10년을 더 살 수 있게 해주는 치료법은 5년을 더 살 수 있게 해주는 치료법보다 우선한다. 누군가가 10년 동안 몸을 가누고 살 수 있게 해주는 치료법은 누군가를 혼수상태에서 10년간 살 수 있게 해주는 치료법보다 우선한다. 물론 가치 판단이 필요한 결정은 매우 어렵다. 하지만 무료 치료를 제공하는 시스템 안에서 가치 판단은 이루어져야만 한다.

예를 들어 실명 확률을 줄여주는 광역학요법의 QUALY 영향을 판단하는 문제를 생각해보자. 왕립시각장애인협회로서는 광역학요법의 우선순위를 높이기 위한 최고의 방법은 맹인으로 1년 사는 것이 앞을 보고 1년 사는 것보다 훨씬 못하다고 주장하는 것이다. NICE가 이런 견해를 받아들인다면 실명 치료는 QUALY 측정에서 아주 중요하게 되어 시력을 갖고 사는 생존연수를 맹인으로 사는 생존연수보다 높이 평가하게 된다.

하지만 잠깐! '실명은 나쁜 일이다'라는 견해는 엄격히 따져서 시각 치료에 우선순위를 두게 하는 한편 이미 실명한 사람의 다른 질병을 치료하는 데는 우선순위를 낮게 두는 결과를 초래한다. 만약 맹인과 시력이 있는 사람이 심장정지로 동시에 병원에 실려 왔다고 하자. 그런데 시간상 한 사람만 살릴 수 있다면 QUALY 방법론은 앞을 볼 수 있는 사람을 살리는 것이 맹인 환자를 살리는 것보다 가치 있다는 불쾌한 결론을 내리게 된다.

그럴 경우 우리는 한발 물러서 맹인의 목숨이나 시력이 있는 사람의 목숨이나 똑같다고 주장할 것이다. 하지만 그럴 경우 불행히도 QUALY 방법론과 결부되어 광화학요법이나 심지어 안경 한 짝을 맞추는 데도 돈을 지불할 근거가 없다. 만약 어떤 치료가 인간 생명의 가치를 높이지 않는다면 돈이 지불되기 어렵다. 특히 암 치료처럼 생명의 가치를 확실히 향상시킬 수 있는 치료는 많이 존재한다.

놀랄 것도 없이 왕립시각장애인협회는 QUALY 문제에 잘 대응했다. 광역학요법이 시력을 향상시킨다는 사실이 증명된 만큼 광범위하게 사용되어야 한다고 주장했다. 나는 이 협회를 비난할 생각은 없다. 하지만 NICE가 풀어야 할 문제(한정된 자원을 수많은 의학 치료에 배분하는 것)를 생각해보면 NICE의 처지도 쉽게 이해할 수 있다. 그리하여 한쪽 눈에는 치료를 적용하고 다른 쪽 눈은 실명하도록 그냥 두는, 냉혹하게 보이는 결정이 내려진 것이다. QUALY 분석 결과 나온 냉정한 판단은 두 눈이 건강한 것과 한쪽 눈만 건강한 것의 차이는 한쪽 눈만 건강한 것과 아예 보지 못하는 것의 차이보다 덜 심각하다는 논리에 따른 것이다. 이러한 결과로 병원은 당황스러운 권유를 받게 되었다.

열쇠구멍 경제학

열쇠구멍 수술keyhole surgery 기법은 아주 작은 절개부를 통해 수술함으로써 합병증과 수술 부작용을 최소화하는 수술 방식이다. 경제학자들 역시 정책 문제를 바로잡고자 할 때 흔히 비슷한 전략을 주장한다. 전면적인 시도를 하기보다는 되도록 문제에 가깝게 영역을 좁혀 표적화한다.

그렇다면 의료보험 문제를 어떻게 바로잡을 수 있을까? 미국에서 시장방식의 의료보험은 주로 애커로프의 레몬 이론으로 밝혀진 문제점 때문에 실패했다. 그 결과 고비용, 관료주의 그리고 보험에서 제외되는 많은 사람들이 생겨났다.

영국식 접근법은 시장을 완전히 배제하고 이를 NICE 같은 관료들의 판단으로 결정하는 시스템이다. 이는 가격으로 결정되는 시장 방식 대신 과거 소련의 방식과 일부 비슷한 모습이다. 다행히도 정치적이고 관료적인 결정 방식이 소련에서보다 꽤 잘 운영되었다. 하지만 이것은 심각하면서도 특수한 내부정보 문제에 대한 거대하고 광범위한 영향을 미치는 대응이다. 자기 눈의 가치를 스스로 결정하는 환자들의 능력을 희생시키지 않고 의료보험 문제를 바로잡을 수 있는 '열쇠구멍' 해결책은 없을까?

열쇠구멍 경제학은 세 가지 영역(희소성, 외부효과, 불완전 정보 그리고 공정성의 문제를 더하여)에서 시장 실패를 먼저 규명한다. 희소성은 잠재적 문제이기는 하지만 대부분의 의료현장에서 그리 심각한 것은 아니다. 예를 들어 영국에서는 일반의(국립

보건서비스를 이용하는 대부분의 환자가 가장 먼저 찾아가는 의사) 1명당 환자가 약 1500명이다. 그러므로 주민 9천 명의 작은 마을이 6명의 의사를 지원할 수 있으며 인구의 90퍼센트가 도시 지역에 살고 있는 나라에서 진정한 경쟁을 촉진시키기에 충분하다. 일부 특수치료는 희소성의 힘이 크게 발휘된다. 호주와 뉴질랜드의 뇌종양 환자들은 감마나이프 치료기로 치료받기 위해 하와이로 간다. 이처럼 희소성의 힘이 걱정되는 부분이 있기는 하지만 그리 많지는 않다.

외부효과 역시 전염성 질환을 규제하기 위한 공중보건 프로젝트처럼 특정한 경우에만 중요한 문제가 된다(만약 모든 사람들이 에이즈로부터 스스로를 보호하기 위해 콘돔을 사용해왔다면 나는 이를 걱정할 필요가 없을 것이다). 외부효과나 희소성의 힘이 너무 심각하거나 널리 퍼지지 않았기 때문에 정부 규정이 매력적인 대안이 된다. 이에 대한 열쇠구멍 해결책은 희소성에 의해 환자들이 착취당하지 않도록 하는 가벼운 규제 감독과 예방접종 프로그램을 지원하기 위한 보조금이 될 것이다.

공정성은 엄밀히 말해서 시장 실패가 아니다. 완전시장도 반드시 공정한 것은 아니기 때문이다. 하지만 우리는 의료보험 문제에서만큼은 공정성을 중시한다. 이는 가난한 사람이 의료혜택을 받지 못하는 걸 원치 않기 때문이기도 하려니와 각 개인의 운에 따라서 치료 비용이 천차만별이 될 수 있기 때문이다. 문명사회에서 우리는 모든 사람들이 표준적인 치료를 보장받기를 원한다. 이를 위한 최고의 방법은 세금의 재분배 기능을 이용하여 가난이라는 일반적인 문제와 싸우는 것이다(3장에서 논한 '유리한 출발'을 다시 생각해보라). 그래서 결국 가난한 사람들이 질 높은 음식이나 안전한 주택을 보장받지 못하는 상황 속에서도 의료만큼은 무상 혜택을 제공받도록 많은 돈을 사용하고 있는 것이다.

이제 의료보험 시스템이 잘 기능하는 데 방해가 되는 큰 장애물은 내부정보다. 우리의 경제적 분석에 따르면 정부가 운영하는 방식은 의사결정이 환자의 손에서 벗어나 있으며 자원이 정치적 프로세스에 의해 배분되기 때문에 비효율적이다. 한편 시장 시스템에 의한 의료보험은 내부정보 문제에 압도되어 특히 보험시장 자체가 붕괴되는 경향을 보인다.

이러한 진단 아래 다음과 같은 두 가지 열쇠구멍 치료법을 제안할 수 있다. 첫 번째는 정보가 널리 확산하도록 하는 것이다. 다른 의사의 진단을 쉽게 받을 수 있도록 하고, 전화 상담을 쉽게 할 수 있어야 하며, 도서관, 의원, 인터넷, 심지어 슈퍼마켓에서도 정보를 쉽게 얻을 수 있어야 한다. 영국에서는 의사들이 결정을 내리기 때문에 사람들이 이러한 정보에 많은 주의를 기울이지 않는다. 만약 우리에게 치료에 대한 책임이 주어진다면 우리는 더 많은 주의를 기울일 것이며 더 많이 알고자 하는 우리의 요구에 더 많은 자원(민영과 공영 모두)이 대응할 것이다.

두 번째는 환자들에게 이러한 정보를 활용할 수 있는 기회를 제공하는 것이다. 보험이 민영화된 시스템에서는 보험회사가 많은 선택을 하게 되고, 정부가 제공하는 시스템에서는 정부가 많은 선택을 한다. 한편 보험이 없는 시장 기반 시스템에서는 환자가 선택을 한다. 훨씬 낫다. 하지만 이 경우에 환자는 예측 불가능한 엄청난 의료비를 부담해야 한다.

그렇다면 과연 어떻게 환자에게 감당하기 어려운 짐을 주지 않으면서 선택과 책임을 부여할 수 있을까? 최고의 시스템은 커다란 비용은 정부나 보험회사가 지불하면서도 환자들에게 비용의 많은 부분을 내도록 만들어서 자신의 이익에 부합하는 합리적이고 비용 효율적인 방법을 선택하는 데 필요한 정보를 찾도록 부추기는 것이다. 의료비의 대부분은 극도로

높지 않아 보험이 필요하지 않은 경우가 대부분이므로 이러한 시스템은 제 역할을 할 수 있다.

그런 시스템의 구체적인 작동 방법을 살펴보자. 환자들에게 책임과 선택을 부여함으로써 의료비를 스스로 내도록 요구하면서도 감당하기 어려운 의료비를 부담하게 하는 일은 없으며, 특히 가난한 사람들에게는 의료보험에 가입할 수 있도록 충분한 돈을 보장해주는 것이다.

이를 실현하기 위해서는 사람들이 모든 의료비를 지불해야 하지만, 보험이 가장 많은 부분을 부담하고, 모든 사람들이 의료비를 충당할 저축계좌를 가져야 한다. 그리고 가난하거나 만성질환이 있는 사람에게 정부가 지원해주어야 한다.

값비싼 특정 치료를 받는 경우에만 의료비를 지급받는 보험은 아주 싸다. 저축 역시 문제가 안 된다. 각 개인들의 세금 청구서에서, 말하자면 1년에 일정 금액을 저축계좌에 넣으면 된다. 일정 금액 미만인 사람에게는 정부가 부족분을 메워주면 된다. 이는 강제 시스템으로 선택의 여지가 없다.

만약 당신이 이러한 프로그램에 참여한다면, 당신에게 어떤 도움이 될까? 당신의 의료보험 저축은 자동으로 이율이 높은 은행계좌로 들어간다. 시간이 흐를수록 이 돈은 조금씩 늘어난다. 젊은 시절에는 대개 의료비가 적게 나온다. 그러므로 당신이 의료비를 적게 사용하고 이자가 계속 늘어난다면, 40세쯤 되었을 때 당신 계좌에는 제법 많은 돈이 남게 될 것이다. 물론 예기치 못한 큰 의료비를 감당해주는 보험이 없다면 단 한 번의 값비싼 치료로 잔고는 바닥날 수도 있다.

만약 당신이 은퇴할 나이가 되었는데 의료 저축계좌에 여전히 규정된 금액보다 많은 돈이 남아 있다면, 여분의 돈을 연금으로 돌릴 수 있다. 당신이 죽으면, 당신의 저축은 배우자나 자녀의 계좌로 옮겨갈 수 있다. 그러므로 당신의 전 인생에 걸쳐 꼭 필요하다고 생각하는 의료보험에 돈을 내고자 하는 동기가 생길 것이다. 만약 예방 치료가 필요하다고 생각한다면 그것 역시 당신의 선택이 될 것이다. 수년간에 걸쳐 의료비가 얼마나 들어갈지 생각한다면 당신은 담배를 끊게 될 것이다. 물론 폐 이식수술과 같은 엄청난 치료비는 보험에서 지불하겠지만 사람의 몸은 도덕적 해이를 방치할 수 있을 정도로 완전하지 못하다.

만약 어느 날 검안사가 당신이 노화에 따른 근육 퇴화를 겪고 있는데 광역학요법으로 치료를 받을 경우 시력을 몇 년간 더 유지할 확률이 높다고 얘기했다고 하자. 이럴 경우 선택은 당신의 몫이다. 광역학요법에 쓰이는 약물인 비주다인으로 한번 치료하는 데 드는 돈은 1500달러. 이는 당신이 좋은 시력을 유지할 확률을 40퍼센트에서 60퍼센트로 높여준다.

그렇다면 당신은 QUALY를 논하고 있을 시간이 없을 것이다. 그것은 당신의 돈이고 당신의 선택이다.

예외적인 경우는 당신이 극단적으로 높은 치료비를 청구받는 것이다. 이때 당신은 최고의 치료를 받고 싶은 반면 보험회사는 가장 저렴한 치료를 선호할 것이다. 어려운 문제이지만 오늘날 우리의 의료 시스템에서 언제나 마주치는 이익 충돌과 크게 다르지 않다. 새로운 시스템은 이러한 이익 충돌을 최소화하는 수단이다. 민간 시장에서 상품과 서비스를 제공하는 것은 흔한 일이지만 주요 대안 가운데 하나는 정치적 시장을 대신 이용하여 이를 제공하는 방법이다. 의료 상품과 서비스는 분배하기 가장 어려운 것 중 하나다. 우리는 정치적 시장을 이용하는 노력을 해왔지만, 이는 우리에게 참담한 실패를 가져다주었고 그 이유는 뚜렷하다.

미국 시스템 사례에서 알 수 있듯이 민간 시장의 실패 역시 한눈에 뚜렷이 알 수 있다. 하지만 시장을 면밀히 관찰해보면 가장 심각한 것은 정보의 부재이며, 보험시장이 가장 심각한 결과를 맞고 있음을 알 수 있다. 미국 시민들은 이처럼 제대로 작동하지 않는 매개시장을 통해서 대부분의 의료 서비스를 받고 있다.

약간의 상상력과 약간의 경제학적 상식을 가지고 현 시스템의 문제에서 한걸음 뒤로 물러나 어떻게 이를 바로잡을 수 있을지를 생각해보자. 싱가포르에서는 조금 전에 설명했던 방식이 거의 40년간 성공적으로 운영되고 있다. 싱가포르와 같은 성공이 드문 이유는 한쪽에서는 시장에 의존해야 한다고 주장하고 다른 한편에서는 정부가 맡는 것이 낫다고 주장하는 정책상의 논란에 얽매여 있기 때문이다. 그렇다면 과연 정부가 맡는 게 나을까, 시장이 맡는 게 나을까? 우리는 이런 구분이 의미가 없음을 알았다. 이에 대답하기 위해서는 왜 시장이 작동을 하고, 어떻게 그리고 왜 실패하는지 이해할 필요가 있다.

우리는 3장에서 왜 시장이 작동하는지에 관해 배웠다. 경쟁하는 생산자 사이에서 소비자로서 우리의 선택이 그들에게 올바른 인센티브와 우리가 원하는 정확한 양을 생산하라는 올바른 정보를 제공하기 때문이다. 또한 우리는 희소성의 힘, 외부효과, 내부정보가 각각 시장을 어떻게 망치고 있는지도 배웠다.

의료보험의 경우, 시장은 내부정보로 제대로 작동하지 못한다. 내부정보는 저위험 고객들을 내보내고 보험료를 올린다. 민간 기업들은 이런 문제를 피할 수 있는 방법들을 개발했지만, 그들은 비용이 높고 관료주의적이다. 싱가포르 정부는 강제 저축과 함께 치료비가 너무 많이 나올 경우 환자들이 일부 비용만 내면서도 선택의 권한을 지니게 해주는 보험제도를 이용해 그러한 문제를 방지한다. 정부는 시장을 대체할 수 있지만 시장을 교정하는 역할이 제격인 경우가 더 많다. 먼저 문제점을 정확히 파악하지 않는다면 의료보험은 성공을 거두기 어렵다.

경제학자의 노트

정보의 비대칭성

비대칭 정보의 시장 이론은 어느 한쪽 시장에 있는 사람은 다른 한쪽 시장에 있는 사람보다 더 좋은 정보를 훨씬 많이 지니고 있다는 이론이다. 예컨대 보험회사는 가입자의 병력을 밝히라고 하지만 그 정보는 완전히 비대칭적이다. 가입자는 자신을 잘 알고 있지만 보험회사는 그렇지 못하기 때문이다. 결국 이러한 정보의 비대칭성 때문에 보험회사 입장에선 피하고 싶은 고객을 선택하게 된다. 이것이 '역선택'이다.

중고차 시장에서도 판매자가 구매자보다 품질에 관해 더 많은 정보를 갖고 있을 경우 결국엔 구매자가 품질이 낮은 제품을 선택하는 일이 발생한다. 즉, 판매자는 좋은 차와 형편없는 차를 구분할 수 있는 정보가 있지만 구매자는 이에 대한 정보가 없어 평균적인 가격을 지불하고 차를 사게 된다는 것이다. 그러나 결국 판매자는 이윤을 높이려고 성능이 형편없는 차를 팔게 돼 시장의 자원배분 기능이 실패한다. 제3세계 시장에서 대출금리가 지나치게 높은 이유 역시 돈을 빌리려는 사람과 빌려주는 사람 간의 정보 불균형에서 비롯한다. 조지 애커로프는 1970년 발표한 레몬시장Market for Lemons에 관한 논문으로 현대적인 정보경제학의 토대를 다져놓았다.

마이클 스펜스와 조지프 스티글리츠는 애커로프의 레몬이론을 한 단계 더 발전시켰다. 스펜스는 하버드대 박사학위 논문인 「시장신호

Market Signaling」에서 좋은 정보를 많이 소유한 사람이 비용이 들더라도 자신의 이익을 늘리기 위해 정보가 없는 사람에게 정보를 제공함으로써 정보의 불균형을 해소하려는 노력을 정의했다. 예를 들어 입사 지원자는 자신의 능력을 잘 알고 있지만 기업은 구직자에 관한 정보가 부족해(정보 비대칭) 학력 등의 신호를 통해 입사 지원자를 평가한다는 것이다. 그의 이론은 또 기업들이 배당금 액수를 통해 증시 참여자들에게 기업의 경영 상태를 가늠할 수 있도록 해준다는 등 여러 분야에 응용되고 있다.

스티글리츠는 스펜스와는 정반대 방식으로 시장에서 정보의 불균형을 해소하는 방안을 명확히 했다. 즉, 정보가 적은 사람이 정보를 많이 소유한 사람에게서 필요한 정보를 얻어내는데 이러한 과정에서 스크리닝(심사)이 중요하다고 역설했다. 예컨대 정보의 비대칭성을 해결하기 위해 보험회사는 보험료가 많이 나가는 가입자를 위험부류로 분류해 상대적으로 낮은 혜택을 준다는 것이다. 조지 애커로프와 마이클 스펜스, 조지프 스티글리츠는 이 이론으로 2001년 노벨 경제학상을 공동 수상했다.

CHAPTER 6

주식
부자들이 알고
있는 것들

주가와 희소성

팔면 오르고, 사면 떨어지는 주식. 주가는 술 취한 사람의 걸음처럼 제멋
대로라지만, 그럼에도 불구하고 주식으로 이익을 보는 사람들에게는 어
떤 비밀이 있는 것일까? 주가를 예측하는 것은 정말 불가능한 일일까?
블루칩은 아니더라도 거품이 아닌 안정적인 주식을 고르는 방법은 무엇
일까? 비결은 주식시장에 관한 몇 가지 잘못된 통념을 깨는 데 있다.

"내 전망으로는 앞으로 몇 년 안에 단 2~3개의 인터넷 대형 포털만이 존재할 것이며, 모든 사람들이 인터넷에서 원하는 곳으로 가기 위해 이 중 한 곳을 거치게 될 것입니다. 당신 회사가 성공하고 싶으면, 이 포털 가운데 하나가 되어야 합니다."

1998년 닷컴 광풍이 몰아치기 시작할 때 그레이엄 베일리(가명)가 한 말이다. 베일리는 경영컨설팅 회사의 파트너로서 만나는 잠재 고객들에게마다 열심히 이 말을 했다. 당시 그 말에 의심을 품은 사람은 많지 않았지만, 나는 그렇게 생각하지 않았다.

인터넷 서점 아마존닷컴은 가장 유명한 닷컴 가운데 하나였다. 아마존은 1995년부터 인터넷으로 책을 팔기 시작했는데, 2021년에는 약 4700억 달러의 매출을 기록했다. 아마존은 빠르게 성장했으며, 수익을 올리기 위해 열심히 노력했다. 주목할 만한 것은 이 회사의 주식 가격이었다. 1997년 아마존이 주식을 처음 상장했을 때, 당시 가격은 주당 18달러였다.

그 이후로 많은 일들이 벌어졌다. 1999년 아마존의 주가는 100달러 넘게 치솟았다. 당시에는 아마존닷컴의 가치가 전 세계 모든 서점들의 가치를 합한 것보다도 크다는 주장까지 떠돌았다. 하지만 2000년에는 18달러 가까이 곤두박질쳤다. 2001년 여름에는 8달러 근처에서 거래되었다. 2002년, 아마존은 금융 관련 언론으로부터 좋은 평판을 얻었지만 주가는 여전히 처음 상장 가격이었던 18달러 아래에 머물렀다. 하지만 그 후 1주당 40달러를 다시 회복했다. 자, 그럼 어떤 가격이 잘못된 것일까? 100달러일까, 8달러일까? 아니면 둘 다일까?

이에 대한 대답이 유용한 이유는 아마존처럼 롤러코스터를 타는 주식이 흔하기 때문만은 아니다. 그렇다면 경제학자는 주가의 과거 궤적과 미래 움직임에 관해서 어떻게 설명할 수 있을까?

증권시장과 머피의 법칙

경제학자들은 주가 움직임에 관해 뭔가 의미 있는 말을 하고 싶어도 심각한 문제에 직면하게 된다. 경제학자들은 합리적인 투자 행동에 관해 연구하지만, 주식 투자자들이 합리적으로 행동할수록 주가의 움직임은 더욱 기이해진다.

그 이유는 다음과 같다. 오늘 합리적인 사람은 내일 가격이 올라갈 것이 확실한 주식을 사고, 내려갈 것이 확실한 주식을 팔려고 할 것이다. 하지만 이는 내일 확실히 가격이 오를 것이란 예측이 틀렸음을 의미한다. 대신 오늘 주식을 사기 때문에 가격은 오늘 오른다. 이러한 매수는 더이상 내일 가격이 오를 수 없을 정도로 비싸질 때까지 이어진다. 사실 합리적인 투자자는 주식시장이나 어느 특정 주가의 움직임에 관해서 다시 한 번 생각해봐야 한다. 만약 그러한 예측이 가능하다면, 투자자들은 누구나 쉽게 예측할 것이다.

하지만 투자자들이 진정 합리적이라면 예측 가능한 주가 움직임이란 있을 수 없다. 왜냐하면 모든 추세를 예상할 수 있고 모든 예측 가능성이 빠르게 확산되기 때문이다. 남는 건 오로지 예측 불가능한 뉴스뿐이다. 무작위적인 뉴스만이 주가를 움직이게 되어 주가와 주식시장 전체를 측정하는 지수는 완전히 무작위로 오르내리게 된다. 수학자들은 이러한 움직임을 '랜덤워크random walk'라고 부른다.

좀 더 정확히 말하자면 주식시장은 '추세를 지닌 랜덤워크'를 보인다고 할 수 있다. 추세란 예를 들어 주식시장이 과거

몇 달간 상승하는 움직임을 보인바 저축이나 부동산 등 다른 잠재적 투자보다 평균적으로 우위를 보였다는 등의 보다 장기간의 사실을 뜻한다. 하지만 이 추세가 기본 분석을 바꿀 수 없으며, 그러므로 추세는 특정한 날을 놓고 볼 때 무작위한 움직임에 비해 상대적으로 작다. 우리는 랜덤워크 이론을 믿어야 할까? 이것이 절대적으로 옳다고 기대할 수는 없다. 만약 그렇다면 '완전한 정보를 가진 투자자들이 무작위한 시장을 만들어내지만, 무작위한 시장은 완전한 정보 소유에 대한 보상을 하지 않는다'라는 역설에 빠지게 된다. 다른 사람들이 똑같이 행동한다면 시장을 분석하거나 새로운 정보를 밝혀내기 위해 시간과 노력을 투자할 가치가 없다. 달리 말하자면, 미개척의 기회로 가득 찬 시장은 이를 연구하려는 투자자에게 큰 수익을 제공하는데, 이는 보다 적은 미개척 기회의 제공으로 이어진다. 중간 어딘가는 아무렇게나 움직이는 거의 무작위한 시장이 분석과 정보를 가진 채 거의 무작위로 행동하는 투자자에게 보상을 하는 균형점이 있을 것이다.

같은 현상을 슈퍼마켓 계산대에서 볼 수 있다. 어떤 줄이 가장 빠를까? 간단히 대답하자면 이에 대해 염려할 가치가 없다. 어느 줄이 가장 빠를지가 확실하다면 사람들은 이미 그 줄로 갔을 테고 더 이상 그 줄은 가장 빠른 줄이 아니다. 그렇다면 그냥 아무 줄에나 서서 그런 걱정을 할 필요가 없는 것이다. 하지만 사람들이 정말로 아무 줄에나 선다면, 전문 쇼핑객이 파악할 수 있는 예측 가능한 패턴이 존재하게 된다. 예를 들어 사람들이 입구에서 시작하여 상점을 가로질러 쇼핑을 하게 되므로 가장 빠른 줄은 입구 뒤쪽에 있는 줄이라고 하자. 하지만 전문가들이 이를 알게 된다면 그 줄은 더 이상 가장 짧은 줄이 되지 못한다. 사실은 빠르고 총명하고 민첩하고 경험 많은 쇼핑객들이 가장 빠른 줄을 찾는 데 조금 나으며, 그리하여 다른 사람들보다 평균적으로 조금 빠르지만, 한편으론 그렇게 많이 빠르지는 않다는 것이 진실이라고 할 수 있다.

무엇이 주가를 움직이는가

슈퍼마켓 계산대 줄의 진실은 주식시장 가격의 진실과도 같으므로 경제학자들은 이를 시장에 조명할 수 있겠지만 전적으로 그런 것은 아니다. 많은 경제학자들이 투자펀드를 위해 일하고 있다. 그들은 옳은 경우도 있고 아주 많지는 않지만 틀린 경우도 있다. 수정된 랜덤워크 이론은 그것이 우리가 기대할 수 있는 진실이라고 말한다.

그렇다면 이들 경제학자들은 시장에서 그러한 작은 우위를 갖고 투자펀드에 무엇을 제공하고 있을까? 우선 주가가 무엇을 의미하는지 알아보아야 한다. 주가는 미래의 기업 수익에 대한 권리다. 예를 들어 팀하포드닷컴사가 발행한 주식이 100주 있다고 하자. 만약 내가 그중 1주를 갖고 있다면 나는 그 주식을 보유하고 있는 한 팀하포드사 수익의 1퍼센트에 대한 권리를 갖고 있다. 팀하포드닷컴이 1년에 100달러씩 수익을 낸다면 나는 매년 1달러씩 받을 것이다. 만약 팀하포드닷컴이 향후 10년간 매년 1천 달러의 수익을 내고 끝이라면, 나는 10년 동안 해마다 10달러씩 얻고 끝일 것이다.

이는 매우 간단한 사실이다. 그런데 조금 복잡한 것은 회사가 주주에게 이익을 직접 돌려주지 않을 수도 있다는 사실이다. 가령 아마존닷컴은 2003년에 1주당 8센트를 벌었으므로,

주주들에게 주당 8센트씩 이익을 배분할 것으로 예상할 수 있다. 하지만 아마존닷컴은 2003년에 배당을 지급하지 않았으며, 그전에도 배당을 실시한 적이 없었다. 그렇다고 아마존닷컴 주주들이 속은 것은 아니다. 이 회사 경영진은 그 돈으로 아마존닷컴의 부채를 갚거나 사업을 확장하기 위한 투자 등 다른 용도로 돈을 사용했다. 만약 이런 일들이 현명하게 이루어진다면 시간이 흐르면서 아마존닷컴의 수익은 향상될 것이다. 직접 배당금을 받는 대신에 아마존닷컴 주주들은 더 높은 주식 가격으로 보상을 받게 될 것이다. 주식 가격은 배당을 실시했을 경우보다 더 올라갈 것이다. 심지어 배당이 있기 전에 주식을 팔더라도, 미래 배당에 대한 예상으로 주식 가격은 훨씬 높을 것이다.

만약 미래를 쉽게 알 수 있다면 팀하포드닷컴의 주식 1주를 소유하는 것의 가치가 얼마나 될지 쉽게 예측할 수 있다. 팀하포드닷컴이 매년 100달러씩 영원히 벌 것이라고 모든 사람들이 알고 있다고 하자. 그렇다면 1주를 가지고 있는 동안 매년 1달러씩 영원히 벌게 될 것이다. 그 가치는 얼마나 될까? 만약 내가 10퍼센트의 이자를 받을 수 있는 저축계좌에 10달러를 넣었다면, 이 계좌 역시 매년 1달러를 나에게 영원히 가져다줄 것이다. 그러므로 팀하포드닷컴의 주식 1주는 10퍼센트의 이자를 주는 저축계좌의 10달러와 같다. 이자율이 10퍼센트라면 나는 팀하포드닷컴 주식 1주에 10달러까지 지불할 용의가 있을 것이다. 이자율이 5퍼센트라면 주식 1주를 사는 것이 은행 계좌에 저축하는 것보다 2배 더 매력적이고, 이자율이 1퍼센트라면 10배 더 매력적이 될 것이다. 이자율이 영원히 1퍼센트라면 나는 팀하포드닷컴 주식 1주에 100달러까지 지불할 용의가 있을 것이다. 저축계좌에 있는 100달러와 마찬가지로 이 주식 1주는 나에게 1년에 1달러를 벌어다 줄 것이기 때문이다(이자율이 떨어질 것으로 예상되면 주가가 오르고, 이자율이 오를 것으로 예상되면 주가가 떨어지는 것도 이러한 이유에서다).

2004년 10월에 아마존닷컴의 주가는 40달러였다. 하지만 미국의 장기 이자율이 약 4퍼센트인 상황에서 1년에 8센트의 이익을 얻기 위해서는 저축계좌에 단 2달러만 있으면 되었다. 아마존닷컴이 2003년에 1주당 8센트를 벌었으므로, 이 주식은 40달러가 아닌 2달러에 거래되어야 했다. 그렇다면 그러한 주가를 정당화할 수 있는 뭔가 다른 것이 있었을 것이다.

그 '뭔가 다른 것'은 미래다. 기업들은 매년 특정한 이익을 확실히 낸다는 보장이 없다. 투자자들은 어떤 방식으로든 그 회사의 미래 수익을 판단해야 한다. 어쩌면 팀하포드닷컴은 눈부시게 발전하여 1년에 100달러가 아니라 10억 달러를 벌지도 모른다. 아니면 내일 당장 파산할 수도 있다. 이러한 불확실성 때문에 합리적인 사람들 대부분은 할인을 원할 것이다. 1퍼센트의 이익을 내는 리스크 없는 주식 1주가 100달러라고 하면, 마찬가지로 1년에 1달러의 이익을 낼 것으로 예상(하지만 누구도 이를 보장하지는 못한다)되는 리스크 있는 주식은 이보다 적은 90달러, 70달러, 심지어 30달러에 거래될 수도 있다. 이러한 할인은 그 주식이 실제로 얼마나 리스크가 있는지 그리고 투자자들이 그러한 리스크를 얼마나 우려하고 있는지에 달려 있다.

투자자들은 아마존닷컴에 투자하면 장기적으로 8센트보다 훨씬 더 많이 벌 것이라고 추정한 것이다. 투자자들이 40달러를 주고 아마존 주식 1주를 사서 8센트를 버는 대신, 장기 이자율 4퍼센트인 저축계좌에 40달러를 넣어둔다면 1.6달러를 벌 수 있다. 아마존닷컴의 주주들은 1주당 수익이 1.6달러가 넘어 리스크를 보상받을 것으로 기대한다. 그럴 경우 아마존닷컴의 연수익은 3500만 달러에서 약 10억 달러로 상승해야 한다. 이상은 주식시장에 대한 기본적인 시각이다. 달리 말하면 주식이란 기업 이익의 일부를 배분받는 권리다. 결국 주가는 이를 반영하게 된다. 경제학자들은 이처럼 주식의 기본 가치를 산정해내는 데 도움을 줄 수 있다. 만약 주가가 기본 가치보다 낮다면 그 주식은 값이 싸므로 당신에게 구매하라고 말할 수 있다. 장기적으로 주가란 기업의 기본적인 수익성을 반영해야 한다. 매우 가치가 높은 주식이라면 계속해서 저평가되어 있더라도 팔지 않고 갖고 있어야 한다. 단기적으로도 주가는 기업의 기초적인 전망을 반영해야 한다. 결국 투자자들이 장기적으로도 가치가 1달러라고 생각한다면 누가 그 주식을 10달러에 사려고 하겠는가? 또한 투자자들이 장기적으로 진정 10달러의 가치가 있다고 생각한다면 누가 그 주식을 1달러에 팔려고 하겠는가? 많은 투자자들이 합리적으로 생각하는 한 주가는 장단기적인 기본 시각을 반영하게 될 것이다. 하지만 투자자들은 과연 합리적일까?

오늘날 투자자들은 그롤쉬 방식으로 주식을 고른다. 나는 런던 인근에서 열리는 수많은 파티에서 어김없이 그롤쉬 맥주가 제공되는 것을 보고 그롤쉬 주식을 많이 샀다고 말하는 한 투자자를 만났다. 스텔라 아르투아나 하이네켄처럼 오랫동안 명성이 높았던 맥주들은 파티 장소에서 사라진 듯 했다. 나는 런던에서 열리는 파티들이 반드시 그롤쉬의 전 세계 매출을 보여주는 것은 아니라고 그에게 말했다. 그롤쉬가 런던에서는 잘나가고 있을지 몰라도 그 외의 지역에서는 그렇지 않을 수도 있으며, 그럴 경우 그 회사의 장기 수익이 떨어져 그 회사에 대한 주식 투자는 실패할 수도 있다고 조언했다. 그러자 그 투자자는 물론 자신도 그런 사실을 알고 있지만 문제가 안 된다고 내게 말했다. 그는 그롤쉬가 런던에서 크게 이름을 날린다면 런던의 많은 투자자들이 그롤쉬를 성공한 회사로 여겨 그 회사 주식을 사게 될 것이라고 생각했다. 그 주식은 오를 것이며(잠시 동안이라도) 그는 이익을 남기고 팔 수 있다는 것이다.

주가에 대한 기본적인 시각은 오로지 그가 주식을 장기 보유하여 실제 그림이 분명히 드러날 정도로 충분히 오랜 시간이 지나고 난 경우에만 중요해진다. 그렇다면 진짜 그림은 무엇이었을까? 그 후 몇 년에 걸쳐 그롤쉬 주가는 24달러에서 17.5달러로 3분의 1 하락했다. 그리고 나서 몇 달 만에 다시 반등했다. 2005년 3월 그롤쉬의 주가는 우리가 처음 대화를 나누었던 때와 거의 같은 수준이 되었다.

그롤쉬 방식은 주식의 가치에 아무런 관심이 없다. 이는 단순히 다른 투자자들의 실수를 이용하려는 시도다. 하지만 합리적인 주식시장과 랜덤워크에 관한 상식을 감안한다면, 어찌 투자자들이 그토록 쉽게 남의 실수를 이용할 수 있다고 기대하겠는가?

펀드 매니저의 이기심

많은 고객들을 대신해서 연기금 같은 투자를 관리하는 필립스앤드류의 수석 투자담당 임원 토니 다이Tony Dye의 이야기를 살펴보자. 토니 다이는 1996년에 당시 4000이던 FTSE 100(런던 증권시장의 100대 기업 주가지수)이 과대평가되었다고 판단하고 자신이 관리하던 고객들의 돈을 현금화, 아니 정확히 말해서 저축계좌에 넣었다. 70억 원을 주식시장에서 빼낸 그의 행동을 두고 고객, 동료, 신문 들은 연일 그를 비난했다. 그는 '비운의 박사'로 불리며 조롱거리가 되었다. FTSE가 1990년대 후반 내내 상승세를 이어가자 다이는 더욱더 바보처럼 여겨졌다. 1999년에 필립스앤드류는 다른 어떤 펀드관리 회사보다 많은 고객들을 잃었다. 1999년 4/4분기에 이 회사의 고객 수익률은 전체 67개 업체 중 66위였다.

하지만 다이는 주식시장이 과대평가되어 있다는 주장을 굽히지 않았다. 특히 인터넷과 통신 업종 주식들을 피했으며 고객들의 투자금 상당액을 현금으로 유지했다. 그 결과 2000년 3월 초, 그는 조기퇴진을 피할 수 없게 되었는데 사실상 쫓겨났다는 말이 공공연하게 나돌았다. 영국판 《타임스》는 필립스앤드류를 '웃음거리'라고 조롱했고, 다이의 후임자는 다이가 겪었던 고생을 이어받았다. "그곳은 외로운 자리입니다. 마지막 몇 년간 그가 겪은 수모는 쉽게 표현할 수 없습니다."

다이는 일자리를 잃었지만 그의 판단은 옳았다. 필립스앤드류사가 전략을 수정하기도 전에 주식시장은 반전했다. 인터넷, 통신, 기술주가 곤두박질쳤다. 주식시장이 전체적으로 침체에 빠졌다. 다이가 보유하고 있던 유행에 뒤떨어진 '가치' 주는 잘나갔고 현금은 폭락한 인터넷 주식보다 나았다. 필립 스앤드류는 2000년 2/4분기에 고객 수익률 6.4퍼센트를 기록(연간 수익률 28퍼센트 이상)하며 연기금 운용 실적에서 정상에 올랐다. FTSE는 다이가 직장을 떠날 당시 6400 이상이던 것이 이후 3년간 3300 이하로 떨어졌다. 다이는 1996년에 그의 고객들이 지수 4000일 때 주식을 팔아 그 돈을 저축계좌에 넣어두는 것이 낫다고 판단한 바 있었다. 결국 7년 후에 그의 주장이 옳았음이 입증되었다.

토니 다이는 옳았다. 하지만 그의 행동은 과연 현명했을까? 끔찍한 실수를 저지른 수백 명의 펀드 매니저들은 여전히 자기 자리를 지키고 있다. 반면 토니 다이는 다수의 선택을 외면하고 자신의 길을 걸었다. 그는 결국 명예를 회복했지만, 이미 언론에 조롱당하고, 고객들에게 버림받았으며, 일자리에서 쫓겨난 뒤였다. 펀드 매니저에게는 다수의 시각에 동조하게 만드는 편향된 인센티브가 주어진다. 만약 그들이 다수와 다른 시각을 취해서 성공할 경우에는 소수의 고객을 얻는 데 그치지만, 실패할 경우에는 일자리에서 쫓겨난다. 때문에 다수의 의견에 동조하는 편이 훨씬 안전하다. 이는 주가가 완전히 현실과 동떨어져 있기 때문이라기보다는 다수의 주요 펀드 매니저들(고객의 돈을 운용하는 의사결정자)의 보수가 올바른 주식을 고르는 것보다 추세를 따르는 데 맞춰 지급되기 때문이다. 주식시장이 실수를 하게 되는 것도 바로 이와 연관되어 있다.

주가 그래프의 진실

그러한 실수들이 명백히 드러나는 데 몇 년의 세월이 걸리기도 한다. 인터넷 거품이 진정 거품이었노라고 누가 확언할 수 있겠는가? 명확한 대답은 있을 수 없지만 지난 세월을 아주 장기적으로 되돌아보면 올바른 모습을 관찰할 수 있다. 2000년 시장의 최고점에서는 다음과 같은 주가 그래프를 보여주면서 사람들에게 주식이나 연금 같은 주식 관련 상품 구입을 권하는 것이 유행이었다.

이 그래프는 주식시장(이 경우에는 미국 주가지수 S&P 500)이 매우 빠르게 상승했음을 보여주는데 만약 1980년대 초에 투자를 했다면 2000년에는 매우 높은 수익을 거두었으리라는 생각이 든다.

실제로는 좀 더 놀라운 메시지가 있다. 그래프 세로축 수치는 '역사적인 주가 수익률'이다. 이는 주가가 회사 수익 실적과 어떻게 연관되어 있는지를 보여준다. 그러므로 1980년에 S&P 500의 일반적인 주가는 1970년대 S&P 500 기업들의

| 주식시장의 움직임

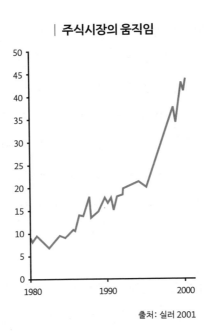

출처: 실러 2001

평균 수익보다 9배 더 높다(그래프와 모든 숫자는 인플레이션 효과
를 제거하여 조정한 것이다). 1970년대에 연간 수익 100달러였던
주식을 1980년에 사기 위해서는 900달러가 들었다. 1980년
대에 연 수익 100달러였던 주식을 1990년에 사기 위해서는
1800달러가 들었다. 이것은 1980년의 투자자들은 1980년대
가 1970년대보다 나을 것이라는 긍정적 전망이 적었던 반면,
1990년 투자자들은 1990년대가 1980년대보다 나을 것이라
고 긍정적으로 생각했음을 의미한다.

2000년의 투자자들은 1990년대에 100달러의 수익을 낸

주식에 4500달러를 낼 용의가 있었을 것이다. 만약 1990년의 투자자들이 1980년의 투자자들에 비해 긍정적이었다면, 2000년 투자자들은 극도의 열광 상태였다고 할 수 있다. 사람들이 주식에 호의적이고 리스크에 훨씬 관대했기 때문에 주식에 더 많은 돈을 지불하려 했던 것도 하나의 이유가 될 수 있다. 하지만 이는 주로 과거의 수익성보다 미래 수익성을 중시하는 시각(무의식적이고 의심의 여지없이)이 반영된 결과라고 할 수 있다.

여기에 어떤 커다란 가정이 있는지 살펴보자. 이것은 기업의 수익이 증가하고 있는지에 대한 문제가 아니었다. 중기적으로 보았을 때 기업의 수익은 보통 경제 확장에 맞추어 오르내림을 반복하며 증가한다. 하지만 그래프에서 볼 수 있는 것처럼 주가 수익률은 이를 반영하고 있다. 경제가 성장하면서 내일의 이익은 아마도 오늘의 이익보다 클 것이기 때문이다. 그런데 2000년 투자자들은 그보다 더 많이 투자했다. 그들은 내일의 수익이 오늘의 수익보다 더 많이 클 것이라 생각했다. 미국에 철도가 도입되거나 전력이 공급되던 때보다도, 1950년대와 1960년대의 경제 대확장의 시기에서도 보지 못했던 수익 확대를 예상했다.

주가 수익 그래프는 아이거 북벽처럼 오르지 않는다. 그것은 비교적 평평하며, 오르내림이 조금 있기는 해도 장기적으로 보았을 때는 그렇게 크게 변하지 않는다. 주가 수익률이 16에 안정되어 있다면 과거 연간 수익이 1달러인 주식을 1주당 16달러에, 과거 연간 수익이 100달러인 주식을 1600달러에, 혹은 과거에 연간 수익 10억 달러의 수익을 냈다면 160억 달러를 지불할 수 있을 것이다. 주식시장에 상장한 기업들이 성장하면서 수익은 1천만 달러에서 1억 달러, 10억 달러로 늘어날지 모르지만, 주당 수익률은 시간이 지나도 흔히 변하지 않는다(이것은 이자율과 리스크에 대한 태도에 따라 변하지만 이러한 영향으로 지난 1990년대에 일어난 일을 설명하기에는 충분하지 않다).

연금 세일즈맨은 2000년에 나에게 이런 그래프를 보여주면서 주식시장이 계속 오를 것이란 사실을 말하고자 했다. 하지만 내가 그 그래프를 보면서 얻은 메시지는 주식시장이 곧 폭락할 것이란 사실이었다. 역사적으로 장기적인 주가 수익률은 언제나 16 근처를 유지한다. 16에서 자주 떠나기는 해도 언제나 다시 16 근처로 돌아온다.

예일대 경제학자 로버트 실러Robert Shiller는 주가 수익률이 항상 16으로 돌아오는 패턴을 발견하는 데 노력을 기울이면서 1881년까지의 과거 주가 수익률을 수집했다(259쪽과 262쪽 그래프 모두에서 실러의 데이터가 사용되었다. 첫 번째 그래프는 두 번째 그래프에서 추출한 것이지만, 두 그래프는 다소 다른 인상을 준다). 실러의 데이터에서 확실히 알 수 있는 것은 주가 수익률이 30이 넘는 것은 정상이 아니라는 사실이다. 1990년대 이전에 그런 일이 발생한 것은 1928년도 한 차례뿐이다. 2000년과 마찬가지로 1928년에 사람들에게는 그 당시의 높은 주가를 합리화하는 논리가 충분했다.

실러보다 전 세대였던 저명한 예일대 경제학자 어빙 피셔 Irving Fisher는 주가가 "영원히 하락하지 않을 고지"에 도달했다는 유명한 선언을 했다. 금융경제학 분야의 영향력 있는 사상가였던 피셔는 주가가 높게 유지될 것이라고 기대하는 훌륭한 이유를 제시하는 『월스트리트의 붕괴-그리고 그 후The Wall Street Crash-And After』라는 책을 썼다.

1920년대 말 월스트리트 대폭락이 시작되기 직전, 주식시

| 장기적 관점에서 주식시장의 움직임

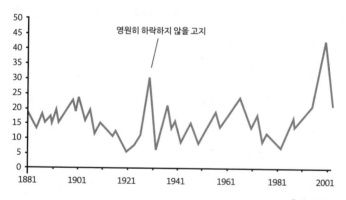

출처: 실러 2001

장이 몇 차례 요동치던 때에 피셔는 당시에 이루어진 대형 합병, 새로운 기술의 적용, 경영관리 기술의 발전, 연방준비제도의 전문성으로 인한 효율성 증가로 미래에는 수익성이 크게 향상될 것이라고 주장했다. 그러한 분석은 합리적이면서도 왠지 친숙하게 느껴진다.

그의 명성에도 불구하고 피셔의 책은 월스트리트 대폭락 이후 출간되지 못하다가 그의 예언이 장기적인 것이었다는 첫 번째 징후가 나타나고 나서야 출판이 이루어졌다. 주식은 계속해서 급격하게 추락했다. 그리고 대공황이 찾아왔다.

거품 골라내기

우리는 아마도 또 다른 공황의 언저리에 있지는 않을 것이다. 일부 완고한 낙천주의자는 심지어 주식시장이 그 거품의 가치를 정당화할 수 있을 만큼 뛰어오를 것이라고 주장한다. 책 제목과 같은 예언을 담은 『다우 36000』의 공저자 제임스 글래스맨James Glassman과 케빈 하셋Kevin Hassett은 다우존스지수가 8000 가까이 폭락한 뒤에도 여전히 자신들의 주장을 굽히지 않았다. 그들은 누구도 단기 시장을 예측할 수 없으며, 장기적으로 시장이 다시 반등할 것이라고 예언했다(이들은 『다우

36000』에서 시장이 3~5년 안에, 2004년까지 급등할 것이라는 예언을 더 이상 강조하지는 않았다). 글래스맨과 하셋은 주식시장이 100년 동안 저평가되어왔기 때문에 로버트 실러가 만든 과거의 역사적 데이터가 미래의 투자자들이 똑같은 실수를 할 것임을 증명하는 것은 아니라고 주장했다. 어쩌면 투자자들은 정말로 지난 한 세기 동안 잘못해왔을지도 모른다. 우리가 이미 살펴보았듯이, 사람들이 합리적으로 행동한다는 시각을 일단 경제학자들이 버렸기 때문에 우리가 할 수 있는 말은 아주 많지 않을 것이다.

그보다 생산적인 거품은 버블에 대한 논란에서 흔히 지적하듯이, 기업의 수익이 향후 몇 년 동안 급격히 높아질 것인가 하는 점이다. 많은 인터넷 지지자들은 인터넷이 모든 것을 바꾸어놓고 있기 때문에 아마존 같은 기업에 막대한 돈을 투자하는 것이 일리 있는 행동이라고 주장한다.

불행히도 이는 초점이 아니다. 여기에는 만약 우리가 경제적 혁명 속에 있다면 주식이 매우 가치 있는 것이라는 전제가 숨어 있다. 우리가 알고 있는 것처럼 수익은 희소성에서 나온다. 희소한 토지의 소유권(법적 권리로 보호됨), 희소한 브랜드(트레이드 마크로 보호됨), 고유한 능력을 지닌 조직(효과적인 조직은 베끼기 어려움) 등을 들 수 있다. 그러므로 주가는 경제적 변형이 조직의 희소자원 통제 수준을 높이는 경우에만 오를 수 있다.

경제적 변형과 희소성의 통제 사이에 연관이 있음은 쉽게 알 수 있다. 반면 '새로운 기술이 기업의 희소성 통제 수준을 높일 것'이라는 직접적인 연관성은 쉽게 찾아볼 수 없다. 어떤 기업은 희소성을 얻겠지만 다른 어떤 기업은 잃을 것이다. 역사적으로 경제적 변형이 일반 기업의 수익을 증가시킨다는 확실한 연관성은 존재하지 않는다. 오히려 그 반대는 사실인 경우가 많다. 경제적 변형이 기존 기업의 수익성을 파괴(그들의 희소자산을 대체하거나 복제함으로써)하는 한편, 이들을 대체하는 새로운 기업들은 실패율이 높을 뿐 아니라 사업을 구축하는 데 막대한 비용이 소요된다. 그 이점은 평균적으로 높은 임금을 받는 노동자들과, 낮은 가격을 지불하거나 새롭고 더 좋은 제품과 서비스를 제공받는 고객들이 향유한다.

이는 철도나 전기 같은 과거의 혁신적인 기술과 같은 모습을 보인다고 할 수 있다. 언젠가 경제학자 존 케이와 함께 내기를 할 당시에 나는 그런 점을 이해하지 못했기 때문에 실수를 한 경험이 있다. 그는 만약 철도 여행의 시발지인 영국의 철도 회사 중 가장 유명한 그레이트 웨스턴 레일웨이의 주식을 샀다면 어떤 일이 벌어졌을지 추측해보자고 했다. 그는 상장 첫날 그 주식을 사서 장기간 보유했다고 하더라도 투자 수익은 아주 소소한, 말하자면 연간 10퍼센트 미만이 될 것으로 추정했다.

나는 철도 혁명을 일으킨 가장 성공적인 기업 중 하나가 주주들에게 그토록 소소한 투자 수익만 가져다주리라고는 예상하지 못했다. 나는 먼지 앉은 오래된 《이코노미스트》를 뒤져 그 해답을 얻었다. 물론 케이가 옳았다. 1835년에 그레이트 웨스턴 레일웨이의 주식이 1주당 100파운드로 상장된 지 얼마 안 되어 철도 주식에 대한 투기 바람이 일었다. 그레이트 웨스턴의 주식은 회사가 설립된 지 10년 후인 1845년에 224파운드로 정점을 기록했다. 그러고는 폭락한 뒤 100년간의 긴 기업 역사에서 다시는 그 수준에 도달하지 못했다. 장기 투자자는 배당금을 받긴 했지만 최초 100파운드 투자에 대해 연간 수익률 5퍼센트라는 미미한 보상을 받았을 뿐이다. 투기 열풍의 정점에서 주식을 산 일부 투자자들은 수많은 철도회사의 후원자가 되었을 뿐 돈을 잃고 파산했을 것이다.

　　이처럼 최고의 철도회사들도 훌륭한 투자 수익을 내지 못하였으니 최하위 기업은 재난 수준이었다. 하지만 철도가 경제를 한 단계 끌어 올리고 완전히 바꿔놓았다는 사실에 이의를 제기하는 사람은 없다. 보수적으로 추정해볼 때 철도는 1890년대 미국 경제의 전체 가치를 5~15퍼센트 늘린 것으로 추정된다. 이는 깜짝 놀랄 만한 수치이지만 철도를 건설하고 운영하는 경쟁이 치열해 수익은 미미한 수준에 그쳤다. 경쟁이 심했기에 철도는 희소성을 그다지 갖지 못했던 것이다.

'최초'가 아닌 '최고'를 찾아라

닷컴 및 기타 하이테크 기업의 경우에는 희소성을 갖기 더욱 어렵다. 물론 IBM, 마이크로소프트, 인텔 등 일부 기업들은 이를 잘해냈다. IBM은 1970년대 말에 가장 높은 수익을 낸 아주 성공적인 기업이었다. 하지만 1980년대 들어 거의 파산 직전까지 갔다가 고통스럽고 전면적인 변신을 하고 나서야 회복될 수 있었다. 인텔은 이 같은 붕괴를 겪지는 않았지만 2001년 1/4분기에서 3/4분기에 걸쳐 영업이익이 곤두박질치는 것을 경험했다. 하지만 인텔은 경쟁에서 선두를 유지하기 위해 끊임없이 혁신을 추진하는 것으로 유명하다.

IBM을 밀어내고 컴퓨터 산업의 제왕 자리를 차지한 마이크로소프트는 안락한 시간을 누리고 있다. 마이크로소프트의 커다란 성공은 '차세대 마이크로소프트'를 찾고자 하는 열풍에 기름을 부었다. 하지만 대부분의 기업들은 마이크로소프트가 아니며 그렇게 되지도 않을 것이다. 사실 주가를 놓고 본다면 마이크로소프트답지 않다. 왜냐하면 1990년대 말 이 회사의 주가는 당시 상황을 반영한 것이 아니라 마이크로소프트의 미래에 대한 기대를 반영한 것이기 때문이다. 투자자들은 마이크로소프트가 중요한 산업 표준을 통제함으로써 앞으로 오랜 세월 동안 막대한 수익을 창출할 수 있는 진정으로 지속적인 희소성을 가지고 있다고 생각하고 있으며 그런 시각은 옳을지도 모른다.

닷컴의 왕위를 노리는 수많은 기업들은 이와 큰 대조를 이룬다. 이들 중 상당수는 몇 달이면 얼마 안 되는 돈으로 쉽게 복제할 수 있는 기업들이며, 그러한 이유만으로도 이들의 주가는 거의 가치가 없다고 볼 수 있다. 그런 경우 경제가 변형되고 있다는 사실은 중요하지 않다. 경제가 아무리 변형된다고 하더라도 희소성이 없는 기업들의 수익성이 그다지 좋아질 리는 없기 때문이다.

이는 우리를 다시 1998년 말의 그레이엄 베일리와 경영 컨설팅 이야기로 돌아가게 한다. 그의 이야기 속에는 다음과 같은 생각이 내재해 있다. "당신이 어떤 희소성을 갖고 있는지는 중요하지 않다", "이 세상의 누군가가 당신이 하고 있는 일을 할 수 있는가는 중요한 게 아니다", "중요한 것은 당신이 먼저 할 수 있는가이다." 이것은 '먼저 차지하는 사람이 임자'라는 골드러시와 같다. 만약 인터넷 기업들이 인터넷에서 자신의 '영역'을 지킬 수 있다면, 다른 기업들은 이에 끼어들어 그들을 영영 몰아낼 수 없을 것이다.

이러한 생각은 미국의 위대한 개척정신을 연상시킬지는 몰라도 그 이상은 아니다. 과거 개척자들은 새로운 땅에 정착하여 자신들의 권리를 주장할 수 있었지만, 인터넷 기업들은 그렇지 않다. 물론 도메인 네임과 일부 브랜드 인지도는 건질 수 있을 것이다. 하지만 쉽게 얻은 것은 쉽게 나가게 마련이다. 인터넷 비즈니스에 처음으로 입성한 기업이라고 치열한 경쟁을 피할 수 있겠는가? 고객들은 손쉽게 새로운 기업을 찾아낸다. 그들은 다른 기업의 웹사이트를 힘들이지 않고 방문할 수 있다. 이는 새로운 가게를 방문하는 것보다 훨씬 쉬운 일이다. 사실 선발자에게 주어지는 장점은 과거에 비해 오히려 작아 보인다.

캘리포니아의 한 차고에서 시작한 구글은 인터넷 선점 효과가 아무것도 아님을 보여주는 산 증거다. 중요한 것은 최고가 되는 것이다. 구글은 야후가 검색엔진의 왕으로 공고한 기반을 잡은 것처럼 보이는 시점에 늦게 뛰어들었지만, 웹 검색이라는 말과 동의어가 될 만큼 유명해졌다. 구글은 어떻게 차고에서 시작한 신생 기업이 라이벌들을 제쳤는가 하는 의문을 갖게 했다. 인터넷에서는 모든 기업들이 경쟁에 취약하다. 웹은 희소성을 떨어뜨린다.

주식 투자에 대한 교훈은 분명하다. 첫째, 슈퍼마켓에서 가장 빠른 줄을 찾으려는 노력을 떠올리고 모든 주가에는 막대한 전문지식이 반영되어 있음을 명심하라. 많은 돈을 벌고자 한다면, 당신은 알고 있지만 시장 참여자들이 무시하고 있는 게 분명한 확실한 정보를 갖고 있어야 한다. 둘째, 기업의 지속적인 수익성은 다른 기업들이 따라오지 못하는 어떤 능력에서 나온다. 보수적인 시장에서의 강력한 브랜드(트로잔 콘돔을 생각하라), 마이크로소프트와 같은 표준의 지배, GE처럼 전문성의 단순한 우위 등이 그것이다. 어쩌면 이베이도 충성스러운 구매자와 판매자로 이루어진 폐쇄형 기반에서 나오는 그러한 능력을 가지고 있을지 모르겠다. 반면 인터넷 기업들 중에는 이런 능력을 가진 회사가 극소수다. 1998년도에 그레이엄 베일리가 주장한 내용을 세심하게 살펴보면 이를 잘 알 수 있다. 그의 컨설팅 회사는 2001년 4월에 파산했다.

주가와 희소성

주가는 기업의 수익창출 능력을 반영하며 기업의 수익은 희소성에서 나온다. 예를 들어 희소한 토지의 소유권, 희소한 브랜드, 고유한 능력을 지니고 있는 경우다. 따라서 기존 경제에 변형을 일으키는 신기술(철도, 인터넷 등)이 등장한다 하더라도 기업이 이를 통해 희소자원에 대한 통제 수준을 높일 수 있는 경우에만 주가는 상승한다. 어느 기업이 진입 장벽으로 둘러싸여 있다면 희소성을 가질 수 있으며, 주요 진입 장벽의 종류는 다음과 같다.

◆ 규모의 경제가 존재하는 경우: 생산규모의 확대로 원가절감이 발생하면, 제품 단위당 원가가 하락하여 소규모 자본이 시장에 진입하기 어렵다.

◆ 법적 제한이 있는 경우: 정부가 자격증 제도(의사, 변호사 등)를 통해 특정부문의 시장진입 자격을 제한하거나, 통신, 전기 등 기간산업부문에 공급자 자격제도를 두면 시장진입이 자유롭지 못하게 된다.

◆ 특허나 상표권 등으로 배타적 권리가 보호되는 경우

◆ 몇몇 기업이 사실상 전체 자원을 통제하는 경우: 다이아몬드, 석유 등

CHAPTER 7

포커에서
경매까지,
치열한 경제 게임

게임 이론

게임할 때, 포커를 칠 때 당신은 무엇을 생각하는가? 겉으로는 태연한 척 하지만 머릿속으로는 끊임없이 게임 참가자들의 행동과 반응을 예상하고 그에 대응할 전략을 세우고 있을 것이다. 이러한 게임의 법칙은 전자오락에도, 경매에도, 국가 간의 통상 마찰에도 그리고 사랑에도 적용된다. 게임을 알면 세상이 보인다. "무의 가치를 아는 사람이야말로 모든 것의 가치를 알고 있는 사람이다." 이것은 오스카 와일드가 냉소적인 사람들을 가리켜 한 말이지만 이제는 흔히 경제학자들에게 적용된다.

당신이 집을 팔기 위해 경제학자를 고용한다고 가정해보
자. 당신은 집의 가치를 30만 달러 정도로 생각하지만 경제학
자는 그 이상으로 집값을 올릴 수 있다고 자신한다. 마침내 경
매가 시작되었지만, 결과는 3천 달러에도 못 미쳐 당신과 경
제학자는 그야말로 악몽에 빠졌다. 당신은 집 없는 가난뱅이
가 되어 아내와 이혼하고, 여생을 눅눅한 지하실에서 보낸다.

한편 당신 옆집에 사는 이웃 역시 집을 팔기로 하고는 마찬
가지로 그럴듯한 경매를 기획하는 다른 경제학자를 고용한
다. 당신의 이웃도 30만 달러 정도를 예상했지만, 입찰이 줄
을 이어서 이웃의 집은 마침내 230만 달러에 낙찰되었다.

황당한 이야기라고? 절대 그렇지 않다. 실제로 이와 매우
유사한 사례가 정부에서 일어났다. 단지 부동산처럼 눈에 보
이는 실체가 아니라 무선통신 회사들이 네트워크를 운영하

는 데 사용하는 주파수 대역폭이라는 점만 다르다. 지난 몇 년 간 전 세계 정부들은 전파 사용권을 통신회사들에 판매해왔다. 사용 가능한 주파수의 범위는 제한되어 있으므로 희소성이 있었다. 하지만 불행히도 컨설턴트로 고용된 경제학자들 모두가 좋은 가격을 받기 위해 경매를 어떻게 해야 할지 알고 있었던 것은 아니었다. 실제로 어떤 경매는 예상보다 10배 높은 가격에 낙찰된 반면, 어떤 경매는 기대 가격의 1퍼센트에도 미치지 못하는 결과를 낳고 말았다.

이는 운의 문제가 아니다. 어떤 경매는 현명하게 진행된 반면 다른 경매는 잘못 진행되었기 때문이다. 전파 경매에는 특별한 기술이 필요하며 커다란 이해관계가 걸린 포커 게임과도 같은 것이다.

포커, 복잡한 세상의 축소판

수학자 요한 폰 노이만Johann von Neumann을 알고 있던 많은 사람들은 그를 세계 최고의 두뇌라고 여기면서, 그를 프린스턴에 있던 동료 알버트 아인슈타인과 비교하기도 한다. 폰 노이만은 초인적인 두뇌에 관한 온갖 전설 같은 이야기들을 만들어낸 천재였다.

그는 논리학, 집합론, 기하학, 기상학 그리고 수학의 여러 영역에서 큰 발전을 이루었으며, 양자물리학, 핵무기, 컴퓨터 개발에서 중심적인 역할을 했다. 하지만 여기서 우리가 살펴 보고자하는 것은 게임 이론의 기초를 닦은 그의 역할이다. 게임 이론은 게임에서 다른 사람이 미칠 영향에 대한 당신의 예상이 결정에 어떤 영향을 미치는가 하는 것이다. 포커, 핵 전쟁, 사랑, 주파수 경매 등이 그러한 게임에 포함된다. 게임 이론은 겉으로는 간단해 보인다. 예를 들어 '운전' 게임은 아주 직선적이다.

'운전'을 할 때 내가 오른쪽으로 달리고 상대도 오른쪽으로 달린다면 나는 만족스러운 보상을 받는다. 또한 내가 왼쪽으로 달리고 상대도 왼쪽으로 달린다면 마찬가지로 만족스러운 보상을 받는다. 하지만 어떤 사람이 다른 선택을 한다면 나는 앰뷸런스에 실려 가는 아주 나쁜 보상을 받게 된다(정면 충돌을 할 경우 상대도 나쁜 보상을 받겠지만 게임 이론에서는 흔히 상대가 받는 보상은 신경 쓰지 않는다. 상대의 보상을 신경 쓰는 때는 오로지 상대의 행동이 나의 예측에 영향을 미치는 경우다).

게임은 흔히 작은 이야기나 일화 등을 이용하여 설명되지만, 이러한 이야기들은 게임이 수학적 문제라는 사실을 감춘다. 훌륭한 게임 이론가들은 폰 노이만이나 〈뷰티풀 마인드A Beautiful Mind〉의 주인공이자 노벨상 수상자인 존 내시John Nash와 같은 훌륭한 수학자들이다. 모든 게임 이론에서와 같이 결과를 예측하는 내시의 혁명적인 새로운 방식은 논리적인 수학을 적절히 적용하는 것이다.

포커에 관심이 많았던 폰 노이만은 게임에 자신이 개발한 수학적 도구들을 적용했는데, 이는 경제학자들뿐만 아니라 데이트에서부터 진화 생물학이나 냉전에 이르는 여러 가지 주제를 다루는 데 편리하게 이용되었다. 포커의 기본은 간단하다. 플레이어들은 자기 카드를 숨기고 있다가 마지막에 패를 모두 내보이는 순간에 가장 좋은 카드를 지닌 사람이 판돈을 모두 갖는다. 플레이어들은 게임에 계속 참여하기 위해 돈을 걸어야 하지만, 일부는 중간에 기권을 하기도 한다. 패를 보이는 마지막 순간까지 돈을 걸어서 더 많은 돈을 잃는 것보다 적은 돈을 잃는 편이 낫다고 판단하기 때문이다. 만약 다른 사람들이 모두 기권을 한다면, 당신은 카드를 보여줄 필요 없이 모든 판돈을 가지게 된다.

포커를 칠 때 당신이 해야 할 기본적인 도전은 게임을 계속할 가치가 있는지 판단하는 것이다. 확률 이론은 당신이 극단으로 흐르지 않게 한다. 당신이 쥐고 있는 패가 다른 사람이 숨기고 있는 패보다 나은지 계산하는 것만으로는 부족하다. 상대방의 움직임을 분석할 필요도 있다. 상대방이 돈을 조금만 거는 것은 패가 약하다는 신호일까, 아니면 강한 패를 숨기고 당신이 판돈을 올리게 하려는 의도일까? 큰돈을 거는 이유는 좋은 패를 가지고 있기 때문일까, 아니면 허세를 부리는 걸까? 아울러 당신은 다른 사람들이 당신이 거는 금액의 의미를 해석하려 한다는 사실도 염두에 두고 당신의 패를 예측하지 못하도록 해야 한다.

포커는 남의 마음을 간파하려는 연쇄적인 시도로 가득 차 있다. '만약 내가 킹 4장을 갖고 있다고 상대가 생각하고 있다고 내가 생각한다고 그가 생각한다면…….' 포커는 운과 기술의 게임이며, 무엇보다 비밀의 게임이다. 플레이어는 각자 남에게 자신의 정보를 감추고 있으며, 어떤 플레이어도 모든 진실을 볼 수 없다.

게임 이론은 그런 상황에 적용된다. 노이만은 만약 수학을 이용해 포커를 분석할 수 있다면, 모든 형태의 인간들의 상호작용을 조명할 수 있을 것이라 믿었다. 포커는 소수의 플레이어들이 운, 비밀, 능숙한 계산을 통해 서로를 계략으로 앞서려는 게임이다. 하지만 그러한 환경 속에 있는 것은 포커만이 아니다. 전쟁, 심지어 사랑이라는 남녀간의 커다란 게임도 그러하다. 인간들의 많은 상호작용을 포커와 같은 기지의 싸움으로 해석할 수 있다. 그러한 모든 상호작용은 이론가들에 의해 '게임'으로 묘사될 수 있으며, 게임 이론을 이용해 탐색이 가능하다.

경제생활에는 예외가 없다. 폰 노이만은 경제학자 모르겐
슈테른Oskar Morgenstern과 팀을 이루어 게임 이론의 바이블이라
고 할 수 있는 『게임 이론과 경제 행동Theory of Games and Economic
Behavior』을 저술했다. 이 책은 2차 세계대전 종전 직전에 출판
되었는데, 그 후 게임 이론과 경제학은 밀접한 관계를 맺어왔
다. 경제학을 공부하는 대부분의 학생들이 게임 이론을 배웠
고, 몇몇 게임 이론가들은 노벨 경제학상을 수상했다.

실제 생활에서 '경제적 게임'의 사례를 찾고 싶다면, 지주와
소작인, 정부와 노동조합, 중고차 판매원과 고객 사이의 협상
을 떠올리면 된다. 원유 생산국이 원유 가격을 높이기 위해 만
든 OPEC의 감산 규정을 따를 것인가 아니면 생산량을 높여
가격의 이득을 누릴 것인가의 결정도 게임 이론으로 생각해
볼 수 있다.

정부로부터 한정된 주파수 면허를 취득하고자 하는 통신회
사들의 경쟁을 생각해볼 수도 있다. 모든 입찰자들은 면허 취
득이 얼마나 수익성이 좋은지(그리고 면허가 얼마나 가치 있는 것인
지)에 대해 어느 정도 생각하고 있지만 누구도 정확히 알지는
못한다. 한편 정부는 어떤 통신회사가 면허를 가장 잘 이용할
수 있는지, 그들에게 면허가 얼마나 가치가 있는지 하는 비밀
을 알아내야 한다. 정부는 면허를 가장 잘 이용할 회사에게 면
허를 부여하는 것이 가장 이상적이다. 또한 정부는 귀중한 공

적 자산을 배분해야 하므로 납세자를 위해 최고의 가격을 받아내기도 해야 한다.

폰 노이만의 인식으로 볼 때 포커와 주파수 면허 문제는 모두 게임이다. 또한 둘 사이에는 밀접한 유사성이 있다. 둘 다 돈을 거는 과정이 게임의 중심을 차지한다. 갬블러는 돈이 걸려 있다면 어떤 게임이든 관심이 높겠지만, 포커에서는 돈이 게임 진행의 중심에 있다. 포커에서는 베팅으로 좋은 패와 나쁜 패에 관한 정보를 전달하기 때문이다. 만약 플레이어들이 실제 돈으로 베팅을 하지 않는다면, 그 '커뮤니케이션'은 의미가 없다. 알다시피 말은 값싼 것이다. 허세는 실제 돈이 위태롭게 된 결과일 뿐이다.

주파수 면허도 마찬가지다. 게임 이론 전문 경제학자들은 원유 시추권에서 주파수 사용권에 이르기까지 공공자산 배분은 포커를 하는 방법과 비슷한 방식으로 결정되어야 한다고 주장한다. 경쟁 기업들의 값싼 말과 공허한 약속을 배제하기 위해서 정부는 많은 판돈을 걸도록 해야 하며, 옛말과 같이 각 협상 참여자들이 '자신의 말에 돈을 걸게' 해야 하는 것이다.

게임의 고수들

1990년대 후반에 미국 정부는 주파수 대역폭을 파는 데 도움을 얻고자 게임 이론가들을 고용했다. 이는 쉬운 업무가 아니었다. 입찰에 참가하는 어느 기업은 로스앤젤레스 면허와 샌디에이고 면허를 둘 다 갖거나 아니면 둘 다 갖지 않기를 원했다. 인접 지역의 네트워크를 같이 운영해야 훨씬 싸기 때문이다. 하지만 누가 샌디에이고 면허를 가질지 모르는 상황에서 어떻게 하면 로스앤젤레스에 입찰을 현명하게 할 수 있을까? 이것은 게임 이론의 복잡성을 잘 보여주는 문제다. 이론가들은 동일한 경매의 복잡한 조합을 만들었다.

첫 판매는 매우 성공적(그리고 정부가 매우 수지맞는)이었지만, 이후의 여러 경매는 잘못 돌아갔다. 이론가들은 복잡한 사정을 올바로 헤아리긴 했지만 단 몇 천 달러의 보증금만 걸고 입찰에 참여하게 하는 등 몇몇 간단한 데서 실수를 저질렀다. 기업들은 지역 번호를 포함해 입찰 신고를 하게 되면서 유리한 기회를 잡았다. 이로써 그들은 자신들이 어느 지역 면허를 선호하는지 신호를 보낼 수 있게 되어, 서로가 공격적인 입찰을 하지 않고 미국 통신시장을 분할했다. 경매가 이토록 확실한 신호를 허락했기 때문에 입찰자들은 서로 간에 (불법적인) 협정을 맺을 필요도 없었다. 업체들 간에 부정행위가 있었던 것처럼 보였지만 누구도 이를 증명하지 못했다. 첫 번째 경매가 있은 지 3년 후인 1997년 4월의 경매에서 예상 수익은 1퍼센트 오르는 데 그쳤다. 많은 분석가들은 이를 두고 기업들이 서로 경쟁을 피함으로써 부정행위를 하는 것을 배웠기 때문이라고 말한다.

이것은 당신이 30만 달러짜리 집을 3천 달러도 못 받고 파는 것과 마찬가지다. 이런 일이 어떻게 일어나는지 얼핏 이해하기 어려워 보이지만 실은 간단하다. 만약 당신 집의 잠재 구매자들이 소수라면, 그들은 서로 간에 입찰 경쟁을 하지 말자고 협약을 할 수 있다. 대신 당신 집을 싸게 사는 사람은 다른 사람들에게 보상할 방법을 찾아야 한다. 가장 확실한 보상의 형태는 앞으로 열릴 다른 경매에서 그들과 경쟁하지 않겠다고 약속하는 것이다. 이와 마찬가지로 통신회사들은 한 지역을 놓고 주파수 경매에서 서로 경쟁하지 않기로 약속한 것으로 보인다. 이것은 게임 이론에 굴욕적인 패배를 안겨주었으며 사실상 거의 무료로 면허를 내주는 결과를 낳았다.

미국 주파수 경매의 문제점은 게임 이론가들이 분석한 것은 오로지 게임의 일부일 뿐이라는 사실을 깨닫지 못한 데 있었다. 정부는 방 안에 몰래 카메라가 장착되어 있는 줄도 모르고 행복하게 포커 게임에 빠진 플레이어와 같다. 고갯짓과 윙크로 다른 플레이어에게 신호를 보낸 플레이어들은 자기 차례가 왔을 때 많은 돈을 챙겼다. 정부는 게임을 하고 있다고 생각했지만 그것은 실제로 전혀 게임이 아니었다.

멍청이를 위한 게임

경매에서 결탁 행위가 있든 카드 게임에서 부정행위가 있든 게임 이론에 수학만큼 많은 기교가 들어 있다는 것은 확실하다. 모든 게임은 모델화하기 전에 가정을 단순화할 필요가 있다. 만약 이론가들이 잘못된 가정을 하고 있다면(예를 들어 응찰자들이 지역 코드를 이용해 서로 나눠 먹기를 하지는 않을 것이라는 가정) 잘못된 문제에 완벽한 해답을 생산하는 꼴이 될 것이다.

가장 어려운 도전 중 하나는 게임 이론이 내시와 폰 노이만처럼 거의 초인적인 지성을 가진 사람들이 개발했다는 기원 자체에 뿌리를 두고 있다. 이 사실은 커다란 강점이자 약점이다. 게임 이론이 성공하려면 평범한 일반인들의 행동에 적용할 수 있어야 하기 때문이다. 게임 이론은 수학 방정식의 답처럼 사람들의 행동 양식을 풀어낸다. 게임 이론은 플레이어가 매우 까다로운 문제를 즉각적으로 풀 만한 능력이 있다고 가정한다. 게임 이론이 실제로 사람들이 현실에서 어떻게 행동하는지 설명하기 위한 실용적인 도구라는 측면에서 본다면 비현실적인 가정이다. 내시와 폰 노이만은 그런 문제들을 즉 각적으로 풀 수 있었던 사람이지만 우리들은 그렇지 못하기 때문이다.

예를 들어 게임 이론으로 볼 때 체스는 결과가 예측 가능한, 가치 없는 경기라 할 수 있다. 즉, 한쪽 플레이어가 정해진 결과를 만들어낼 수 있다. 하지만 우리는 흑이 이길지 백이 이길지 모르며 게임이 어떻게 이루어질지 확실히 알지 못한다. 우리는 단지 이론적으로 결과가 정해질 수 있다는 사실을 알 뿐이다. 실제로 아무리 강한 플레이어(컴퓨터나 사람)도 최선의 전략을 알지 못하며, 체스 게임의 결과를 예측하지 못한다. 그렇다면 우리 모두가 체스 게임을 어떻게 해야 하는지 모르는 영리하지 못한 상황에서 체스가 시시하다고 우리에게 말하는 이론이 무슨 소용이 있겠는가?

우리 모두가 천재처럼 생각하는 것은 아니다. 우리 대부분은 포커 게임 중에 허세를 부린다. 폰 노이만은 최악의 패를 가졌을 때 허세를 부리는 것이 옳은 플레이임을 보였다. 폰 노이만의 제자 크리스 퍼거슨은 2000년 포커 월드 시리즈에서 우승할 때 이를 증명했다. 하지만 친구들과 차고에서 하는 포커 게임은 월드 시리즈가 아니다. 술 마시면서 허세를 부리는 플레이어들에 대해서 게임 이론은 무엇을 말할 수 있을까?

그렇다고 이것이 게임 이론의 절대적인 결함은 아니다. 폰 노이만의 지극히 높은 기준에 맞출 수 없는 실수, 망각, 잘못된 정보, 그 밖의 어떤 형태든 플레이어 측의 실수를 모델화할 수 있다. 문제는 계산에 넣어야 할 실수가 많아질수록 게임 이론이 더 복잡하고 덜 유용해진다는 사실이다. 게임 이론가들에게는 순수한 이론 못지않게 경험에 기초하는 것이 항상 중요하다. 만약 플레이어들이 이해하기 어려울 정도로 게임이 너무 복잡해지면 게임 이론의 실리적인 유용성은 거의 상실되기 때문이다.

경매와 게임 이론

1996년 말, 나는 한 세미나에서 영국의 최고 경매 이론가인 폴 클렘퍼러Paul Klemperer가 경매에 게임 이론을 적용하는 발언을 들었다. 그는 청중 가운데 두 사람의 지갑을 잠시 빌려서 그 안에 있던 돈을 각각 헤아린 뒤, 그 (미지의) 합계액에 대해 둘 중에 더 높게 입찰하는 사람에게 되팔기로 했다. 그렇다면 그 두 사람은 어떻게 입찰하는 것이 가장 적절했을까? 사람들은 그 방법을 생각해내지 못했다.

두 사람이 부딪힌 어려움은 경매 대상이 얼마의 가치를 지니는지 모른다는 것이다(주파수 대역폭 경매를 포함해 많은 경매에서 응찰자들이 겪는 문제이기도 하다). 물론 그들은 자기 지갑에 얼마가 있는지 알고 있었기 때문에 가치의 일부는 알았지만, 상대방 지갑에 얼마가 있는지는 알지 못했다. 주파수 경매 문제도 비슷하다. 각 입찰자들은 자신의 예측과 기술 계획을 가지고 있지만 다른 입찰자들은 다른 견해를 가지고 있을 것이다. 최적의 전략은 다른 입찰자들에게서 새어나온 정보를 이용하는 것이지만 그리 쉬운 일은 아니다(지갑 게임에서 각 응찰자가 취할 수 있는 한 가지 해결책은 자기 지갑에 들었던 돈의 2배 되는 금액에 이를 때까지 응찰을 계속하는 것이다. 그러면 더 많은 돈을 가지고 있던 쪽이 이기겠지만, 두 지갑에 있던 돈의 합계액보다 적게 지불할 것이다. 좀 더 공격적으로 응찰을 할 경우에는 너무 많이 지불하게 되는 리스크가 있다).

이 두 명의 지갑 입찰자들은 켄 빈모어Ken Binmore와 틸만 뵈르게르스Tilman Börgers였는데 이들은 다름 아닌 경매에 게임 이론을 적용한 전문가들이었다. 클렘퍼러, 빈모어, 뵈르게르스는 후에 영국에서 3세대 통신 서비스 면허를 배분하기 위한 경매 메커니즘을 설계한 학자팀 구성원이 되었다.

이들은 두 가지 심각한 어려움과 씨름해야 했다. 첫째, 미국 정부가 그랬던 것처럼 부정행위를 하는 입찰자들에게 당하지 않도록 해야 했다. 둘째, 과연 게임 이론이 예상하는 대로 비즈니스맨들이 행동할 것인가? 그리고 이들 비즈니스맨들이 예측 불가능한 행동을 한다면, 어떤 일이 벌어질 것인가?

20세기 가장 영향력 있는 경제학자였던 존 메이너드 케인스John Maynard Keynes는 경제학자들이 환자와 상담하고 직접적인 조언을 제공하는 치과의사처럼 일상의 문제를 바로잡는 역할을 수행할 수 있기를 바랐다. 하지만 경제학은 아직 그런 역할을 하지 못하고 있다. 치과의사처럼 도움이 되고자 희망하는 경제학자들은 사람들이 실생활에서 뼈아픈 교훈을 얻으며 겪는 고통을 누그러뜨릴 수 있게 도와야 한다. 경매는 포커나 체스 게임처럼 언제나 게임 이론가들이 예상하는 대로 흘러가는 것이 아니다. 플레이어들이 서로를 속이기도 하고 입찰자들은 실수를 저지르기도 하는데 이를 다루는 것이 중요한 문제다.

1990년 초에 주파수를 경매에 붙였던 뉴질랜드 정부는 현실을 제대로 파악하지 못한 경제학자들의 조언을 받아 그러한 교훈을 값비싸게 얻었다. 경매는 입찰자들의 관심을 확인하지도 않고, 최저 가격도 없이, 이론적으로 진기한 '비크리 경매'를 실시했다가 매우 곤혹스러운 결과를 불러왔다(이 경매는 창안자이자 노벨상 수상자인 윌리엄 비크리William Vickrey의 이름을 따서 지어졌는데, 그는 경매에 게임 이론을 적용하는 데 공헌한 인물이다).

비크리 경매는 차점 가격 봉인입찰 경매다. 봉인입찰 방식이란 각 응찰자들이 단일 가격을 적어 봉투에 넣고 봉인하여 제출하는 것이다. 그리고 봉투를 개봉했을 때 가장 높은 가격을 쓴 응찰자가 낙찰을 받는다. 차점 가격 방식이란 낙찰자가 자신이 적어낸 금액을 지불하는 것이 아니라 두 번째로 높은 가격을 적어낸 사람의 가격을 지불하는 것이다. 이렇게 할 경우 입찰자들이 이익을 더 많이 남기기 위해 자신의 입찰 가격을 낮추는 것을 막을 수 있다. 입찰 가격을 낮춘다고 해도 낙찰 확률만 줄일 뿐이지 낙찰 가격을 낮추는 것은 아니기 때문이다. 이론가들에게 이러한 방식은 전혀 진기할 것이 없다. 소더비나 크리스티에서 열리는 전통적인 경매에서도 낙찰 가격은 차점 입찰자가 부르는 가격으로 결정되고 있다. 차점자가 도중에 포기할 때 입찰이 중지되기 때문이다.

비크리 경매 방식으로 진행된 뉴질랜드 입찰은 언론과 여러 사람들에게 부정적으로 보였다. 하지만 비크리 경매의 문제는 본질보다는 형식에 있다고 할 수 있다. 전통적인 경매에서는 누구도 최고 응찰자가 지불하려는 최고 가격을 알 수 없지만, 비크리 경매에서는 그러한 사실이 공개된다. 당연히 뉴질랜드인들은 왜 면허를 따기 위해 10만 뉴질랜드달러를 써낸 입찰자가 고작 6만 뉴질랜드달러만 내면 되는지, 왜 700만 뉴질랜드달러를 써낸 사람이 5천 뉴질랜드달러만 내면 되는지 알고자 했다. 이는 매우 당황스러운 결과였다. 이론가들은 비크리 경매가 다른 경매와 평균적으로 같은 가격을 결정할 것으로 생각했다. 최고 가격을 지불하는 게 아니므로 응찰자들은 좀 더 높은 가격을 써낼 것이기 때문이다. 하지만 이론가들은 언론과 대중들에 대한 문제를 생각하지 않았다. 결국 비크리 경매는 뉴질랜드 정부의 실패로 남았다.

치과의사 같은 역할을 수행하고자 하는 경제학자들은 이러한 실수에서 배워야 하며 새로운 문제점들이 계속 발생할 것에 대비하여 조심스레 생각해야 한다.

경매의 문제해결 방식

영국 정부는 경매를 이용한 주파수 대역폭 판매를 고려하면서 과감한 조치를 취했다. 미국 정부의 경매는 첫 번째 성공이후로는 실패로 돌아갔다. 뉴질랜드 정부는 스스로를 웃음거리로 만들었다. 뉴질랜드 정부만의 이야기가 아니었다. 호주 역시 TV 방송 면허를 경매에 부치면서 입찰 규정에 허점을 만들어 크게 실패하는 바람에 관계 장관이 책임을 지고 물러나는 사태까지 일어났다. 그렇다면 영국은 왜 이러한 위험성을 알면서도 주파수 할당에 경매 방식을 사용하고자 했던 것일까?

미국 정부와 마찬가지로 영국 정부는 주파수를 가장 잘 이용할 수 있는 기업에게 주파수 대역폭을 주면서도 돈을 가장 많이 받고 팔고자 했다. 물론 드러나지 않은 목적도 더 있었다. 관료와 정치인 들은 난처한 입장에 빠지길 원치 않았던 것이다. 뉴질랜드와 미국 납세자들 입장에서는 면허를 그저 내주는 것보다 조금이라도 더 가격을 올려 받는 편이 좋지만, 정치인들로서는 공공자산을 배분하는 일은 이해관계에 얽혀 친구와 적을 쉽게 만드는 일이다. 그러므로 경매 이론가들은 경매를 통한 좋은 판매 사례를 남겨야 했다.

이를 위해 게임 이론을 적용한 것인데 단순한 경매의 위력을 확실히 보여준 사례가 되었다. 한 가지 방심할 수 없었던 문제는 주파수 면허가 운용 능력을 제대로 갖춘 회사에게 돌아가도록 하는 것이다. 만약 인터넷 거품 기업인 팀하포드닷컴처럼 귀중한 자원을 잘 사용할 경험과 능력이 없는 회사에게 주파수 면허가 돌아간다면 이는 범죄 행위에 가까운 낭비가 될 것이다. 당연히 최저 비용으로 최고 품질의 서비스를 제공할 수 있는 회사에게 돌아가도록 해야 한다. 그러면 통신 가격은 면허 소지 기업들 사이의 경쟁으로 결정될 것이다.

그렇다면 가장 능력 있는 기업들을 구별해내는 최고의 방법은 무엇일까? 쉽게 그들에게 물어볼 수도 있지만, 기업들은 으레 자신들의 능력을 과장하고 허세를 부리게 마련이다. 어떤 기업들은 자신들의 경험을 내세우며, 또 어떤 기업은 최신 기술을 내세운다. 하지만 그 말의 진실을 어떻게 구별해낼 것인가?

　다른 방법으로 전문가를 선정해서 어떤 기업이 가장 적절한지 결정하도록 하는 것은 일견 훌륭한 방법처럼 보인다. 하지만 빠르게 움직이는 이동통신 산업에서, 훌륭한 전문가들은 으레 한두 기업과 금전적인 이해관계를 맺고 있게 마련이다. 해당 산업과 이해관계가 전혀 없는 전문가를 어떻게 구한단 말인가? 심지어는 정말 공정한 전문가를 찾는다고 해도 그가 기업의 영업 비밀을 간파하고 잠재적인 라이벌 기술까지 성공적으로 판단할 수 있는 가능성은 그리 높지 않다.

　게임 이론은 어떻게 간단한 경매가 모든 복잡성을 떨쳐내고 문제를 훌륭하게 해결할 수 있는지 보여준다. 논의의 간소화를 위해서 하나의 면허를 놓고 여러 입찰자들이 점점 더 높은 가격을 외치는 전통적이고 직접적인 경매 방식을 상상해보자. 방 안에 남아 있는 사람은 현재의 높은 입찰 가격을 지불할 의사가 있는 것으로 간주한다고 하자. 입찰을 포기하는 사람은 방에서 나와야 하며 재입장할 수 없다. 다소 색다른 이 경매는 게임 이론으로 분석하기 용이하면서도 면허를 판매하는 데 이용할 수 있는 실제 방식을 잘 묘사하고 있다.

　이제 각 입찰자들은 면허의 가치를 직접적으로 판단해야 한다. 더 혁신적인 아이디어, 더 저렴하게 적용할 수 있는 기술을 보유한 입찰자일수록 면허를 획득해서 더 많은 돈을 벌 수 있게 될 것이다. 물론 어떤 기업도 면허를 이용하여 얼마의 수익을 낼지 완벽하게 예측할 수는 없지만, 그들 스스로가 다른 어떤 외부 전문가들보다 나은 판단을 할 수 있을 것이다.

경매가 시작되고 가격이 올라가기 시작하면, 자신들의 예상을 뛰어넘어 가격이 상승한다고 생각하는 입찰자들은 하나둘 떨어져 나갈 것이다. 사업 계획과 보유 기술에 대한 자신감이 없는 기업들이 가장 먼저 이탈할 것이다. 아무도 방을 빠져나가는 사람 없이 계속해서 가격이 상승한다면, 각 입찰자들은 다른 기업들이 전체적인 시장 예측에 대해 자신감을 갖고 있음을 알게 될 것이다(이는 소더비 경매장에서 이뤄지는 전통적인 경매와 차이를 보인다. 소더비 경매가 진행될 때는 누가 아직 잠재 입찰자이며 누가 단순히 구경하고 있는지 알지 못한다). 어떤 입찰자들이 아주 빨리 방을 떠난다면, 나머지 사람들은 이를 감안하여 자신들의 예측을 수정할 것이다. 낙찰 가격에는 모든 입찰자들의 예측이 합해져 반영된다.

다른 한편으로는 누구도 거짓말을 하는 입장에 놓이지 않는다. 말은 값싸지만 경매는 비싸다. 가격이 자신들이 예상하는 면허의 가치보다 낮은데도 포기하는 기업은 없을 것이며, 가격이 너무 높아졌다고 생각하면서도 입찰에 계속 응하는 기업도 없을 것이다. 어떤 의미에서 경매는 아주 신중히 돈을 걸면서 진행을 이어가기 때문에 폰 노이만의 포커 게임과 같다고 할 수 있겠다. 반면 어떤 의미에서 경매시장은 허세를 부릴 수 없기 때문에 포커와 전혀 다르다고 할 수도 있다.

이런 경매는 각 입찰자들이 면허의 가치를 어떻게 추정하고 있는지에 대해 진실을 말하게 한다. 동시에 이런 경매는 모든 입찰자들에게 집합적인 견해를 퍼뜨림으로써, 서로가 자신들의 의견을 수정하게 만든다. 게다가 그런 과정을 거치며 돈이 더욱 많이 모이게 된다. 또한 게임 이론은 이러한 단순한 경매가 일반적으로 양자 협상보다 현금 창출 능력이 높다는 사실을 보여주었다. 이는 확실한 것은 아니다. 한 가지 대안으로 판매자가 최저 입찰가격을 공개 혹은 비공개로 정해놓고, 그 가격 밑으로는 판매하지 않는 방법도 있다. 또 다른 방법은 여러 고객들과 개별적으로 비공개 협상을 하면서 협상 진행에 대해서는 거짓말을 하는 것이다. 혹은 판매자가 '가격을 받아들이거나 아니면 포기'하는 단발성 제안을 각 구매자에게 돌아가면서 하는 방법도 있다. 그 밖에 다른 방법도 있을 수 있다. 그렇다면 헷갈릴 정도로 많은 여러 가능성 중에서 과연 판매자는 어떤 판매 방법을 가장 수익성 있는 것으로 고를 것인가?

게임 이론은 문제의 핵심을 헤치고 나아갔다. 1990년대 중반, 클렘퍼러와 제레미 뷜로Jeremy Bulow(경매 설계팀의 또 다른 일원이 됨)는 단순한 경매 방식이 진지한 입찰자 한 명을 추가로 끌어들일 경우, 다른 어떤 종류의 가격 협상보다 가격을 더 많이 올릴 수 있다는 사실을 입증하는 논문을 출판했다.

경매가 더 많은 돈을 모을 수 있다는 핵심 주장에 덧붙여 이 논문은 성공적인 경매를 원한다면 진지한 입찰자가 충분히 있어야 한다는 논리에 경매 이론가들이 주의를 기울이도록 했다.

21세기 최고의 경매사건

영국의 경매 설계팀은 진지한 입찰자들의 참여를 유도하기 위해 철저히 노력했다. 2000년 3월, 영국 경매는 13개 입찰 회사들이 5천만 파운드의 예치금을 걸고 인터넷을 통해 원격으로 입찰서를 제출하는 입찰 방식을 마련했다. 경매 설계팀은 1년 전부터 미리 경매를 광고해왔으며, 이것이 유럽 국가 가운데 최초로 이뤄지는 3세대 이동통신 면허 입찰이라는 사실을 선전했다. 그리하여 경쟁적인 입찰이 이루어져 낙찰가가 높게 형성되길 바랐다.

경매팀은 세세한 부분까지 많은 신경을 썼다. 컴퓨터 시뮬레이션을 이용하여 경매 설계안을 테스트했으며, 런던 학생들에게 통신회사 경영진 역할을 시켜 시험 운영을 해보았다.

그리고 예상치 못한 구멍이 없도록 작은 부분까지 세심하게 살폈다. 심지어는 미심쩍은 점이 발견될 경우 경매를 연기할 수 있는 권한까지 스스로에게 부여해놓고 있었다. 하지만 어느 누구도 이 경매가 잘 작동할지, 아니면 경제학자들이 여전히 또 다른 실수의 여지를 남겨놓았는지 장담하지 못했다.

경매는 쇼트 라운드(약 1시간 30분)로 기획되었는데 그동안 입찰자들은 새로운 입찰가를 제시하거나 포기를 결정해야 했다. 유효 입찰에 들어가지 않기로 결정한 사람은 경매에서 탈락한다. 각 입찰자는 최종적으로 경매에서 빠지기 전에 세 번의 '패스'를 할 수 있었다. 매일 두 차례의 라운드가 진행되는데 매 라운드의 결과는 즉시 인터넷에 공표되며 경매는 전 세계인들이 지켜보는 가운데 진행되었다.

경매 가격이 꽤 많이 오를 것이란 기대가 있었다. 20~30억 파운드 정도 들어와서 영국 세수에 충분한 도움이 될 것으로 기대됐다. 바짝 긴장하던 경매팀은 기존의 4개 회사에 덧붙여 9개의 새로운 회사들이 경매에 참여하자 들뜬 마음으로 성공을 예상했다.

그들은 새로운 기업들이 관심을 보이게 된 것은 5개의 면허를 입찰에 부칠 수 있었던 데 일부 원인이 있다고 생각했다. 처음에 엔지니어들은 사용 가능한 주파수 대역폭에 전국을 커버하는 사업자를 네 군데만 허용할 수 있을 것으로 생각했다. 하지만 기존의 4개 통신회사들이 4개의 면허를 모두 따는 것이 확실했기에 새로 어떤 회사가 진입하더라도 탈락할 것이 불 보듯 뻔했다. 그러므로 이 프로젝트를 기획한 경제학자들은 추가로 면허 하나를 더 낼 수 있다는 엔지니어의 말을 듣고 반색하였다. '면허 A'로 명명된 이 면허는 기존의 이동통신 사업자가 아닌 새로운 기업들을 위해 마련되었다.

면허 A를 따내기 위한 경쟁이 다른 4개의 면허 가격을 높일 것으로 여겨졌다. 한 면허 취득 경쟁에서 탈락하는 기업은 입찰에 계속 참여하거나 철회해야 하지만, 합법적으로 입찰에 참여하고 있는 한, 하나의 면허에서 다른 면허로 옮겨갈 수도 있었다. 기업들은 어떤 면허가 최고로 가치 있는지 판단하게 되었다. 면허 A에 대한 경쟁이 뜨거워지면 다른 면허에 대한 경매도 달아오르게 마련이었다. 면허 A의 가격이 다른 것에 비해 오를 때마다 다른 면허가 염가로 비쳐졌다. 새로 참가한 기업들은 경쟁에서 떨어져 나갈 때마다 기존 기업들이 따내려는 면허에 도전장을 내밀었다. 그리하여 기존 회사들이 가격을 올리면, 패자들은 다시 면허 A 입찰로 돌아가곤 했다.

5개 면허에 대한 경매가 동시에 진행되기에 이를 설명하기가 다소 복잡하기는 하지만, 입찰자들이 취해야 하는 태도는 간단했다. 경매는 최종 입찰자가 남을 때까지 계속되었다. 입찰자들은 모든 면허를 관찰하다가 가장 가치 없다고 생각되는 면허에 새로운 입찰 가격을 제시하면 되었다. 만약 응찰할 가치가 있다고 생각된다면, 철회하는 것이 올바른 행동이다. 이러한 경매의 단순성은 많은 기업들을 입찰에 참가시키는 데 도움이 되었다. 당신이 수 주일에 걸쳐 오랫동안 경매를 진행하여 집을 판다고 가정해보자. 앞서 경매 실패 사례를 들은 당신은 기대 가격 30만 달러를 받지 못하고 불행에 빠진 이웃처럼 이혼하고 무일푼이 되지나 않을까 걱정하고 있다. 첫 주는 초조하게 지나갔다. 하지만 가격이 조금씩 오르기 시작하면서 당신의 혈압은 떨어지기 시작했다. 결국 경매 가격은 25만 달러가 되었고, 당신은 어찌 됐든 최악의 상황은 모면했다고 안도한다. 며칠이 더 지나자 경매 가격은 30만 달러에 이르고, 당신은 미소 짓는다. 여기서부터 오르는 돈은 모두 보너스가 된다. 어쩌면 당신은 31만 달러 혹은 32만 달러, 심지어 35만 달러까지 받을지 모른다. 누가 알겠는가? 가격은 더 올라갈 수도 있다. 가격이 35만, 40만, 50만 달러까지 치솟는다. 어떻게 될까? 당신은 현실을 믿을 수 없는 지경이 된다.

이런 기대하지 못한 결과가 영국 주파수 경매에서 일어났다. 일주일 동안 경매는 순조롭게 진행되어 전체 수입이 계속 늘어갔다. 입찰이 25라운드 진행된 뒤, 입찰자들은 각 면허에 약 4억 파운드가량을 걸었다. 50회의 입찰 라운드가 지나고 나자 총 입찰 금액은 30억 파운드에 달했다. 정부의 기대치도 높아졌다(입찰 보증금은 1억 파운드로 올랐음에도 상대적으로 아주 미미하게 보이기 시작했다). 하지만 뭔가 엄청난 일이 벌어지고 있었다. 입찰을 포기하고 탈락한 입찰자들이 생겨나지 않고 있었던 것이다. 13개 회사 모두 정기적으로 응찰했고 면허 가격의 상승 기세는 좀처럼 꺾일 줄 몰랐다. 경매가 계속되자 언론들도 관심을 갖기 시작했다. 경매 설계팀의 사진이 신문에 실리는가 하면 저널리스트들은 그들이 정확히 어떤 일을 했는지 열심히 설명했다. 사람들은 뭔가 굉장한 일이 벌어지고 있음을 깨달았다.

경매가 60라운드를 지나면서 총 수입이 40억 파운드가 되었고, 70라운드를 지나면서 50억 파운드가 되었다. 다시 80라운드를 지나면서 70억 파운드가 되었고, 마침내 3월도 끝나가고 있었다. 가격은 계속해서 오르고 있었다.

경매 설계자들은 내내 침묵을 지키고 있었지만, 내부적으로는 흥분과 초조가 엇갈렸다. 이때 미국의 주식시장에서 이상 신호가 감지되었다. 만약 주식시장 폭락의 여파가 영국에까지 퍼진다면 입찰자들의 자신감이 무너질 것이며 경매 자체가 갑자기 중단될 수도 있다는 우려가 생겼다. 입찰 보증금 1억 파운드가 갑자기 매우 작게 보였다. 어쩌면 입찰자들이 이를 포기하고 빠져나갈 수도 있는 상황이었다. 경매를 빨리 마무리 지어야 하지 않을까? 그런데 더 이상 걱정할 필요가 없어졌다.

4월 3일 아침, 첫 번째 경매 라운드가 시작된 지 거의 한 달 만에 입찰가가 100억 파운드 이상으로 오르면서 마침내 결과가 나타나기 시작했다. 94라운드가 끝나자, 입찰자 중 하나인 크레센트가 떨어져 나갔다. 그러자 경매의 양상이 갑자기 변하기 시작했다. 그날 오후, 95라운드 도중 두 번째 입찰자 3G-UK 컨소시엄이 떨어져 나갔다. 다음 날 아침, 97라운드에서 세 번째 입찰자 스펙트럼이 탈락했다. 일부 다른 입찰자들이 돈을 올리지 않고 입찰에 남기 위해 이의 제기 신청을 하며 시간을 벌고 있었다. 98라운드에서 엡실런이 떨어져 나갔다. 그다음 날, 4월 5일 점심시간에 원-텔이 기권했다.

93라운드까지 탈락자 없이 이어지던 경매는 3일 동안 8개 라운드가 진행되면서 5명의 입찰자가 떨어져 나갔다. 이제

8명의 입찰자만 남았다. 왜 갑자기 입찰을 머뭇거리게 되었을까? 아마도 자존심 때문인 듯하다. 누구도 첫 번째 탈락자가 되고 싶지 않았는데 크레센트가 포기하고 나자 기다렸다는 듯이 다른 회사들이 연이어 포기한 것이다.

하지만 게임 이론가들은 이렇게 설명한다. 입찰자들은 다른 회사로부터 3세대 통신사업의 가치에 대해 서로 배우고 있었다. 이것은 투명한 경매의 장점 중 하나다. 흔히 이용되는 경매 방식은 모든 입찰자들이 단일 가격을 담은 봉투를 제출하는 이른바 '봉인입찰' 방식이다. 하지만 그러한 경매는 모든 입찰자들이 어둠 속에서 추측하게 함으로써, 아마도 더 보수적인 입찰을 하게 만들고, 정부로서는 훨씬 낮은 수익을 내는 결과를 빚는다. 하지만 이처럼 개방된 경매에서는 심지어 모두가 예상했던 가격보다 더 올라갔어도, 각 입찰자들은 다른 12명의 경쟁자들이 높은 입찰가를 제시하는 모습을 보면서 면허에 커다란 가치가 있음이 분명하다는 자신감을 공유했던 것이다. 각 회사는 저마다 사업 계획, 기술 파트너, 판매 예상치를 가지고 있었다. 투기적이긴 해도 투명한 경매는 이러한 계획들의 신호를 모두 모아서 모든 입찰자들이 사용할 수 있는 정보로 제공되었다(또한 이 경매는 정부가 다룰 수 있는 정보도 제공했으며 동시에 수입을 거두는 기반이 되었다).

크레센트의 입찰 포기는 면허에 더 높은 돈을 걸 가치가 없다는 신호였다. 이를 재고하던 다른 입찰자들도 크레센트의 회의적인 생각을 참조하여 입찰을 포기했다. 크레센트의 입찰 포기는 연쇄반응을 일으켰다. 새로 포기하는 회사들이 생길 때마다 그 메시지는 한층 강화되었다.

물론 입찰을 포기하는 기업들은 단순히 무리에 휩쓸린 것일 수도 있지만, 함께 달리는 무리에도 훌륭한 이유가 있다. 투명한 경매는 주변에 정보를 퍼뜨리도록 설계되었으며, 그리하여 입찰자들이 똑같은 사실을 보면서 똑같은 결론을 내는 것도 그리 이상할 게 없다.

경매에 갑작스러운 탈락의 행렬이 생겨났지만 아직 경매가 끝나기엔 일렀다. 4월 중순에 이르자 경매의 총 수입은 290억 파운드에 달했다. 정부의 수익은 거의 1년치 기본 소득세의 절반에 이를 정도였다. 실제로 고든 브라운Gordon Brown 재무장관은 대규모 증세나 차입 없이 선거철에 후하게 돈을 썼다. 통신 붐과 경매 설계자들의 노력으로 영국 대중들에게 막대한 공짜 점심이 제공된 것이다.

4월이 저물면서 마지막 3명의 탈락자가 생겨났다. 4월 27일 아침에 NTL 모바일이 입찰 포기를 선언하고 나자 모든 열기가 가라앉았다. TIW라는 회사가 면허 A 취득에 43억 8,470만 파운드를 지불하고 새로운 휴대전화 사업자가 되었다. 보다폰은 브리티시텔레콤과 치열한 경쟁을 벌인 끝에

60억 파운드를 내고 면허 B를 얻었다. 브리티시텔레콤은 훨씬 작은 면허를 취득했다. 이 경매는 225억 파운드의 수익을 올리면서 현대 역사에서 가장 큰 경매로 기록되었다.

이는 당신이 30만 달러짜리 집을 경매로 팔았는데 225만 달러를 받게 된 것과 마찬가지였다. 정말 꿈인지 생시인지 뺨을 꼬집어보지 않을 수 없는 거래였다.

통신요금이 비싼 이유

비판론자들은 통신회사들이 그토록 많은 돈을 사업권을 따내는 데 썼기 때문에 결국 소비자들이 3세대 통신 서비스에 높은 요금을 낼 수밖에 없을 것이라 추측한다. 하지만 과연 이 경매가 3세대 이동통신을 망쳐놓았을까? 다음과 같은 가정을 생각해보자. 만약 3세대 이동통신이 아주 비싸다면 기업들은 고객들에게 더 많은 비용을 청구할 것이다. 이는 그럴듯하게 들리지만, 잠시 경제학자처럼 생각해보기로 하자. 만약 3세대 통신 면허가 매우 싸다면 기업들이 고객들에게 비용을 덜 청구할까? 만약 정부가 면허를 공짜로 주었다면 기업은 고객들에게 아무것도 청구하지 않을까? 만약 정부가 통신회사들에게 면허를 받아달라고 오히려 돈을 주었다면 회사들이 고객들에게 무료 통화를 제공하고 보너스로 돈까지 지불할까?

우리는 앞서 1장과 2장에서 기업들은 어떤 상황에서든 소비자에게 되도록 많은 돈을 부과하고자 한다는 사실을 배웠다. 또한 우리는 그렇게 하는 능력이 희소성에 의해 제한받는다는 사실도 알고 있다.

여기에서 중요한 결정 요소는 5개의 면허가 있다는 사실이다. 5개의 면허는 기업들이 고객들에게 높은 요금을 부과할 수 있을 만큼 희소성을 충분히 갖는 숫자다. 만약 면허가 2개뿐이라면 희소성이 더욱 커져서 요금은 더 올라갈 것이다. 만약 면허가 20개라면 요금은 더욱 저렴해질 것이다. 결국 고객이 지불할 가격을 결정하는 것은 면허의 가격이 아니라 희소성이다.

영국에서는 기술자들이 최대로 제공할 수 있는 면허가 5개이므로 이용 가능한 통신 주파수 대역폭의 양에 희소성이 깃들어 있다. 면허의 비용이 얼마인가는 고객들이 부담하는 비용과 아무런 관계가 없지만, 이 귀중한 공적자원으로 정부가 많은 돈을 취하길 원하는 납세자들과, 자신의 회사가 가능한 한 적은 돈을 지출하길 바라는 통신회사 주주들과는 관계가 있다.

경매의 여파

앞장에서 우리는 유럽의 3세대 이동통신 경매가 진행 중이던 때에 발생했던 주식시장의 폭락에 관해 자세히 알아보았다. 통신회사는 그 가운데에서도 가장 큰 폭락을 경험했으며, 그 곤란한 사정은 널리 알려졌다. 3세대 통신의 첫 번째 경매가 열린 뒤 통신회사들은 유럽에서만 2년 반 동안 주식시장에서 7천억 달러 상당의 가치를 잃었다.

많은 사람들은 그 경매가 통신회사들에게 재앙을 안겨주었으며 영국의 경매 설계팀들이 어리석게도 가격을 너무 많이 올리는 바람에 통신업체들이 휘청거리게 되었다고 비난했다. 하지만 가장 심각한 어려움을 겪은 기업들은 3세대 통신 면허를 취득하지 않았으며, 미국 업체들은 유럽 경매에 참가하지 않았을 뿐 아니라, NTL, 텔레웨스트같이 어려움에 처한 케이블 회사들은 3세대 통신 면허 경매에서 입찰을 포기했던 회사들이었다. 보다폰처럼 3세대 통신 면허를 취득한 기업들은 여전히 성공적인 기업으로 남아 있으며 통신업체 거품이 꺼진 뒤로 고통을 겪었을지언정 여전히 건재하다.

아마도 통신업체 경영진은 3세대 통신이 상업적으로 검증되지 않았고 무선랜과 같은 경쟁자의 위협을 받고 있다면서 영국의 주파수 경매를 저주할지 모르지만, 대중들은 이를 경축해야 한다. 관련 업체들은 모두 3세대 통신 면허가 막대한 희소성의 가치를 제공할 것으로 확신했으며, 통신 면허 경매는 그러한 가치에 비추어 공정한 가치를 성공적으로 얻었던 것이다. 논란은 있지만, 폰 노이만의 후계자들은 게임 이론을 적용하여 일찍이 없었던 가장 극적인 정책적 성공을 이끌어 냈다. '무의 가치'를 아는 경제학자들이 치과의사들처럼 마침내 자기 밥값을 하고 있다는 사실을 보여준 것이다.

게임 이론

게임 이론이란 전략적 상호작용이 존재하는 게임 상황에서 경기자의 전략이 초래할 결과에 대한 모형을 세우고 그렇게 모형화한 상황에서 경기자의 전략 선택과 사회적 현상을 분석하는 학문이다.

한 집단, 특히 기업에 있어서 어떤 행동의 결과가 게임(놀이)에서와 같이 참여자 자신의 행동에 의해서만 결정되는 것이 아니고 동시에 다른 참여자의 행동에 의해서도 결정되는 상황하에서 자기 자신에 최대의 이익이 되도록 행동하는 것을 수학적으로 분석하고 접근하는 방법이다.

게임 이론은 주로 군사학에서 적용되어 왔으나 경제학·경영학·정치학·심리학 분야 등에도 널리 적용되고 있다. 게임 이론에서는 게임 당사자를 경쟁자라 하고, 경쟁자가 취하는 대체적 행동을 전략이라 하며, 어떤 전략을 선택했을 때 게임의 결과로서 경쟁자가 얻는 것을 이익 또는 성과라고 한다. 어떤 경쟁자가 어떤 전략을 선택하느냐에 따라 좌우되는 것이므로 각 경쟁자는 상대방이 어떤 전략을 선택하더라도 자기의 이익(성과)을 극대화하는 전략을 선택하게 된다.

게임 이론의 시초는 폰 노이만과 모르겐슈테른이 1944년 출간한 저서 『게임 이론과 경제 행동』으로 알려져 있다. 게임 이론의 발전에 가장 큰 공헌을 한 인물은 존 내시인데, 그가 1950년대 초반에 쓴 서너 편의 논문은 오늘에 이르기까지 초석이 되었다. 1994년 내시는 하사아니, 젤텐과 노벨 경제학상을 공동 수상했다.

2005년에는 이스라엘 히브리 대학의 로버트 아우만과 메릴랜드 대학의 토머스 셸링이 '협조적 게임 이론'에 관한 업적으로 노벨 경제학상을 수상하였다.

CHAPTER 8

정부가
도둑인 나라

합리적 무시

가난한 나라들은 왜 가난할까? 일반적으로, 가난한 나라에는 도로나 공장 등 시설이 부족하고, 인재가 없으며, 기술적 노하우가 축적되어 있지 않기 때문이라고 생각한다. 그렇다면 이 세 가지만 충족되면 가난한 나라도 부유해질 수 있을까? 가난한 나라의 공무원들은 부자 나라를 만들기 위해 애쓰고 있을까? 경제학자의 대답은 'NO.'

두알라는 '아프리카의 겨드랑이armpit(더러운 곳이라는 의미도 있음-옮긴이)'라고 불리는데, 참 어울리는 표현이다. 돌출된 서아프리카의 어깨 밑에 자리 잡은 두알라는 말라리아가 창궐하고, 습하고, 악취가 풍기는 매력 없는 곳이다. 하지만 당신이 카메룬에 살고 있다면 두알라가 그래도 활기찬 곳이라 생각할 것이다. 카메룬은 매우 가난한 나라다. 카메룬 사람은 평균적인 세계 시민보다 8배 더 가난하고, 평균적인 미국인보다 50배 더 가난하다. 2001년 말에 나는 그 이유를 찾으려고 두알라로 향했다.

누가 처음으로 '겨드랑이'라는 딱지를 붙였는지는 모르겠지만, 만약 그 사람이 카메룬 관광청장이라고 해도 나는 놀라지 않을 것이다. 알다시피 국방장관은 다른 나라를 공격하는 일을 관장하고, 노동부장관은 실업급여 행렬의 길이를 다루고 있다. 카메룬의 관광청장 역시 고상한 업무를 부여받고 있으니, 다름 아닌 그 나라에 들어오려는 여행객들의 의욕을 꺾는 일이다.

한 동료는 내게 주의를 주길, 런던에 있는 카메룬 대사관은 방해가 매우 심하므로 여행 비자를 받으려면 파리로 가라고 했다. 나는 카메룬에 아는 사람이 있었던 덕분에 그러한 수고를 덜 들이고 비자를 받을 수 있었다. 카메룬에 있는 그 친구는 내가 공식적인 초청장을 받을 수 있도록 하루 일당의 절반을 써야 했다. 그렇게 받은 초청장을 무기 삼아 비자를 받기 위해 다시 카메룬 사람들의 5일치 봉급을 써야 했는데, 이를 위해서 카메룬 대사관에 세 번 찾아갔고 약간의 비굴한 아첨을 했을 뿐이다. 그런데도 나와 내 동료는 3주간 카메룬에 머무르는 동안 이상하게도 다른 여행객들을 별로 보지 못했다.

나는 이러한 공로를 관광청장에게만 돌리고 싶지는 않다. 관광객들의 의욕을 꺾는 일은 진정 집단적인 노력의 산물이기 때문이다. 국제투명성기구에 의하면 카메룬은 세계에서 가장 부패한 나라 가운데 하나며, 1999년에는 1위에 올랐다. 내가 카메룬을 방문했던 2001년에는 세계에서 50번째로 부패한 나라였는데 이는 무척이나 개선된 수치가 아닐 수 없었다.

두알라 국제공항은 비행기가 하루에 고작 서너 대 도착하

는 곳인데도 인파를 헤치고 나가야 할 만큼 어수선했다. 다행히 우리는 찌는 듯한 저녁시간에 내 친구 앤드류와 그의 운전사 샘의 안내로 재빨리 공항을 빠져나와 언덕에 자리 잡은 마을 부에아로 나왔다. 두알라는 어느 곳으로든 빨리 움직일 수 없는 곳이었다. 200만 명의 사람들이 살고 있는 곳인데도 사실상 도로라고 부를 만한 것이 없었다.

전형적인 두알라 거리의 너비는 45미터다. 왕복 3차선의 대로가 필요해서가 아니다. 도로는 땅콩이나 열대 과일 바비큐 등을 파는 노점상들로 가득 차 있으며, 사람들이 스쿠터 주변에서 있거나, 여기저기 무리 지어서 맥주나 야자수 와인을 마시거나, 조그만 모닥불에 뭔가를 굽고 있다. 이곳저곳에는 아직 건물을 짓거나 부수는 일이 덜 끝났음을 알려주는 돌 부스러기 더미들과 커다란 구멍들이 산재해 있다. 도로 중간중간에는 20년간 방치된 구멍들이 패어 있다. 도로는 멀쩡한 곳보다 구멍이 패어 성하지 않은 곳이 더 많다. 소음은 이루 말할 수 없다. 남자, 여자, 아이 할 것 없이 저마다 볼륨을 한껏 높인 커다란 스피커를 들고 다니는 듯했고, 자동차 경적 소리는 일상적인 커뮤니케이션 형식이었다. 그 소리가 뜻하는 바를 해석하자면 흔히 다음과 같다.

빠-앙: "당신은 나를 못 봤지만, 내 택시는 빈차라오."

빠-앙: "내가 당신을 보기는 했지만, 내 택시에는 자리가 없소."

빠-앙: "나는 다른 방향으로 가고 있어서 당신을 태울 수가 없소."

빠-앙: "당신 제안을 받아들일 수 있소. 타시오."

빠-앙: "순간적으로 구멍을 피해 돌아가야 했는데 당신을 칠 뻔하지 않았소, 비켜요!"

두알라에는 버스가 있었지만 낡은 도로가 더 이상 버스를 감당하지 못했다. 그래서 택시만 남게 되었다. 낡아빠진 도요타 택시는 뒷자리에 4명, 앞자리에 3명을 싣고 다닌다. 이 택시에는 '뉴욕 옐로 캡'이란 글씨가 칠해져 있는데 '하느님은 위대하다', '우리는 하느님을 믿는다', '신에게서 힘을 얻는다' 등의 글귀를 달고 있다.

두알라 거리를 본 사람들은 카메룬이 기업가 정신이 부족해서 가난하다고 생각하지 않는다. 가난은 그곳에 있었고, 점점 더 가난해지고 있을 뿐이다. 그처럼 쇠락해지는 추세를 되돌려서 카메룬 사람들이 부유해질 방법은 없을까? 이는 작은 문제가 아니다. 노벨상 수상자 로버트 루카스Robert Lucas는 이렇게 말했다.

"복지의 중요성에 대한 논쟁은 휘청거리고 있다. 일단 이 문제를 생각하기 시작하면, 다른 문제는 생각하기 어렵다."

왜 아직도 가난할까

경제학자들은 흔히 경제적인 부가 인공자원(도로, 공장, 기계, 통신 시스템), 인적자원(노동과 교육), 기술자원(기술적 노하우 혹은 단순히 하이테크 기계장치) 등에서 나온다고 생각했다. 그렇다면 물질적 자원에 돈을 투자하고, 교육 및 기술이전 프로그램을 통해 인적자원과 기술자원을 개선함으로써 가난한 나라는 부자 나라로 성장할 수 있을 것이다.

이 그림에서 무엇이 잘못되었을까? 그 자체로는 아무런 문제가 없다. 교육, 공장, 인프라, 기술적 노하우 등은 부자 나라에는 풍부한 반면 가난한 나라에는 매우 부족하다. 하지만 이 그림은 불충분하다. 가장 중요한 조각이 빠진 퍼즐 그림이다.

이러한 전통적인 주장이 뭔가 잘못되었음을 말해주는 첫 번째 단서는 가난한 나라들이 지난 한 세기 동안 부자 나라들보다 뒤떨어져 있었으며, 그럴수록 더 빨리 이를 만회할 수 있다는 가정이 함축되어 있다는 점이다. 가난한 나라들은 인프라나 교육 면에서 신규 투자를 조금만 하더라도 최대의 보상을 얻을 수 있기 때문에 더 빨리 따라갈 수 있다는 것이다. 반면 부자 나라들은 추가 투자에서 그리 많은 것을 얻지 못한다. 이를 '수확체감'이라고 부른다.

예를 들어 가난한 나라에는 몇 개의 도로만 새로 놓아도 완전히 새로운 상업지역이 열리는 반면 부자 나라에서는 도로가 몇 개 더 생겨도 교통 체증이 조금 풀리는 데 그치고 만다. 가난한 나라에 전화가 몇 대 설치되면 아주 긴요하게 이용되지만, 부자 나라에서는 학생들이 수업 시간에 문자 메시지를 보내는 데 쓰인다. 가난한 나라에서 교육이 조금 늘어나면 큰 차이가 생기지만, 부자 나라에서는 학위를 갖고도 직장을 구하지 못하는 경우가 허다하다. 그리고 부자 나라가 새로운 기술을 만들어내는 것보다 가난한 나라들이 기술을 베끼는 것이 더 쉽다. 두알라 시민들은 고틀리프 다임러가 내연 엔진을 재창조하길 기다리지 않고 택시를 즐길 수 있다.

　10년마다 소득을 두 배 이상 늘려온 대만, 한국, 중국 같은 나라들을 보면 따라잡기 이론은 타당해 보인다. 하지만 수많은 가난한 나라들은 부자 나라보다 빨리 성장하지 않는다. 사실 이들의 성장은 더욱 느리거나 카메룬처럼 오히려 점점 더 가난해진다. 경제학자들은 전통적인 주장을 보완하기 위해 '수확체감' 모델에 더불어 '수확체증' 모델을 가미했다. 수확체증 이론이란 때로는 더 많이 가질수록 더 빨리 성장한다는 이론이다. 전화는 다른 사람도 전화를 가지고 있을 때 더욱 유용하고, 도로는 많은 사람들이 차를 가지고 있을 때 더욱 유용하며, 이미 많은 기술을 발명해놓았을 때 이를 기반으로 더 쉽게 새로운 기술을 발명할 수 있다.

　이는 부자 나라가 부자로 남아 있고 가난한 나라는 더욱 뒤처지는 이유를 설명하지만, 중국, 대만, 한국 같은 나라들이 어떻게 부자 나라들을 따라잡을 수 있었는지를 설명하지는 못한다. 일본, 미국, 스위스가 아닌 이러한 역동적인 나라들이 지구상에서 가장 빠르게 성장하는 경제가 되었다. 70년 전만 하더라도 이들 나라는 가난의 수렁(인공자원, 인적자원, 기술자원, 때로는 천연자원도 부족했다)에 빠져 있었지만 지금은 훨씬 부자로 성장했다. 그 와중에서 그들은 교육, 기술, 인프라를 향상시켰다.

이는 당연하다. 기술은 더 널리 이용할 수 있고 저렴하기 때문이다. 경제학자들은 발전하고 있는 나라에서 이를 충분히 예상할 수 있다. 수확체감의 세계에서는 가난한 나라들이 새로운 기술, 인프라, 교육으로부터 가장 많은 것을 얻게 된다. 예를 들어 한국은 외국 기업들의 투자를 촉진하거나 라이선스 사용료를 지불함으로써 기술을 습득했다. 공짜는 아니었다. 라이선스 사용료에 덧붙여 투자 기업들은 수익을 본국으로 가져갔다. 하지만 경제 성장을 통해 한국 노동자들과 투자자들에게 돌아간 이득은 사용료와 수익으로 한국에서 빠져나간 돈보다 50배는 더 많았다.

교육과 인프라에 대한 투자 이익은 매우 크기 때문에, 인프라 구축 프로젝트에 돈을 대거나 학생들 혹은 무상 교육을 제공하려는 정부에게 돈을 빌려주려는 투자자는 끊이지 않을 것이다. 학교를 짓고, 새로운 길을 내고, 발전소를 짓는 데 돈을 빌려주려고 국내외 은행들이 줄을 설 것이다. 한편 가난한 사람들이나 가난한 국가들은 그러한 돈을 빌려서 행복하고, 투자에 대한 이득이 아주 높기 때문에 돈을 갚는 데 어려움이 없을 것이라 자신한다. 2차 세계대전 이후에 설립된 세계은행은 개발도상국들의 재건과 개발을 위해 수십억 달러를 대출해주고 있다. 투자는 확실히 문제가 아니다. 전통적인 모델은 투자가 이루어지지 않거나 투자에 대한 이익이 돌아가지 않는 경우는 예상하지 않는다.

'수확체증' 모델은 가난한 나라가 상품을 제조해서 수출할 수 있는 공장, 도로, 전기, 항만 등에 많은 보완적 투자를 하게 될 경우 부자로 성장할 수 있다고 주장한다. 이러한 '빅 푸시 big push' 투자 이론은 세계은행에서 근무했던 경제학자 폴 로젠스타인 로댄Paul Rosenstein-Rodan이 발전시켰다. 빅 푸시를 이용하든 다른 방법을 이용하든, 가난했던 몇몇 국가들이 지난 몇십 년 동안 빠르게 성장한 것은 사실이다. 그렇다면 왜 다른 많은 나라들은 여전히 뒤떨어져 있는 것일까?

정부 도적행위 이론

우리 차가 인파 속을 요리조리 헤치고 나갈 때 나는 카메룬을 좀 더 알기 위해 운전사 샘에게 몇 가지 질문을 했다.

"샘, 이 길은 마지막으로 수리된 지 얼마나 됐어요?"

"이 길은 19년간 한 번도 보수가 되지 않았어요." (폴 비야Paul Biya 대통령은 1982년 11월부터 2022년 현재까지 여전히 집권하고 있다. 그는 자신의 반대자들을 '정치적 아마추어'라고 불렀다. 물론 이는 당연한 말이다. 그들은 실제 정치에서 늘 배제되어왔기 때문이다.)

"사람들이 도로에 대해 불평하지 않나요?"

"불평하죠. 하지만 달라지는 건 없어요. 정부는 우리에게 돈이 없다고 합니다. 하지만 세계은행, 프랑스, 영국, 미국 등지에서 돈은 충분히 들어오고 있어요. 정부는 그 돈을 길에 쓰지 않을 뿐이지요."

"선거가 있잖아요?"

"그럼요! 선거가 있죠. 비야 대통령은 언제나 90퍼센트의 지지로 다시 당선하지요."

"90퍼센트의 사람들이 비야 대통령을 지지하나요?"

"아뇨. 그렇지 않아요. 그는 아주 인기가 없어요. 하지만 그래도 90퍼센트의 표를 얻는답니다."

카메룬에서 그리 오래 머물지 않더라도 사람들이 얼마나 정부를 원망하고 있는지 쉽게 알 수 있다. 정부 활동의 상당 부분은 국민들에게서 돈을 훔치기 위한 목적처럼 보인다. 카메룬 정부의 부패에 관해서 많은 주의를 들은 바 있었던 나는 내가 가진 돈을 뜯어내려는 공항 관리들을 말라리아나 두알라 뒷골목 강도보다도 더욱 신경 쓰게 되었다.

많은 사람들은 정치인과 공무원에 대해서 긍정적인 시각을 가지고 있다. 그들은 국민들을 위해 일하고 있으며 국익을 위해 최선을 다하는 사람들이라고 생각한다. 한편 어떤 사람들은 많은 정치인들이 무능할 뿐 아니라 흔히 공익을 자신의 재선을 위해 거래하고 있다고 생각한다.

경제학자 맨커 올슨Mancur Olson은 정부의 동기부여가 여전히 어둡다는 잠정적인 가정을 하면서, 안정적인 독재가 경제 성장에 있어서 민주주의보다 나쁘지만 왜 무정부보다 나은지를 설명하는 비범하면서도 간단한 이론을 만들었다. 올슨은 정부를 커다란 총을 가지고 나타나 모든 것을 빼앗아가는 도적에 비유했다. 이것이 그의 분석의 시작이다. 만약 당신이 카메룬에서 5분 이상 주변을 둘러본다면 그러한 주장을 받아들이지 않을 수 없을 것이다. 샘이 말했듯이, "돈은 충분히 있지만 그들은 자신의 주머니를 채우고 있다."

일주일간 군림하는 독재자가 있다고 상상해보자. 그 도적은 무리를 끌고 와서는 원하는 대로 빼앗고 다시 떠난다. 그가 사악한지 인정 많은지는 생각하지 말고 순전히 자기 이익만 챙기는 사람이라고 가정하자. 그렇다면 그가 약탈하지 않고 뭔가를 남기고자 할 동기는 없을까? 아마도 없을 것이다. 적어도 그가 내년에 다시 온다는 계획이 없는 한 말이다.

하지만 떠돌이 도적이 어떤 지역의 기후가 좋아서 정착을 한다고 하자. 그는 정착지를 건설하고 그 지역을 다스릴 군대를 보유한다. 아주 불공정하기는 하지만 지역 주민들에게는 독재자가 정착하는 것이 나을 것이다. 순전히 자기 이익만 생각하는 독재자는 어느 지역에 머물기로 한 이상 그 지역 경제를 완전히 파괴하고 주민들을 굶어 죽게 할 수는 없을 것이다. 그가 모든 자원을 소진하면 다음 해에는 훔칠 것이 없기 때문이다. 그리고 새로운 약탈 대상자를 찾아서 끊임없이 옮겨다니는 도적보다는 어느 한곳에서 땅의 소유권을 주장하는 지배자가 더 바람직하다.

비야 대통령이 카메룬 사람들에게서 너무 많은 것을 빼앗는다면 그것은 자신의 이익에도 좋지 않을 것이다. 다음 해에는 더 이상 뺏을 것이 없기 때문이다. 그가 자신의 임기를 확실히 보장받는다고 느끼는 한 황금 거위의 배를 가르는 일은 없을 것이다.

비야는 자신이 계속 훔칠 수 있도록 카메룬 경제가 돌아가게 해야 한다. 때문에 40년간 집권하려는 지도자는 40주 후에 다른 나라로 떠날 생각인 지도자보다 경제를 더욱 개발하고자 할 것이다. 40년간 '선출된 독재자'에 의해 통치되는 나라가 40년간 연달아 쿠데타가 터지는 나라보다는 나을 것이

다. 그렇다면 비야 대통령의 만수무강을 기원해야 할까?

그렇다고 올슨의 이론이 안정된 독재가 이롭다고 말하는 것은 아니다. 단지 불안정한 것보다는 경제에 덜 손해를 입힌다는 의미일 뿐이다. 그러나 비야처럼 매번 선거에서의 승리를 자신하는 지도자는 국민과 경제에 아주 해롭다. 비야가 카메룬의 소득 분배에 절대적인 권한을 가지고 있다고 단순히 가정할 때 그는 매년 세금이란 이름으로 그 절반을 훔쳐서 자신의 개인 계좌에 쌓아둔다. 물론 이는 그의 희생자들에게 나쁜 소식일 뿐 아니라 카메룬의 장기적 성장에도 나쁜 소식이다.

어떤 소기업 사장이 1천 달러를 투자해 새로운 발전기를 장만하려 한다고 생각해보자. 이 투자는 1년에 100달러의 수입을 가져다준다. 이것은 투자금의 10퍼센트에 해당하는 꽤 좋은 수입이다. 하지만 비야가 그 절반을 가져가기 때문에 수입은 훨씬 덜 매력적인 5퍼센트로 떨어진다. 이 사장은 결국 투자를 하지 않기로 결정했다. 그리하여 그는 수입을 잃었고 비야도 마찬가지다. 이것은 우리가 3장에서 발견했던 현상의 극단적인 예다. 세금은 비효율을 발생시킨다. 비야의 세금은 훨씬 독단적이고 규모도 크지만 경제에 미치는 기본적인 효과는 같다.

물론 비야가 스스로 투자를 할 수도 있다. 도로를 놓거나 다리를 건설해 상업을 촉진할 수도 있다. 단기적으로는 돈이 많이 들겠지만, 경제를 부흥시켜 나중에 더 많이 훔칠 수 있는 기회를 제공한다. 그러나 문제를 거꾸로 뒤집어 생각해볼 수도 있다. 비야는 자신이 훔치고 있는 수익의 절반이 카메룬에 필요한 인프라를 제공하는 데 충분하지 않다고 생각한다. 그는 1982년 권좌에 오를 때, 아직 완전히 낡지 않은 식민지 시대의 도로를 물려받았다. 만약 그가 아무런 인프라가 없는 나라를 물려받았다면 어느 정도 인프라를 건설하는 데 관심이 있었을 것이다. 하지만 인프라가 이미 있었기 때문에 비야는 이것을 유지보수할 가치가 있는지 혹은 그저 과거의 유산을 뜯어먹고 살 수 있는지 계산할 필요가 있었다. 1982년에 그는 아마도 자신이 충분히 권좌에 있을 것으로 예상되는 1990년대까지는 도로들이 쓸 만하리라 생각했을 것이다. 따라서 그는 구태여 자기 국민들을 위해 어떤 형태의 인프라에 투자하는 수고를 하지 않고 과거의 자본을 뜯어먹고 살기로 결정했다. 그가 자신의 법을 충분히 지켜나갈 수 있는 한 개인적인 퇴직 자금으로 쓸 수 있는 돈을 뭣 하러 수고스럽게 사용하겠는가?

내가 비야 대통령에 대해 너무 불공정하게 말하고 있다고 생각하는가? 어쩌면 조금은 그럴지도 모르겠다. 내가 카메룬을 방문한 뒤에 치러진 2004년 선거에서 비야는 약 75퍼센트의 표를 얻었는데, 이를 지켜본 사람들은 그래도 과거에 비하면 공정한 편이었다고 말한다. 올슨의 이론에 따르면, 자신의 정책에 대해 폭넓은 지지를 필요로 하는 지도자는 자신과 자기 무리에게 돈을 덜 쓰고, 도로와 항만처럼 부를 창출할 수 있는 제품과 서비스에 정부 수입을 더 많이 지출해야 한다.

하지만 비야는 이러한 일에 실패했는데도 여전히 권좌에 있다는 사실은 두 가지 의문을 낳는다. 첫째, 일부 관찰자들이 결론 내린 것처럼 선거가 민주적으로 치러지지 못했던 것은 아닐까? 둘째, 비야는 스스로 원했다면 부를 창출하는 제품과 서비스를 제공할 수 있었을까?

독재를 반기는 사람들

어쩌면 비야는 지금, 처음 등장했던 때만큼 통제를 하지 못할지도 모른다. 만약 당신이 부에아에서 가장 북쪽에 있는 바멘다까지 여행하고자 한다면, 가장 인기 있는 방법은 버스를 이용하는 것이다. 미니버스들이 정기적으로 이 카메룬의 장기 노선에 운행되고 있다. 10명의 승객이 편안하게 앉을 수 있도록 설계된 이 버스는 13명의 유료 승객을 채우고 나서야 출발한다. 운전석 옆의 비교적 넓은 자리를 두고 치열한 경쟁이 벌어진다. 버스는 낡은 고물차이지만, 이 시스템은 꽤 잘 작동하고 있다.

만약 정부의 유해한 영향이 없다면 이 시스템은 훨씬 더 나을 것이다. 때로 그런 문제는 그저 무시된다. 예를 들어 부에아에서 바멘다까지 가장 빠른 길은 최단 직선 도로가 아니라, 도로가 좋은 프랑스어 사용 지역으로 돌아가는 길이다. 동쪽으로 두 시간, 북쪽으로 두 시간 그리고 다시 서쪽으로 두 시간을 달리는 길이다. 이것이 영어 사용 지역을 통과하여 직선으로 북쪽으로 달리는 것보다 빠르다. 비야 정부는 정치적으로 중요하지 않은 영어 사용 지역의 이익을 무시하는 경향을 보여왔다. 영어를 사용하는 소수인들은 기부자들이 내는 돈을 카메룬 정부가 받아서 그저 영수증만 발행하고는 자신들의 지역에 쓰지 않는다고 불평한다.

그다음 장애물은 길거리에 널린 수많은 경찰들이다. 경찰들은 술에 취한 채 툭 하면 미니버스를 세워 승객들에게서 뇌물을 뜯어내느라 혈안이 되어 있다. 대부분은 실패하지만 때로는 작심을 하고 돈을 갈취하기도 한다. 내 친구 앤드류는 언젠가 버스에서 강제로 내려져서 몇 시간 동안 붙잡혀 있었다고 한다. 결국 뇌물을 뜯어내기 위해 경찰이 내세운 핑계는 황열병 증명서가 없다는 것이었다. 그것은 입국할 때 필요한 증명서이지 버스를 타는 데 필요한 증명서는 아니었다. 친절하게도 그 경찰은 카메룬이 질병으로부터 보호받아야 한다는 점을 끈질기게 설명해주었다. 결국 맥주 두 잔 값으로 그 질병이 예방되었음을 그들에게 알려줄 수 있었다. 앤드류는 다음 버스에서도 또 경찰에 붙들려 세 시간을 허비했다.

이러한 모습은 올슨의 모델이 예상했던 것보다 더 비효율적이다. 올슨도 자신의 이론이 나쁜 정부가 자기 국민들을 괴롭히는 손해를 간과했음을 인정할 것이다. 비야 대통령은 수십만 명의 무장 경찰과 군대 장교들, 수많은 공무원과 기타 지지자 들을 행복하게 해줄 필요가 있다. '완벽한' 독재를 위해서 그는 돈이 얼마나 들든 세금으로 부과한 뒤 이를 자신의 지지자들에게 분배해야 한다. 하지만 이러한 방식은 많은 정보와 경제에 대한 통제를 필요로 하기 때문에 가난한 정부로서는 실행하기 쉬운 일이 아니다. 그리하여 대안은 정부가 광범위하게 부정부패를 허용하는 것이다.

부패는 불공정한 것일 뿐 아니라 매우 낭비적인 것이기도 하다. 경찰들은 푼돈을 뜯어내기 위해서 여행자들을 괴롭히는 데 시간을 허비한다. 그 비용은 막대하다. 전체 경찰력이 범죄자를 잡기 위해 쓰이기보다는 뇌물을 뜯어내느라 바쁘다. 여행자들로서는 네 시간 걸리는 여행이 다섯 시간 걸린다. 여행자들은 자신을 방어하기 위해 값비싼 조치들을 취해야 한다.

돈을 적게 소지하고, 여행을 덜하거나, 하루 중 바쁜 시간을 이용한다. 그리고 뇌물을 뜯기지 않기 위해서 추가 서류를 준비해야 한다. 악덕 경찰 공무원들은 확연히 눈에 띄는 부정부패지만, 카메룬 경제 곳곳에는 이보다 덜 눈에 띄는 장애물이 얼마든지 널려 있다. 최근에 세계은행은 간단한 비즈니스 규제에 대한 정보를 수집하기 시작했는데, 카메룬에서 기업가가 조그만 비즈니스를 시작하기 위해서는 평균 카메룬인들의 거의 2년치 소득에 해당하는 돈을 관리들에게 바쳐야 한다는 사실을 발견했다(이와 비교하면 내가 여행 비자를 받기 위해 쓴 돈은 새 발의 피다). 부동산을 팔거나 사기 위한 비용은 부동산 가격의 거의 5분의 1에 달한다. 법원을 통해 미수금을 받는 데 거의 2년이 걸리고 받을 돈의 약 3분의 1에 해당하는 비용이 들며 58개의 절차를 거쳐야 한다. 이러한 우스꽝스러운 규제들은 이를 집행하는 관료들에게는 반가운 뉴스다. 모든 절차가 뇌물을 뜯어낼 기회가 되기 때문이다. 표준 프로세스를 따르는 데 오랜 시간이 걸릴수록 '급행료'에 대한 유혹은 커지게 마련이다. 그 결과 비야 대통령은 수많은 공무원들의 지지를 받으며 권좌를 확고히 지키고 있다.

결과는 여기에서 그치지 않는다. 경직된 노동 규제는 오로지 숙달된 남성들만 정식 근로계약을 맺을 수 있게 한다. 여성과 어린 사람들은 암시장에서 먹고살 길을 찾아야 한다. 관료주의는 새로운 기업들의 의욕을 꺾는다. 법원의 느린 절차는 기업가들이 매력적인 비즈니스 기회를 발견하더라도 이를 살리지 못하게 만든다. 사기를 당하더라도 보호받을 수 없다고 생각하기 때문이다. 빈곤에 허덕이는 나라들은 그렇게 최악의 규제를 하고 있으며, 이는 그들이 가난할 수밖에 없는 가장 큰 이유다. 부유한 나라의 정부는 흔히 기본적인 행정 업무를 신속하고 값싸게 수행하는 반면 가난한 나라의 정부는 추가로 돈을 뜯어내기 위해서 업무 프로세스를 질질 끈다.

제도 개선의 한계

정부의 도적행위, 널리 퍼진 낭비, 가혹한 규제는 뇌물을 착취하기 쉽게 만들었다. 이 모든 요소들은 성장과 발전의 퍼즐에서 빠진 조각들이다. 과거 10여 년간, 개발 문제를 연구해온 경제학자들은 소위 '제도 문제'에 집중해왔다. 물론 여기서 말하는 '제도'가 정확히 무엇인지를 설명하기란 쉽지 않다. 그리고 나쁜 제도를 좋은 제도로 바꾸는 것은 더욱 어렵다.

하지만 진척은 이루어지고 있다. 올슨의 정부 도적행위 이론은 더 나은 대안을 풍부하게 제시하지는 못하지만, 여러 형태의 정부가 모든 국민들의 인센티브에 어떤 영향을 미치는지를 단순한 형태로 설명하여 우리의 이해를 돕는다.

세계은행이 실시한 관료주의 측정은 그러한 제도 문제의 하나를 잘 보여준다. 세계은행은 단순한 기업 규제에 관해 조사했다. 이 프로젝트는 단순히 조사 결과를 발표하기만 해도 그러한 제도를 개선시키는 데 도움이 된다는 사실을 입증했다. 예를 들어 에티오피아에서 기업가들이 합법적인 사업을 새로 시작하기 위해서는 에티오피아인 4년치 연봉에 해당하는 돈을 내고 정부 신문에 정식 공고를 내지 않으면 안 된다는 사실을 세계은행이 발표하자, 에티오피아 정부는 곧 그런 제도를 폐기했다. 그러자 곧바로 신규 기업 등록 건수가 50퍼센트 늘어났다.

하지만 불행히도 부패한 정부가 자신들의 방식을 순순히 바꾸게 하는 것은 쉬운 일이 아니다. 기능 장애에 빠진 제도가 개발도상국가의 빈곤을 초래하는 핵심 원인이라는 사실은 더욱 분명해지고 있지만, 대부분의 제도들이 올슨의 모델처럼 잘 설명되는 것은 아닐뿐더러 세계은행이 세심한 데이터 수집을 하기도 어렵다.

세계 최악의 도서관

이처럼 유례없는 부정부패 속에서 세계 최악의 도서관이 생겨났다. 카메룬에 도착한 지 며칠 뒤 나는 카메룬의 이튼스쿨이라고 할 수 있는 그 나라 최고 사립학교를 방문했다. 그 학교는 북서부주의 주도 바멘다에서 그리 멀지 않은 곳에 있었다. 학교의 모습은 친근하면서도 다른 한편으로는 기이했다. 운동장을 둘러싼 낮은 건물의 교실들은 내가 다니던 영국의 옛 학교를 연상시켰지만, 나무가 늘어선 포장도로변에 모든 교사들이 살고 있는 모습은 생소했다.

우리는 가난한 나라에 숙련된 기술자를 파견하는 영국의 자원봉사 조직 VSO 소속 도서관 사서의 안내로 학교를 둘러보았다. 이 학교는 두 개의 도서관 건물을 자랑하고 있었지만 도서관 사서는 불만이었다. 곧 그 이유를 알게 되었다.

처음 봤을 때 도서관은 매우 인상적이었다. 교장의 호화로운 사택을 제외하고는 학교에서 2층짜리 건물은 유일하게 도서관뿐이었다. 건물 디자인은 시드니의 오페라하우스가 초라해 보일 정도로 대담했다. 경사진 지붕은 중앙이 V자 모양으로 솟구쳐 있어 양쪽으로 펼쳐진 책을 연상시켰다.

창조적인 디자인에도 불구하고 새로운 도서관은 건물 외양보다는 그 내부에 대한 기억이 더 오래 남을 것이 확실했다.

카메룬의 건기에 작열하는 태양 아래 서 있는데도 펼쳐진 책 모양의 지붕은 한눈에도 문제가 있어 보였다. 도서관 설계자는 카메룬에 우기도 있다는 사실을 잊은 것 같았다. 우기에는 몇 달 동안 큰비가 쏟아져 개천이 범람하기 쉽다. 그럴 때 배수로가 별로 없는 도서관 건물 지붕은 많은 양의 빗물을 평평한 지붕 입구 홀로 쏟아내는데, 이는 책을 망가뜨린다.

이 학교 책들이 그런 재난을 피할 수 있었던 이유는 새 도서관 건물로 책을 옮기지 않았기 때문이다. 도서관 사서는 낡은 도서관에서 새 도서관으로 책을 옮기라는 교장의 거듭된 요청을 거절해왔다. 나는 황폐한 새 도서관의 내부를 둘러보고 나서야 그 이유를 알 수 있었다. 새 도서관은 허물어져가고 있었다. 바닥은 계속된 침수로 얼룩져 있었고, 공기 중에는 적도상에 위치한 현대적 건물이 아닌, 유럽의 동굴에서나 느낄 수 있는 습기 찬 곰팡이 냄새가 풍겨 나왔다. 벽에는 수천 년 된 비잔티움 프레스코화처럼 회반죽이 덕지덕지 칠해져 있었다. 하지만 그 도서관은 지은 지 4년밖에 안 된 건물이었다.

그야말로 충격적인 낭비였다. 학교는 도서관을 짓는 대신 4만 권의 좋은 책을 사들이거나, 인터넷을 연결한 컴퓨터를 사거나, 가난한 어린이들에게 장학금을 줄 수도 있었다. 이러한 대안들은 쓸모없는 도서관보다는 모두 훌륭한 대안이 될 수 있었다. 무엇보다도 이 학교에는 새로운 도서관이 필요하지 않았다. 기존의 도서관은 아주 잘 운영되고 있었고, 세 배나 더 많은 책을 소장할 수 있을 뿐 아니라, 무엇보다 비에 젖을 염려가 없었다.

도서관이 불필요하다는 사실은 형편없는 디자인이 생겨난 이유와도 일맥상통했다. 결국 누구도 새로운 도서관의 기능성에는 주의를 기울이지 않았던 것이다. 그렇다면 도대체 왜 이 애물단지 같은 도서관을 지은 것일까?

나폴레옹은 "무능력으로 설명할 수 있는 것을 음모로 생각하지 마라"라는 말을 신뢰했다. 이것은 자연스러운 반응이다. 무능함은 손쉬운 희생양이다. 따라서 카메룬을 방문한 사람들은 어깨를 들썩이며 그들이 가난한 이유를 멍청하기 때문이라고 쉽게 단정할지도 모른다. 그리고 그런 도서관이야말로 훌륭한 증거라고 생각할 것이다. 하지만 카메룬 사람들은 우리보다 영리하지도, 멍청하지도 않다. 겉으로 볼 때 멍청한 실수들이 카메룬에는 너무도 많기 때문에 무능함은 충분한 설명이 되지 못한다. 여기에는 시스템의 결함이 존재한다. 그렇다면 다시 한번 의사결정자에 대한 인센티브를 생각해볼 필요가 있다.

첫째, 대부분의 고위 교육 공무원들은 카메룬 북서쪽에 있는 바푸트라는 작은 마을 출신이다. '바푸트 마피아'라고 알려진 이들 관리들은 교육 시스템을 위한 상당한 재원을 관리한다. 이들은 필요성보다는 개인적인 연줄에 따라 재원을 배분한다. 놀랄 것도 없이 이 고상한 사립학교의 교장은 바푸트 마피아의 고위 멤버다. 그는 학교를 대학으로 바꾸길 원했고, 그러려면 대학 수준의 규모를 갖춘 도서관 건물을 신축해야 했다. 지금의 도서관이 충분하다는 사실은 교장의 관심 밖이었다. 그리고 납세자들의 돈이 다른 방법으로 혹은 다른 학교에 사용되는 것이 더 낫다는 사실도 상관할 바가 아니었다.

둘째, 교장이나 교장의 지출을 감시할 사람이 없었다. 교육 시스템 내에 있는 관리들은 공적에 따라 돈을 지급받거나 승진하는 것이 아니라 교장의 결정에 좌우되었다. 이 학교는 교사 대우가 좋았기에 교사들은 자리를 지키기 위해 애썼고 교장에게 잘 보이려고 경쟁했다. 사실상 교장에게 도전할 수 있는 사람은 런던에 있는 VSO 본부의 지시에 따르는 도서관 사서뿐이었다. 그녀는 새 도서관이 건립되자 그쪽으로 옮겨갔지만 책들까지 옮기는 것은 거부했다. 교장은 누수가 책을 못 쓰게 만든다는 사실을 모를 정도로 멍청하거나 그럴 마음이 있었던 것은 아니다. 단지 도서관에 책이 있다는 사실이 중요했을 뿐이다.

교장은 누구의 반대도 없이 쓸모없는 두 번째 도서관을 지을 수 있었고 프로젝트를 전적으로 통제했다. 그리고 도서관 디자인을 위해 학교 졸업생을 선발하여 원치 않았던 나쁜 설계를 승인했다. 건축가가 얼마나 무능했는지는 모르겠지만, 최소한 도서관의 기능에 관심을 가진 사람이 있었다면 그 설계를 막을 수 있었을 것이다. 그러나 학교에는 어느 누구도 그런 문제에 관심을 두지 않았다. 권력 가까이 있는 사람은 단지 그 학교를 대학으로 전환할 수 있는 뭔가를 갖추는 데에만 관심이 있었다.

상황을 정리해보자. 필요보다는 사회적 인맥으로 돈이 제공되었다. 용도보다는 교장 개인의 명성을 높이기 위해 프로젝트가 설계되었다. 감시와 책임을 묻는 제도도 없었고 건축가는 건축의 품질에 관심이 없는 사람에 의해 선정되었다. 그 결과는 놀랄 것이 없다. 지어지지 말았어야 할 건축물이 지어졌고, 그것도 나쁘게 지어졌다.

이 이야기에서 알 수 있는 것은 개발도상국에서 권력자가 자기 이익에만 관심이 있고 개인적 야심에 차 있으면 낭비가 심해진다는 사실이다. 현실은 말보다 더 서글프다. 사욕에 사로잡힌 야심가들은 세계 도처에 있다. 하지만 다른 많은 곳에서는 법, 언론, 민주적 경쟁자에 의해 제재를 받는다.

개발의 기회는 존재할까?

개발 전문가들은 가난한 나라가 부유해지기 위한 방법으로 흔히 기초 교육과 도로 및 전화 같은 인프라 개선에 집중한다. 물론 이는 합리적인 생각이지만 불행히도 문제의 일부일 뿐이다. 통계자료에 연연하지 않는 경제학자들(혹은 카메룬에 사는 카메룬인들과 미국으로 이민 간 카메룬인의 수입 비교 등 흔치 않은 데이터를 연구하는 사람들)은 교육, 인프라, 공장 등이 부자 나라와 가난한 나라 사이의 격차를 설명하지 못한다는 사실을 발견했다. 카메룬은 교육 시스템이 열악하기 때문에 그렇지 않은 경우보다 아마 두 배는 더 못살 것이다. 또한 카메룬은 인프라가 열악해서 그렇지 않은 경우보다 두 배는 더 못살 것이다. 그러므로 카메룬은 미국보다 네 배는 더 못살 것이라 생각할 수 있다. 하지만 실제로는 50배 더 가난하다. 더욱 중요한 것은 왜 카메룬인들은 이에 대해 아무것도 못하는 것일까? 카메룬 사회는 왜 학교를 개선하지 못할까? 그로 인한 이득이 왜 비용을 쉽게 능가하지 못할까? 카메룬의 사업가들은 왜 공장을 세우고, 기술을 들여오고, 해외 파트너를 찾고…… 그리하여 돈을 벌지 못할까?

분명 현실은 그러하다. 올슨은 상층부의 도적정치가 가난한 나라의 성장을 가로막고 있음을 보여주었다. 도적이 대통령으로 있는 한 파멸을 피해갈 수 없다. 어쩌면 그런 대통령도 경제를 부흥시켜 더 큰 파이를 가져가려 할지 모른다. 하지만 일반적으로 독재자들은 자신의 임기가 불확실하기 때문에 약탈을 자행하고, 자신을 지지하는 사람들이 도둑질을 할 수 있게 해준다.

그리하여 부는 편중되고, 사회의 법과 규칙은 공익이 될 프로젝트나 기업의 성장을 저해하여 발전은 요원한 일이 된다. 뭘 하나 해보려 해도 너무나 힘든 나머지 기업가들은 공식적인 사업을 벌이지 않게 되고 그리하여 세금도 납부하지 않는다. 관리들은 자신의 명성과 개인적인 이익을 위해서 우스꽝스러운 프로젝트를 벌인다. 학생들은 쓸모없는 자격증을 얻으려 노력하지 않는다.

부정부패와 잘못된 인센티브가 문제라는 사실은 많은 사람들이 알고 있다. 하지만 잘못된 규칙과 제도의 문제는 카메룬과 부자 나라의 차이뿐만 아니라 사실상 모든 차이의 원인이라는 인식은 아직까지 부족한 실정이다. 카메룬과 같은 나라들은 열악한 인프라, 적은 투자, 낮은 교육 수준을 고려한다고 해도 그들의 잠재력보다 훨씬 뒤떨어져 있다. 게다가 부정부패는 인프라를 개선하고, 투자를 유치하고, 교육 수준을 향상하고자 하는 모든 노력을 좌절시킨다.

카메룬의 교육 시스템은 사람들이 좋은 교육에 인센티브

를 가지게 된다면 개선될 수 있다. 능력주의 사회가 된다면 개인적 연줄보다 실력과 기술을 가진 사람들이 직업을 구할 수 있게 될 것이다. 카메룬은 내외국인들이 투자할 수 있는 환경을 올바로 갖추고, 수익을 뇌물과 관료주의가 갉아먹지 않도록 하면 훨씬 나은 기술과 유용한 공장을 세울 수 있을 것이다. 우수하고 생산적인 아이디어에 보상을 하는 사회가 된다면, 카메룬의 낮은 교육, 기술, 인프라도 좋은 결과를 낼 것이다. 하지만 현실은 그렇지 못하다.

우리는 여전히 카메룬, 아니 전 세계 가난한 나라들의 발전을 가로막는 요인에 대해서 확실히 말하지 못한다. 하지만 이제 우리는 그 원인에 대해 이해하기 시작했다. 어떤 사람들은 이를 '사회자본' 혹은 '신뢰'라고 부르고, 또 어떤 사람들은 이를 '법의 지배' 혹은 '제도'라고 부른다. 하지만 이런 것들은 그저 형용어구일 뿐이다. 카메룬 같은 가난한 나라들의 문제는 사회 구성원들이 저마다 다른 사람들에게 직간접적으로 손해를 미치는 행동에 몰입되어 있는 가치 전도된 세상 속에 있다는 사실이다. 부를 창조하려는 노력에 대한 인센티브는 부실한 학교 도서관 지붕과 같은 곳에 머리를 쓰도록 만들었다.

부패는 정부에서 시작하여 사회 전체에 영향을 미친다. 정부가 도적으로부터 보호해주지 않기 때문에 사람들은 비즈니스에 투자하지 않는다(대신 스스로 도적이 된다). 전화 요금을 내지

않아도 법원에서 적절한 조치를 하지 않으므로 아무도 전화 요금을 내지 않는다(그러므로 전화 사업을 하려는 사람이 없다). 교육을 많이 받는다고 직업이 보장되는 것이 아니므로 교육을 받으려 하지 않는다(은행은 돌려받을 수 없기 때문에 학자금 대출을 기피하고, 정부는 좋은 학교를 세우지 않는다). 사업을 해도 세금 공무원들만 수지맞으므로 기업을 하려는 사람들이 없다(거래가 활발하지 않아 세금 공무원들의 수입도 낮으므로 더욱더 가혹하게 뇌물을 뜯으려 한다).

이제 우리는 중요한 것이 무엇인지 이해하기 시작했으므로 이를 바로잡는 노력을 할 수 있다. 하지만 대안에는 늘 저항이 따르게 마련이므로 이는 어렵고 시간이 걸린다. 흔히 민주주의는 강제할 수도 없을 뿐 아니라 그렇게 한다고 해도 오래 지속되기 어렵다. 개발원조가 관료주의에 낭비되기를 원치 않지만, 돈이 잘 쓰이도록 하는 일은 많은 시간을 필요로 한다.

이러한 문제는 하루아침에 고쳐지지 않는다. 하지만 조그마한 정치적 의지만 있으면 가능한 일부 간단한 개혁만으로도 카메룬처럼 가난한 나라들을 올바른 방향으로 이끌 수 있다. 간단한 개혁은 관료주의를 타파하는 것이다. 작은 기업들이 합법적으로 설립되게 하고 기업가들이 돈을 빌려 사업을 확장하기 쉽게 해준다. 이에 필요한 법률 개혁은 그다지 거창한 것도 아니다. 그리고 이는 대대적으로 공직 사회를 개혁하지 않더라도 합리적인 머리와 가슴을 지닌 장관 한 사람만 있어도 가능한 일이다.

또 하나 중요한 대안은 세계 경제가 이를 돕도록 하는 것이다. 대부분의 가난한 국가들은 경제 규모가 아주 작다. 사하라 남부 아프리카 국가들의 전체 경제 규모는 벨기에 경제만 하다. 차드와 같은 작은 아프리카 국가의 경제는 베데스다 같은 워싱턴 교외 지역의 경제 규모와 비슷하다. 차드나 카메룬 같은 작은 나라들은 자급자족하기 어렵다. 이들 나라에는 값싼 연료와 원자재, 해외 은행 대출, 생산 설비가 필요하다. 하지만 카메룬인들은 60퍼센트가 넘는, 세계에서 가장 높은 관세 장벽 속에 고립되어 있다. 그러한 장벽은 유용한 기술 수입을 방해한다. 작은 나라는 세계 경제 없이는 생존해나갈 수 없다. 반면 세계 경제와 연결된 작은 나라는 번성할 수 있다. 다음 장에서 우리는 그런 나라를 찾아갈 것이다.

합리적 무시

최소 비용으로 최대의 경제적 이익을 얻고자 하는 개인의 합리적 경제 행위가 전체에 불이익을 주고 경제 전반에 부정적인 영향을 주는 경우를 말한다. 이러한 경우는 각종 협회·조합·단체 등과 같이 구성원 공동의 이익을 추구하는 특수 이익집단들에 의해 발생한다. 이익집단들이 생산판매 등 일반적인 이익 외에 홍보나 로비를 통해 독점권을 획득, 가격 인상 또는 보조금 수혜 등 각종 특혜를 받는 경우에 개인은 경제적 판단에 따라 타인의 손해를 합리적으로 무시하게 된다.

사회의 공적 기금을 몇몇 악당들이 아무런 제재도 받지 않고 눈먼 돈 취급을 할 수 있느냐는 의문에 대해서도 이 '합리적 무시' 이론이 쉽게 설명해준다. 가령 어떤 정책이 자신들에게 10억 원의 이익을 가져다준다면 그로 인해 1천만 명의 전 국민이 입는 피해가 100억에 이른다 해도 서슴지 않고 정치인이나 관료 들에게 로비를 한다는 것이다. 하지만 국민 개개인은 자신에게 돌아올 피해가 워낙 작으므로 특수 이익집단의 사람들이 부당하게 누릴 혜택을 개의치 않는다.

맨커 올슨은 민주화된 사회만이 신뢰받을 수 있는 법의 제정과 집행, 재산권을 보장하는 독립된 사법 및 법률제도를 가질 수 있다고 주장한다. 민주주의를 적절하게 활용한다면 보다 큰 번영을 가져오게 된다는 것이다.

CHAPTER 9

하나로 통합된
세계 속에서
살아남는 법

비교우위

세계화에 대한 논란이 뜨겁다. 외국의 낮은 임금을 기반으로 생산한 값싼 물건들이 밀려들어 오면 자국 산업이 무너진다는 위기의식 때문이다. 하지만 무역장벽은 상대국은 물론 무역장벽을 세운 나라에도 손실을 가져다줄 뿐이다. 그렇다면? 가장 잘할 수 있는 일을 해라. 그리고 '교환의 마법'을 이용하라.

옛날 지금의 벨기에 자리에는 브뤼헤라는 번성한 상업도시가 있었다. 플랑드르 공국의 설립자가 9세기 말에 축조한 성곽 주변에 형성된 도시 브뤼헤는 1세기 후 플랑드르의 수도가 되었고, 북유럽 전역으로 무역을 확장하면서 부유해졌다. 브뤼헤는 직조 산업의 중심지가 되었고, 섬유를 사기 위해 즈웨인 강 어귀로 몰려든 배들은 각기 영국 치즈, 울, 광석, 에스파냐 와인, 러시아 모피, 덴마크 돼지고기, 이탈리아의 강대한 도시 베네치아와 제노바에서 거래된 동양의 비단과 향신료 등을 싣고 왔다. 프랑스의 여왕도 1301년에 몸소 브뤼헤를 방문하여 이렇게 말했다고 전해진다. "나는 지금껏 여왕은 나 혼자뿐이라고 생각해왔는데, 이곳에서 600여 명의 라이벌들을 보았다."

프랑스와 부르고뉴 군주들의 점령하에서도 브뤼헤의 넘쳐

나는 부는 250년간 계속되었다. 무역 도시들끼리 맺은 한자동맹의 중심지가 되었고, 예술이 번창했고, 인도에서 들어온 다이아몬드를 세공하는 신규 산업이 발달했다. 브뤼헤의 인구는 런던의 두 배가 되었다. 세계 각지의 좋은 상품들이 뵈르스Van der Beurs 가족이 운영하는 선술집에서 거래되었다. 오늘날 증권거래소를 '뵈르스'라고도 하는 이유가 여기에 있다. 높다란 돛대와 넓은 돛이 즈웨인 강 어귀에서 장대한 풍경을 연출했다.

하지만 15세기 들어 뭔가 이상한 일이 벌어졌다. 즈웨인 강 어귀가 막히기 시작한 것이다. 커다란 배는 더 이상 브뤼헤 부두에 다다를 수 없었다. 한자동맹은 안트베르펜 해안으로 옮겨갔다. 물길이 막혀버린 브뤼헤는 빠르게 침체되어갔다. 그리하여 생명력을 잃은 브뤼헤는 '죽음의 브뤼헤'로 불렸다. 강이 마르면서 15세기에 아름답고 번창했던 무역 도시의 부도 말라버리고 말았다.

한편 서유럽 경제의 강자 자리를 새롭게 넘겨받은 곳은 스헬더강을 통해 세계와 연결되어 있었던 안트베르펜이었다. 당시의 부유함은 오늘날에도 확연히 남아 있다. 안트베르펜의 대성당이 스카이라인을 아름답게 장식하고 있으며, 조약돌 도로 위에 5, 6, 7층으로 지어진 마르크트 광장의 길드 하우스는 뾰족한 지붕과 좁은 창문의 독특한 건축양식으로 관광객들의 감탄을 자아내고 있다. 항공, 철도, 자동차 도로 수송의 출현으로 지리적 이점이 줄어들기는 했지만, 안트베르펜은 여전히 건재하다. 오늘날에도 그곳은 다이아몬드의 도시이며 스헬더 강의 거대한 항구는 24시간 쉼 없이 운영되고 있다. 브뤼헤와 안트베르펜의 대조적인 이야기는 '부자가 되고 싶거든 세계와 밀접하게 연결되는 것이 좋다'는 메시지를 전해준다. 물론 아무런 변화도 원하지 않는다면 막혀버린 강가에 있는 것이 좋다. 하지만 부유해지고 싶으면서 변화를 피해갈 길은 없다. 나는 안트베르펜에 앉아서 뜨거운 감자튀김을 마요네즈에 찍어 먹으며 거품 있는 찬 맥주로 입을 즐겁게 하는 것을 아주 좋아한다. 물론 그러면서 경제학자로서 세계 무역 시스템을 곰곰이 생각해본다. 프리튜르 No. 1에서 나온 감자튀김은 세계 어떤 것과도 비교할 수 없을 만큼 훌륭하다. 하지만 이를 넘기는 듀벨 맥주는 워싱턴 D.C.에서도 어렵지 않게 살 수 있다. 듀벨 맥주는 가격이 보통 맥주에 비해 두 배나 비싸지만 그 맛은 비싼 돈을 지불할 만큼 가치가 있다. 그러므로 안트베르펜의 마르크트 광장에 앉아 듀벨 맥주를 즐기면서 약간 아쉬운 점은 내가 사는 도시에서도 이를 쉽게 구할 수 있기 때문에 그 감동이 퇴색하는 것이다. 물론 나는 워싱턴 D.C.에 있을 때에는 듀벨, 시메이, 마레드소스 10과 같은 이국의 맥주를 우리 집 문 앞까지 가져다주는 고귀하고 진취적인 상인들을 칭찬해 마지않으며, 웨스트몰 트리플 역시 수입해 가져다주길 고대한다.

날로 증가하는 세계 경제 상호 의존의 가장 뚜렷한 징후는 외국 제품들을 손쉽게 구할 수 있다는 것이다. 이것은 축복이자 저주다. 축복인 이유는 당신이 태어난 곳에서 이곳저곳 돌아다니지 않고도 다양하게 기호를 만족할 수 있기 때문이다. 한편 저주인 이유는 당신이 외국을 여행하면서도 외국의 풍물이 이국적인 감흥을 일으키기보다는 너무 익숙하게 느껴진다는 것이다. 모스크바에 있는 맥도날드에서 상하이에 있는 스타벅스에 이르기까지 우리는 너무 닮은꼴로 변해가고 있는 것은 아닐까? 마치 전 세계가 국제화라는 하나의 그물에 걸려 있는 듯이 보인다. 과거 피렌체, 베네치아, 브뤼헤에서 이루어지던 외국과의 교역은 이제 어느 곳에서나 찾아볼 수 있는 흔한 광경이 되었다.

만약 당신이 공항, 호텔 체인, 각국 수도에서 지내는 시간이 많다면 흔히 느끼는 사실이겠지만 우리는 거대하고 다양한 세계에 살고 있다. 당신은 상하이에 있는 스타벅스를 방문할 수 있지만 스타벅스가 상하이의 전부는 아니며 상하이는 중국의 전부가 아니다. '세계화'란 기이한 단어가 '모든 것이 동일하다'는 의미라면, 진정한 '세계화'가 이루어지기까지는 아직도 먼 길이 남아 있다. 우리가 세계화의 길을 걷고 있다는 사실만큼은 의심의 여지가 없다.

생물학자 에드워드 윌슨Edward O. Wilson의 책에 따르면 앞으로 10여 세대가 지나면 모든 인류가 '동일'해진다고 한다. 이는 우리가 런던에 살든, 상하이에 살든, 모스크바에 살든, 라오스에 살든 같은 인종으로 혼합될 것이라는 말이다. 그는 이러한 인종적 혼합 과정이 진행되면서 "피부색, 얼굴 생김새, 재능, 기타 유전자에 의해 영향을 받는 특징들이 전례 없이 영향을 받게 될 것이다"라고 말했다. 어떤 사람들은 이를 우려할지도 모르지만 나는 이 예측을 고무적으로 생각한다.

문화, 기술, 경제 시스템 그리고 사용 가능한 제품들의 범위에 관해서도 마찬가지다. 한편으로 이들은 전 세계에 걸쳐 서로를 점점 더 닮아갈 것이며, 다른 한편으로는 워싱턴 D.C.에서 에티오피아 볶음 요리 팁스를 즐기고, 안트베르펜에서 일본 생선 초밥을 즐기며, 런던에서 방글라데시 카레를 즐기는 등 한 장소에서 갖가지 다양성과 흥미로운 혼합을 경험할 것이다. 인종의 혼합과도 같이 경제적, 문화적 통합은 장기간에

걸쳐 일어날 것이다. 이에 덧붙여 새로운 아이디어와 새로운 기술들도 상시 유입될 것이다. 세계화는 우리가 가진 것을 동질화하지 않을 것이며, 경제적 통합이 천천히 이루어지는 가운데 새로운 아이디어가 생겨나고 색다른 요소들이 가미될 것이다. 세계가 끔찍하게 동질화될 것을 우려하는 사람들은 한데 섞이는 것에 앞서서 언제나 새로운 아이디어(환영받든 환영받지 못하든)를 먼저 만들어야 한다는 사실을 기억해야 할 것이다.

그런데 내가 방금 발을 들여놓은 문화적, 인종적 문제는 내 전공 밖의 이야기이므로 나에게 '경쟁우위'가 있는 경제학 문제로 다시 돌아가고자 한다.

가장 잘할 수 있는 일을 하는 것

경쟁우위는 무역에 관한 경제학자들의 기본적인 사고방식이다. 이런 생각을 해보자. 나와 방금 언급한 에드워드 윌슨 중에서 누가 경제학 저자로서 더 나을까? 그의 책 『통섭』을 읽다 보면 윌슨 교수는 '20세기의 가장 위대한 사상가 중 한 명'이자 '세계에서 가장 훌륭한 생물학자 중 한 명'으로 여겨진다. 사회과학 분야에 대한 그의 저술은 세계에서 가장 훌륭한 경제학자들을 인터뷰한 뒤 쓰여졌다. 그 결과 내가 경제학에 관해 미처 알지 못했던 많은 문제들까지 통찰력 있게 설명하고 있다. 아마도 윌슨은 나보다 나은 경제학자임에 틀림없다.

자, 이제 그가 나보다 경제학에서 낫다는 사실을 알았다. 그럼 윌슨 교수가 경제학에 뛰어나다면 경제학에 관한 책을 써야 할까? 비교우위적인 관점에서는 이렇게 대답할 수 있다. 윌슨 교수는 경제학에 관한 책을 쓰지 않았으며, 나는 그가 앞으로도 그러하리라 생각한다. 비교우위의 개념은 1장에서 이야기한 바 있는 데이비드 리카도에 빚을 지고 있다. 만약 리카도가 윌슨과 나의 에이전트로 일하고 있다면, 그는 나에게 이렇게 말할 것이다. "팀, 당신이 생물학 책을 쓴다면 1년에 한 권밖에 팔기 어려울 것 같소. 그 한 권은 당신 부인이 사줄 테니까요. 하지만 당신의 경제학이 그런대로 도움이 된다면, 1년에 2만 5천 권 정도는 팔릴 것 같소." 그리고 윌슨에게는 이렇게 말할 것이다. "윌슨 교수, 당신은 만약 경제학 책을 쓴다면 매년 50만 권은 팔릴 것 같아요. 하지만 그냥 생물학 책을 계속 쓴다면 1천만 권은 팔릴 테니 생물학에 전념하는 것이 어떻겠소?"

윌슨은 경제학 저자로 나보다 20배는 더 낮지만, 리카도는 그에게 나보다 1천만 배 더 나은 주제인 생물학에 관한 책에 전념하는 것이 좋겠다는 조언을 했다. 개인적인 차원에서 리카도의 조언은 상식적으로 간단히 이해할 수 있다. 윌슨은 나와 비교해서 더 나은 일을 선택하기보다는 자신이 할 수 있는 일 중에서 가장 나은 것을 선택해야 한다. 한편 나는 경제학 저자로 남는 것이 좋다는 조언을 받았는데 이는 내가 세상에서 최고의 경제학 저자라서가 아니라 내가 가장 잘할 수 있는 것이 경제학 저술이기 때문이다. 리카도의 조언은 중국과의 무역에 관해서는 더욱 논란거리가 된다. "중국의 임금은 우리 임금보다 너무나 낮다"라고 보호주의자들은 외친다. "그들은 텔레비전, 장난감, 옷 등 모든 물건을 우리보다 훨씬 싸게 만들 수 있다. 우리는 중국 제품에 세금을 부과하거나 아예 수입 금지해서 국내 생산자들을 보호해야 한다." 그리고 우리는 그렇게 한다. 미국은 '반덤핑'법을 통해서 중국산 제품의 수입을 막음으로써 미국 기업들(미국 국민들이 아닌)의 이익을 방어한다. 이러한 법률에 따르면 덤핑이란 물건을 싸게 파는 것이다. 하지만 진실은 그게 아니라 경쟁이다. 예를 들어 '불공정하게' 싸다는 이유로 중국 가구의 수입을 막음으로써 누가 이익을 보는가? 미국 가구 제조업자이다. 가구를 사고자 하는 일반 미국 소비자들은 아니다. 많은 유럽인들은 대형 고화질 TV 스크린을 살 수 없다. 유럽연합이 중국으로부터의 수입을 필사적으로 막으려 하기 때문이다. 미국과 일본의 생산량을 합친 것보다도 생산량이 많은 중국의 철강은 미국에 의해 불법적인 관세 부과 대상이 되었다. 농업은 이보다 훨씬 과보호 대상이다.

과연 국내 산업이 죽지 않도록 값싼 외국 제품들이 밀려오는 것을 막아야 할까? 그렇지 않다. 미국은 중국보다 값싼 제품과 서비스를 생산하려는 대신 미국이 가장 잘할 수 있는 것에 집중해야 한다.

리카도의 견해는 무역장벽(농부들에게 주는 보조금이든, 섬유 수입량 규제든, 텔레비전에 부과하는 관세든)은 미국과 중국 모두에게 해롭다는 것이다. 중국이 정말 모든 걸 만드는 데 미국보다 나은지 여부는 문제가 아니다. 미국이나 중국은 자국 경제가 가장 효율적으로 생산하는 것에 집중해야 한다. 한편 (겉으로 볼 때) 모든 것을 만드는 데 더 불리한 것으로 보이는 미국은 가장 덜 불리한 것을 생산하는 데 매달려야 한다. 이러한 주장은 리카도가 나와 윌슨에게 했던 주장과 같은 것이다. 나는 모든 것이 다 뒤떨어지지만, 경제학 책의 저술에 집중하고 윌슨은 생물학에 집중하는 것이 좋다. 하지만 무역 장애물은 이러한 상식적인 해결을 방해한다.

교환의 마법

아직 확신하지 못하는 사람들을 위해 도움이 될 만한 사례를 들어보기로 하자. 미국인 노동자가 기계 드릴 하나를 만드는 데 30분이 걸리고, 평면 TV 한 대를 생산하는 데 한 시간이 걸린다고 하자. 한편 중국인 노동자들은 기계 드릴 하나를 만드는 데 20분이 걸리고, 평면 TV를 생산하는 데 10분이 걸린다고 하자. 중국 근로자는 제조 부문의 에드워드 윌슨이라 할 수 있다(그런데 여기서 든 생산성 지수는 허구일 뿐 아니라, 현실과 동떨어진 것이기도 하다. 중국인에게는 안된 이야기지만, 개발도상국가의 노동자들은 선진국 노동자들에 비해 생산성이 떨어진다. 이들은 오로지 임금이 낮기 때문에 경쟁력을 가진다. 저임금과 낮은 생산성은 밀접한 관계를 갖고 있다).

만약 중국과 미국이 무역을 하지 않는다면 미국은 TV를 벽에 걸기 위해 평면 TV와 기계 드릴을 만드는 데 90분이 소요된다. 중국에서는 TV와 드릴을 만드는 데 30분이 걸린다. 만약 보호무역주의자들이 힘을 얻는다면 이러한 사정은 계속될 것이다.

만약 무역장벽이 없어서 거래를 할 수 있다면 양쪽 모두 이득이 된다. 중국 노동자는 20분 동안 두 대의 텔레비전을 만들고 미국 노동자는 한 시간 동안 두 개의 드릴을 만든다. 그러고는 드릴 한 개와 텔레비전 한 개를 맞바꾸면 이들은 각각 3분의 1의 시간을 절약할 수 있다. 물론 중국인 노동자들은 일을 더 빨리 끝마치거나 더 많이 벌 수 있어서 효과적이겠지만 그렇다고 미국 노동자들이 무역 때문에 직업을 잃는다는 뜻은 아니다. 반대의 경우에도 마찬가지다.

만약 중국인 노동자가 약간의 추가 노동을 한다면 그는 자신의 일에 덧붙여 미국인이 일주일간 해야 하는 일조차 이루어놓을 것이다. 하지만 그들이 관대해서 그렇게 할까? 중국인이 마음씨가 좋아서 미국에 텔레비전을 수출하는 것은 아니다. 미국이 뭔가를 맞교환해서 보내기 때문이다. 심지어 기계 드릴조차도 중국인이 만드는 편이 나을 것이다.

일반적인 생각과는 달리 무역이 우리의 일자리를 빼앗아가고 모든 물건을 외국에서 수입하게 하면서 우리는 아무것도 수출하지 못하게 하는 것은 아니다. 만약 그렇다면 우리에게는 물건을 수입할 돈도 없을 것이다. 무역이 존재하기 위해서는 누군가가 바깥 세계에 팔 수 있는 뭔가를 만들어야 한다.

기계 드릴을 생산하는 피츠버그의 노동자들을 생각해보자. 노동자들은 달러로 임금을 받는다. 공장도 달러로 임대되고 난방, 전기료, 통신요금 모두 달러로 청구된다. 하지만 드릴은 중국으로 수출되어 그곳에서 중국 위안으로 팔리거나 물건을 만드는 데 사용된다. 생산 비용은 달러이고, 수입은 위안이다. 피츠버그 노동자들의 임금을 지불하기 위해서는 어딘가에서 위안화를 달러화로 전환해야 하지만, 순식간에 위안이 짠 하고 달러로 바뀌는 마술을 사용할 수는 없다. 유일하게 작동하는 것은 수입을 위해 위안화를 사용하는 미국에 있는 수입상이 위안과 교환하여 달러를 제공하는 것이다.

경제학은 사물의 연결성에 관한 것이다. 상품과 돈은 단순히 나타났다 사라지지 않는다. 만약 미국이 달러로 살 수 있는 물건을 수출하지 않는다면 미국 바깥에서는 누구도 달러를 받으려 하지 않을 것이다.

더 복잡한 세계에서는 달러와 위안, 드릴과 텔레비전이 각각 직접적으로 교환되지 않는다. 우리는 드릴을 사우디에 팔고, 사우디는 석유를 일본에게 팔고, 일본은 로봇을 중국에 팔고, 중국은 텔레비전을 우리에게 판다. 우리는 돈을 잠시 빌리거나(미국은 현재 그렇게 하고 있다) 드릴 공장 같은 자산을 생산할 수 있고, 드릴을 파는 대신 드릴 공장을 팔 수도 있다. 하지만 화폐의 순환 흐름은 결국 완전히 균형을 이룰 것이다. 미국은 수입품 값을 지불할 수 있는 수출품을 생산할 수 있을 때만 수입을 할 것이며 다른 나라들도 마찬가지다. 극단적인 사례는 이를 더욱 확실히 한다. 정부가 자급자족에 매우 열중하고 있는 경우를 생각해보자. 그 나라의 상공부 장관은 '우리는 국내 산업을 촉진해야 합니다'라고 말한다. 그리하여 정부는 모든 수입을 금지하고 밀수를 막기 위해 국경을 순찰한다. 그 결과 과거에 수입하던 물품을 국내에서 생산하고자 많은 노력을 기울인다. 하지만 모든 수출 산업이 빠르게 쇠락하여 소멸

하고 마는 결과를 초래하기도 한다.

왜 그럴까? 아무도 외화를 사용해 수입하지 못한다면, 외화를 벌기 위해 수출에 시간과 돈을 들일 사람이 없기 때문이다. 국내 경제의 일부는 촉진되는 한편 다른 일부는 쇠락한다. '노No 수입' 정책은 '노No 수출' 정책이기도 하다. 그리고 실제로 1936년에 경제학자 러너Abba Lerner의 이름을 딴, 무역이론에서 가장 중요한 법칙 중 하나인 러너의 법칙은 수입품에 대한 세금은 정확히 수출품에 대한 세금임을 입증했다.

러너의 법칙은 미국의 텔레비전 제조업의 일자리를 보호하기 위해 중국산 텔레비전의 수입을 제한하는 것은, 미국 내 텔레비전 제조업의 일자리를 보호하기 위해 미국의 기계 드릴 수출을 제한하는 것이나 마찬가지라고 말한다. 미국의 텔레비전 제조산업은 실제로 중국의 텔레비전 제조산업과 경쟁하는 것이 아니라, 미국의 기계 드릴 산업과 경쟁하고 있다. 만약 기계 드릴 산업이 더 효율적이라면, 텔레비전 제조산업은 살아남지 않을 것이다. 이는 윌슨의 경제학 저널리스트로서의 유망한 자질이 과학자로서의 더 우월한 자질로 인해 피어나지 않는 것과 마찬가지다. 이제 우리는 무역장벽을 새롭게 바라보게 되었다. 하지만 무역장벽이 아무런 해를 일으키지 않는다는 것은 아니다. 그렇다면 무역장벽이 미국 텔레비전 제조업에 주는 혜택이 미국 기계 드릴 산업에 끼치는 폐해를 뛰어넘을까? 데이비드 리카도의 비교우위 이론은 '아니오' 라고 대답한다. 우리가 알고 있는 바와 같이 중국과 미국 노동 자들은 같은 양을 생산하는 경우 무역이 제한되어 있을 때보 다 자유무역하에서 일을 더 빨리 끝마칠 수 있다.

실제 경험에 근거한 상식적인 대답 역시 마찬가지다. 북한 과 남한 혹은 오스트리아와 헝가리를 비교해보라. 언뜻 보아 도 개방된 자유로운 경제는 폐쇄된 경제보다 훨씬 낫다는 사 실을 알 수 있다. 1990년에 베를린 장벽이 무너질 당시 오스 트리아인들의 평균 소득은 헝가리인보다 2~6배(측정 방식에 따 른 차이) 높았다. 남한의 평균 소득과 북한의 평균 소득의 차이 는 더욱 크다. 북한은 너무도 고립되어 있어서 그들이 얼마나 가난한지는 측정하기도 어려울 정도다.

무역장벽은 상대국은 물론 무역장벽을 세운 나라에게도 득 보다는 실을 가져다준다. 다른 나라들이 무역장벽을 세우더 라도 우리는 무역장벽을 세우지 않고 지내는 편이 낫다. 위대 한 경제학자 존 로빈슨Joan Robinson은 다른 나라가 자기네 항구 를 막는다고 우리도 항구를 막을 필요는 없다고 주장했다. 수 세기 전에 즈웨인 강이 막히자 브뤼헤 시민들이 겪게 된 운명 은 지금도 마찬가지다. 이는 자유무역이 모든 사람에게 이롭 다는 말은 아니다. 더 싸거나 더 좋은 외국 제품으로 인한 경 쟁이 국내 산업을 모두 파괴하는 것은 아니다. 그럴 경우 우리는 더 이상 외국 제품을 살 수 없기 때문이다. 하지만 우리 경제의 균형을 바꾸어놓을 수는 있다.

기계 드릴과 텔레비전의 예로 되돌아가보자. 비록 그 예에서 중국은 기계 드릴과 텔레비전의 생산에서 모두 우월하지만, 미국은 여전히 중국과 무역을 하면서 기계 드릴을 생산한다. 사실 미국은 예전보다 두 배 많은 기계 드릴을 생산하지만 미국의 텔레비전 제조산업은 도태되고 만다. 즉, 기계 드릴 산업에는 좋고 텔레비전 제조산업에는 나쁘다. 사람들은 일자리를 잃을 것이다. 그들은 새로운 기술을 익혀서 기계 드릴 영역에서 재고용되겠지만 이는 말처럼 쉬운 일이 아니다. 미국 전체적으로는 유익한 일이지만, 일부 사람들은 직장을 잃고 자유무역을 저주하면서 텔레비전 수입 제재를 요구할 것이다. 이것은 사실상 기계 드릴 수출 제재 요구와도 같다.

역사를 아는 사람이라면 영국의 러다이트 운동을 떠올릴 것이다. 1811년 영국 중부에서 시작된 러다이트 운동은 스타킹과 직조기계 등 최신 기술에 대한 숙련된 섬유 노동자들의 반발에서 비롯했다. 새로운 경제 시스템에 저항하는 러다이트는 기계 및 공장 파괴 운동으로 번졌다. 현대의 상투적인 폭력 행위와는 달리 러다이트 운동은 진정 그들의 생계 위협에 대항하는 것이었다.

그렇다면 기술 변화가 일부 사람들에게 해를 끼쳤을까? 이는 의심의 여지가 없는 사실이다. 그렇다면 기술 변화가 영국 전체를 가난하게 만들었을까? 이는 우스꽝스러운 생각이다. 다만 기술의 발전을 통해 잘살게 되는 과정에서 생계 수단을 잃은 사람의 고통을 최소화하기 어려운 것은 분명하다.

무역은 기술의 또 다른 형태로 생각할 수 있다. 경제학자 데이비드 프리드먼David Friedman은 예를 들어 미국의 자동차 생산에는 두 가지 방법이 있음을 관찰했다. 하나는 디트로이트에서 만드는 것이고, 다른 하나는 아이오와에서 '기르는' 것이다. 아이오와에서 기르는 방법은 밀을 도요타로 바꾸는 특별한 기술이 사용된다. 밀을 배에 실어 태평양 건너로 보내는 것이다. 얼마 뒤 그 배는 도요타를 싣고 돌아올 것이다. 밀을 도요타 자동차로 바꾸는 데 사용되는 기술은 '일본'이라고 불린다. 어떤 방법이든 디트로이트에 있는 자동차 노동자들은 아이오와의 농부들과 직접 경쟁 속에 있다. 일본 차에 대한 수입 규제는 자동차 노동자들에게는 도움이 되고 농부들에게는 해가 된다. 이것은 현대판 '형식의 파괴'다.

새로운 기술을 금지하거나 무역을 규제하는 것은 문명사회의 해결책이 아니다. 어쩌면 이 말은 냉담하게 들릴지 모른다. 결국 일자리를 원하지만 얻지 못한 개인은 비극을 겪게된다. 하지만 자신들의 이익을 위해 자유무역에 반대하는 이익집단들은 무역으로 인해 막대한 영향을 받는다. 1993년과

2002년 사이 미국에서는 거의 3억 1천만 개의 일자리가 사라졌다. 반면 같은 기간 동안 3억 2700만 개가 넘는 일자리가 생겨났다. 1993년에 비해 2002년에는 약 1800만 명의 사람들이 일자리를 얻은 것이다. 그리고 국제 경쟁과 상관이 있든 없든 개인들은 3억 1천만 번 동정과 도움의 대상이 되었다. 무역을 하건 안 하건 건강한 경제에서는 늘 일자리가 없어지기도 하고 생겨나기도 한다.

세계화에 대한 논란

무역이 미국 같은 나라를 더욱 부자로 만든다는 주장과 세계화가 좋은 것이라는 주장은 별개다. 세계화에 대한 모든 주장에 공정해지기 위해서는 책 한 권으로도 모자랄 것이다. 이 책에서는 세계화에 대해 흔히 제기되는 두 가지 불만을 다루고자 한다. 하나는 세계화가 지구에 나쁘다는 주장이고, 다른 하나는 세계화가 가난한 사람들에게 나쁘다는 주장이다.

우리는 먼저 세계화가 무엇을 의미하는지 확실히 해둘 필요가 있다. 미국 텔레비전, 인도 요리, 일본 무술의 확산 같은 비경제적인 현상은 제쳐두고라도 무역 이외에 국제적인 경제 통합은 많이 이루어지고 있다. 나는 다섯 가지 주제를 열거하고자 한다. ① 제품 및 서비스의 무역 ② 인적자원의 이주 ③ 기술 지식의 교환 ④ 외국인 직접투자 혹은 공장의 건축이나 구입, 기업의 해외 진출 ⑤ 주식과 채권 같은 금융자산에 대한 국경을 초월한 투자가 그것이다.

세계화에 대한 많은 논의에서 이 모든 것이 혼재한다. 지나친 단순화의 위험 앞에서 나는 일단 세 가지를 제외하고자 한다. 이주, 기술 교환, 금융자산에 대한 국경을 넘는 투자가 그것이다. 사람들이 흔히 세계화에 대해 말할 때 이 세 가지는 생각하지 않는 경향이 있기 때문이다. 이주는 일반적으로 외국인 혐오주의와 이기주의 등 다른 이유로 인해 논란의 대상이 되며, 다른 한편으로 평화로운 과학적, 기술적 노하우의 확산에 대해서는 저항이 별로 없기 때문이기도 하다. 금융자산의 국경을 넘는 투자는 경제학자들이 고려할 만한 기술적 논란의 주제다. 이는 부자 나라와 가난한 나라 모두에게 커다란 이익을 가져다주는 기회인 동시에 위험이기도 하다. 지면 관계상 이 세 가지 흐름에 관해서는 더 이상 논하지 않겠다.

이제 사람들이 세계화에 대해서 논하는 주제로 남은 두 가지 트렌드는 무역의 증가 그리고 가난한 나라에 공장을 세우는 것과 같은 부자 나라 기업의 직접투자 증가다. 가난한 나라에 대한 외국인 투자의 상당 부분은 다시 부자 나라로 싣고 갈 제품을 생산하기 위한 것이다. 이 경우 무역과 외국인 투자는 서로 밀접하게 연결되어 있다. 외국인 투자는 가난한 나라의 경제 성장에 이로운 것으로 널리 인식되고 있다. 외국인 투자는 일자리 창출, 첨단기술 습득, 투자재원 마련의 훌륭한 수단이다. 주식, 통화, 채권에 대한 투자와는 달리 외국인 직접투자는 혼란기에 썰물처럼 빠져나갈 수 없다. 경제 저널리스트 마틴 울프Martin Wolf는 이렇게 말했다. "공장에 발이 달려 걸어 나갈 수는 없지요."

가난한 나라에 대한 투자와 무역이 늘어나기는 했지만, 나라 간 무역과 외국인 투자는 여전히 부자 나라들 사이에서 압도적으로 많이 이루어지고 있다. 만약 상업 서비스 교역까지 감안한다면 세계 교역 및 투자에서 개발도상국이 참여하는 비율은 더욱 미미할 것이다.

아주 가난한 나라의 경우는 어떨까? 안됐지만 부자 나라들

과 그들의 거래량은 아주 적다. 세계 다른 곳에서의 교역이 증가함에 따라 가난한 나라들은 더욱더 뒤처지고 있다. 북미 전체 수입액 중 최저 개발국가들로부터의 수입은 1980년 0.8퍼센트에서 2000년도 0.6퍼센트로 떨어졌다. 서유럽의 수입은 1980년 1퍼센트에서 2000년에 0.5퍼센트로 떨어졌다. 일본의 경우에도 그 수치는 1퍼센트에서 0.3퍼센트로 떨어졌다. 주요 선진국을 모두 합하면 전체 수입에서 최저 개발국가들로부터의 수입이 차지하는 비율은 20년 전의 평균 0.9퍼센트에서 0.6퍼센트로 떨어졌다. 가난한 나라들의 문제점은 세계 교역 시스템에 너무 많이 참여하기 때문인 것은 분명 아니다. 외국인 직접투자의 경우도 마찬가지다.

비교우위 이론 및 상식과 경험으로 생각해볼 때 무역은 경제 성장에 이로운 것이 확실하다. 외국인 직접투자는 무역과 밀접하게 연관되어 있으며 이 역시 성장에 이롭다. 가난한 나라들은 이러한 혜택을 놓치고 있다. 이는 명백한 사실이다. 하지만 다음과 같은 문제는 검토해보아야 한다. '무역 및 외국인 투자가 환경에 미치는 영향은 어떤 것인가?', '임금은 적고 노동환경은 열악한, 소위 노동력 착취 공장의 일자리를 받아들여야만 하는 가난한 나라 사람들에 대한 외국인 직접투자의 효과는 무엇인가?'

보호무역이 환경오염을 불러온다?

환경 문제를 먼저 살펴보자. 우리는 4장에서 경제학자들이 생각하는 외부효과의 개념이 환경 피해의 위험을 이해하는 강력한 도구를 제공하고 있음을 알게 되었다. 많은 경제학자들은 환경 피해의 위험을 이해하고 있으며 환경보호 활동을 환영한다.

하지만 무역과 환경 피해 간의 연관성은 면밀하게 검토되지 않고 있다. 이를 염려하는 것은 세 가지 이유에서다. 첫째, 기업들이 제품을 더 싸게 만드는 동시에 환경법이 관대한 곳을 찾아 해외로 몰려 나가는 이른바 '바닥을 향한 경주race to the bottom'를 벌임으로써 불행한 정부들이 환경에 관대한 법을 만들게 된다는 염려다. 둘째, 물자를 이동하면서 불가피하게 자원을 소모하고 공해를 일으킨다는 염려다. 셋째, 무역으로 촉진된 경제 성장이 지구에 피해를 입힌다는 염려다. 언뜻 그럴싸하게 들리지만, 무역이 환경에 나쁘다는 생각은 근거가 희박하다.

해외 제품 생산이 환경기준을 관대하게 만들거나 기준 자체를 아예 없애기 때문에 자유무역이 환경 문제를 유발한다는 첫 번째 염려에 대해서는, 거의 대부분의 무역이 환경기준이 비슷한 부자 나라들 사이에서 이루어지고 있음을 기억해

야 한다. 하지만 가난한 나라들에 대한 투자는 어떨까? 환경
주의자인 반다나 시바Vandana Shiva는 많은 사람들을 상대로 "오
염은 부자 나라에서 가난한 나라로 이동한다. 그 결과 세계적
인 환경 차별이 생겨난다"고 주장했다. 이 주장은 크게 어필하
고 있지만 과연 그럴까?

　이론적으로는 맞는 소리일 수도 있다. 제품을 더 싸게 생
산할 수 있는 기업들은 경쟁우위를 가진다. 또한 그들은 자유
무역의 세계에서 좀 더 쉽게 움직일 수 있다. 그러므로 '바닥
을 향한 경주'는 가능성이 있다. 하지만 다시 한번 이는 환상
에 불과하다고 생각할 만한 이유가 있다. 환경 규제는 주요 비
용이 아니다. 인건비가 주요 비용이다. 미국의 환경기준이 정
말로 그렇게 엄격하다면 오염에 민감한 미국 기업들 대부분
의 오염처리 비용이 왜 고작 수익의 2퍼센트에 불과한가? 대

부분의 기업들은 이보다 더 적게 쓰고 있다. 기업들이 해외로 나가는 것은 싼 노동력을 찾아서지 오염 천국을 찾아서가 아니다. 그리고 기업들이 오염 문제를 염두에 두지 않는 것도 아니다. 최신 제조 기술은 대개 저렴하면서도 오염이 적다. 예를 들어 에너지 효율은 돈을 절약하고 오염을 줄인다. 때문에 많은 기업들이 전체적인 품질 향상 및 효율적인 제조의 일환으로 환경 문제를 다루고 있다. 물론 일부 환경 처리 비용을 줄이는 것은 가능하겠지만, 많은 기업들은 세계 어느 곳에서나 선진국에서와 같은 최신 청정기술을 사용하고 있다. 그러한 표준 자체가 비용을 절감해주기 때문이다.

그러므로 '바닥을 향한 경주'는 이론적으로는 가능하지만 그 존재를 의심할 만한 충분한 근거 역시 존재한다. 그렇다면 이론은 제쳐두고, 실제는 어떠할까? 첫째, 오염 산업의 부자 나라에 대한 외국인 투자는 가난한 나라에 대한 투자보다 훨씬 많다. 둘째, 오염 산업에서의 외국인 투자는 미국에 들어오는 외국인 투자 중 가장 빠르게 성장하고 있는 영역이다. 이와는 반대로 미국의 해외투자 중 가장 빠르게 성장하는 영역은 청정 산업이다. 즉, 외국인들은 더러운 산업을 미국으로 가져오지만, 미국 기업들은 깨끗한 산업을 세계에 가져가고 있다.

어쩌면 당신은 앞 문장을 읽으면서 깜짝 놀랐을지도 모르겠다. 환경주의자들의 주장에 익숙해있던 사람들은 이러한 통계치가 비상식적으로 들릴 것이다. 하지만 가난한 나라들이 옷, 어린이 장난감, 커피 등을 생산하는 한편, 부자 나라들은 거대 생산 설비를 갖춘 화학 산업처럼 고도의 기술과 인프라, 정치적 안정을 필요로 하는 심각한 오염 산업을 갖고 있다. 환경 비용을 몇 푼 절약하기 위해서 그러한 설비들을 에티오피아로 옮겨가는 것은 위험한 일이 아니겠는가?

중국, 브라질, 멕시코의 공해 측정은 가난한 나라에 대한 외국인 투자의 환경적 영향을 살펴보는 또 다른 지표가 된다. 가난한 나라에 대한 외국인 투자의 60퍼센트는 이들 나라에 이루어졌다. 다음 쪽의 첫 번째 그림은 중국의 경제가 발전하면서, 중국 도시의 공해가 감소했음을 보여준다. 동시에 중국 시장에 조달하거나, 혹은 싼 노동력을 이용한 뒤 다시 다른 나라에 수출하기 위해 외국 기업들이 중국에 공장을 건설하면서 외국인 투자는 폭발적으로 증가했다. 브라질과 멕시코 역시 매우 비슷한 패턴을 보였다.

그렇다고 외국인 투자가 환경적인 특혜를 받은 것은 아니다. 중국은 부유해지면서 외국인 투자에 좀 더 엄격한 환경 규제를 해왔다. 이런 상황에서 '바닥을 향한 경주' 이야기를 꿰어 맞출 수는 없다. 그것은 보호무역주의자들이 소비자들과 개발도상국의 이익을 희생하여 자국 산업에 특혜를 주기 위해 편리하게 이용하는 겁주는 이야기일 뿐이다. 사실은 보호

무역주의 자체가 막대한 환경비용을 초래할 수 있다. 유럽의 농부들을 보호하기 위한 무역장벽 및 보조금 패키지인 공동 농업정책은 그 뚜렷한 사례. 이를 지지하는 사람들은 자급 자족, 안전, 환경보호, 가난한 농부들을 위한 공정한 거래 등 가히 '다목적' 용도를 주장하고 있다. 하지만 이 정책하에 유럽연합의 농부들에게 보조금을 주는 데 예산의 절반 가까이 가 사용되며, 이 중 4분의 1은 대형 농장을 소유한 사람들에게 돌아가고 있는 실정이다.

영국에서는 가장 부자인 웨스트민스터 공작이 2003~2004년 동안 보조금으로 44만 8천 파운드(약 90만 달러)를 받았다. 이 정책은 질 낮은 식량 생산 및 농약과 비료를 과다 사용하는 집약적 농업을 초래한다. 또한 개발도상국가에서는 가난한 농부들의 농산물 가격을 폭락시켜 투매 현상을 불러일으킨다. 게다가 이 정책은 세계 무역자유화 협상을 무산시키는 데 일조하고 있다. 마틴 울프는 《파이낸셜 타임스》에서 이렇게 말했다. "이는 그야말로 다목적 정책이다. 퇴보적이고 낭비적이고 환경과 식품의 질을 떨어뜨리며, 모든 곳에서 무역자유화의 걸림돌이 된다."

다른 부자 나라, 특히 일본과 한국은 유럽연합과 같은 방법으로 자국 농부들에게 특전을 주고 있다. 일반적인 OECD 농부들의 수입 중 3분의 1은 정부에서 나오며, 두 번째 그림에서

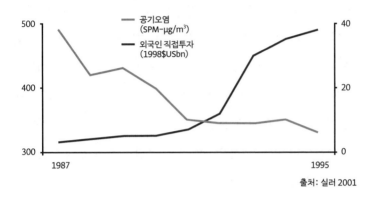

| 중국 도시의 공기 오염도와 외국인 직접투자

공기오염
(SPM-μg/m³)
외국인 직접투자
(1998$USbn)

1987   1995

출처: 실러 2001

알 수 있듯이 농업에 더 많은 보조금이 지급될수록 더 많은 비료가 소모되고 있다. 공동 농업정책 및 이와 유사한 다른 농업보호주의가 폐지된다면, 농업 집약도가 누그러져서 세계의 환경은 현저히 개선될 것이다. 이와 동시에 유럽의 소비자들과 제3세계 농부들은 훨씬 나은 거래를 하게 될 것이다.

미국은 농부들에게 보조금을 덜 제공하고 있지만, 미국 역시 보호무역을 하고 있으며 이로 인해 환경에 피해를 주고 있다. 1998년 미국 내 설탕 생산자들은 10억 달러의 보조금을 받았는데 이 중 절반은 단 17개의 농장에 돌아갔다(보호 정책이 가져온 왜곡으로 인해 소비자들은 약 20억 달러를 지불해야 했는데, 이 중 절반은 순전히 낭비였다). 보호무역은 콜롬비아에 있는 설탕 생산자가 설탕 대신 코카인을 재배하게 만드는 피해도 주었다. 만약

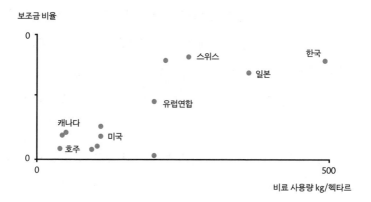

| 농업보호와 비료 사용량

보조금 비율

캐나다

호주

미국

유럽연합

스위스

일본

한국

비료 사용량 kg/헥타르

환경에 이득이 된다면 환경적인 면에서 농업의 보호무역이
일리가 있겠지만 실은 그렇지 않다. 사우스 플로리다의 집약
적인 농업으로 인해 빗물에 씻겨간 화학물질은 에버글레이드
습지에 피해를 입혔다. 집약 농업은 환경 피해의 확실한 원인
이다. 물론 자유무역이 모든 환경 문제를 자동으로 해결하는
것은 아니다. 그 사례로 벼만 키우거나, 커피만 키우거나, 밀
만 키우는 등의 일모작 경향이 생긴다. 이러한 생물 다양성 부
족은 수확물이 병해충과 날씨 변화에 취약하게 만든다.

　이는 자유무역의 단점처럼 보인다. 교역의 증가로 각 나라
는 경쟁우위에 있는 단일 곡식을 전문화하기 때문이다. 하지
만 무역장벽은 집약 농업의 문제를 더 끔찍한 방법으로 다룬
다. 첫째, 지역적 생물 다양성과 세계적 생물 다양성은 모두

중요하지만, 국가적인 생물 다양성은 아무런 관계가 없다. 환경 문제는 정치적 경계에 의미를 부여하지 않기 때문이다. 생물 다양성의 부족면에서 해결책은 5장에서 다루었던 열쇠구멍 경제학에서처럼 직접적인 환경 규제에서 찾을 수 있을 것이다. 무역장벽이 문제를 해결해주리라는 기대는 우스꽝스러운 것이다.

이는 무역 이론의 또 하나의 핵심적인 내용에 대한 특별한 사례다. 무역장벽보다 더욱 직접적이고 효과적으로 환경 문제를 바로잡을 수 있는 정책 대안은 언제나 (이론적으로) 그리고 흔히 (실제적으로) 존재하게 마련이다. 뛰어난 무역 이론가인 자그디시 바그와티Jagdish Bhagwati는 이를 두고 "돌멩이 하나로 두 마리의 새를 잡을 수 없다"라고 말했다. 무역장벽은 건강한 환경 같은 의미 있는 목표를 추구하는 데는 서투르고 해로운 방법이다.

수송 비용은 바그와티 원칙의 또 다른 사례다. 다시 말해 컨테이너 배와 화물기 운항으로 발생하는 오염을 줄이기 위해 국제 무역을 제한해야 한다는 것은 겉으로 볼 때 매력적인 주장처럼 느껴진다. 하지만 외부효과 세금의 형태로 직접적인 규제를 하는 것이 해결책이다. 무역장벽은 국경을 넘는 물품 수송을 방해한다. 하지만 국경을 넘는 것이 환경에 더 심각한 해를 미치는 것은 아니다.

CD 플레이어를 오사카 항구에서 로스앤젤레스 항구로 옮기는 데 드는 수송 비용은 로스앤젤레스 항구에서 대륙을 가로질러 애리조나 혹은 심지어 로스앤젤레스의 한 베스트바이 매장으로 옮기는 것보다 적게 들기도 한다. 또한 어떤 사람은 베스트바이에 운전하고 갔다가 CD 플레이어를 갖고 집으로 돌아오는 수송 비용이 정체와 오염으로 발생하는 환경 비용보다 더욱 높다고 할 수 있다. 상품이 나라 안에서 움직이거나 한 지역 내에서만 움직인다고 해서 수송으로 발생하는 환경 비용이 적다고 할 수는 없다. 다시 말하지만 경제학자는 문제를 직접적으로 다루는 정책을 권한다. 국내 이동이든 국가 간 이동이든 외부효과 세금은 수송의 확실한 대안의 사용을 촉진할 것이다.

　마지막 염려는 무역 그 자체는 나쁘지 않지만 그로 인한 경제 성장이 환경에 나쁜 영향을 미친다는 것이다. 무역이 사람을 부유하게 만들수록 환경에 해를 미칠 것이란 주장이다. 이러한 주장은 고려해볼 가치가 있다.

　오늘날 가장 심각한 문제이자 기후변화의 위협을 감안하면 미래에 가장 큰 문제가 될 수도 있는 환경 문제는 매우 가난한 사람들을 괴롭히는 문제이기도 하다. 한 예로 장작 난로에서 나오는 오염은 실명과 치명적인 호흡기 문제를 일으킬 수 있다. 또 안전하지 못한 물은 수백만 명을 죽게 할 수도 있다. 이러한 환경 문제에 대한 해결책은 경제 성장이며 무역이 이를 도울 수 있다.

자동차에서 배출되는 오염 물질은 생활이 부유해지면서 당분간은 악화한다. 일반적으로 이러한 오염은 1인당 소득이 5천 달러에 도달하고 나면 덜 심각해진다. 그 수준에 도달하면 사람들이 개선된 환경기준을 감당할 수 있고 또 그것을 요구할 수 있을 정도로 부유하기 때문이다. 무역은 한편으론 간접적으로 다른 한편으론 직접적으로 성장을 돕는다. 자유무역은 가난한 나라에 새롭고 깨끗한 기술이 도입되도록 할 뿐 아니라 석유화학과 철강 같은 심각한 오염 산업에 대한 보조금을 없애는 데 일조하기 때문이다.

에너지 소비, 이산화탄소 배출 및 기후변화는 1인당 소득이 5천 달러에 이르고 난 뒤에는 그다지 상승하지 않는 것이 사실이다. 확실하게 말할 수는 없지만, 세계에서 가장 부유한 나라들은 1인당 에너지 소비가 더 이상 늘어나지 않는 정점에 달해 있는 것으로 보인다. 그리고 우리의 자동차와 가전제품들은 해마다 효율이 향상되고 있으며, 따라서 우리 모두가 차를 두 대씩 가지고 있고 냉방이 잘되는 집에 살고 있다면 추가로 더 많은 에너지를 필요로 할 일은 별로 없다.

무역이 경제 성장을 일으키고 이는 기후변화로 이어진다는 주장은 우리를 씁쓸한 결론에 이르게 한다. 그렇다면 우리는 무역을 줄여서 일부 국가들을 가난한 상태로 두어야 하는 것이다. 이러한 주장은 수많은 인구를 기아 상태에 두는 것도 기후변화 같은 환경적 재앙과 마찬가지로 인간에게 끔찍한 비용을 초래할 수 있다는 데 문제가 있다.

그렇다면 우리는 대량 아사와 환경 재앙 사이에서 선택을 해야만 하는 것일까? 절대 그렇지 않다. 우리는 무역 규제와 같은 생산성에 반하는 수단을 사용하지 않고도 환경을 보호할 방법을 충분히 가지고 있다. 외부효과 세금은 이미 미국에서 황의 배출을 줄였다. 또한 이러한 방법은 이산화탄소 배출을 감소시켜 기후변화를 줄이는 데에도 일조할 것이다. 만약 의지만 있다면 이를 충분히 실현할 수 있다. 비용도 그리 높지 않다. 우리는 먼저 화석연료에 대한 보조금부터 중단해야 한다. 독일은 환경보호에 열심이며 기업들조차 기후변화에 대한 성명서인 교토 의정서를 지지하고 있지만 국제경쟁으로부터 석탄 산업을 보호하기 위해서 광부 한 명당 8만 6천 달러를 지급하고 있다.

자유무역에 대한 환경주의자들의 공격에 진정 어떻게 대처할 것인가? 우리는 바닥을 향한 경쟁은 존재하지 않는다는 사실, 오염 산업은 가난한 나라들보다는 여전히 부자 나라들에 존재한다는 사실, 가난한 나라들에 대한 외국인 투자의 주요 대상국에서 환경 기준은 계속 높아지고 있다는 사실, 농업·철강·석탄과 같은 분야에서 보호주의자들이 취하는 수단은 오히려 환경에 커다란 해를 입히기도 한다는 사실, 자유무역을 위한 수송 연료에 붙는 세금이 무역 규제보다 환경에 더 이롭다는 사실, 적어도 오늘날 최악의 환경 문제는 부가 아니라 가난 때문에 발생한다는 사실을 알아보았다. 환경운동은 자유무역을 옹호하는 방향으로 이루어져야 하며 언젠가는 그렇게 될 것이다.

노동력 착취 공장을 선택한 사람들

달리기 좋은 신발! 하지만 그런 신발이 당신에게 약간의 죄책감을 느끼게 하고 있지는 않은가? 많은 다국적 기업들은 개발도상국가에서 열악한 노동환경을 제공하고 있다는 비난을 받아왔다. 나이키는 특히 자주 거론되면서 여러 캠페인의 타깃이 되어왔다.

노동 운동가들은 개발도상국가의 노동자들이 열악한 노동환경을 감수하고 있다는 사실에 사회적 관심을 촉구했다. 그곳의 노동시간은 길고 임금은 형편없다. 하지만 노동력 착취 공장은 충격적인 지구촌 가난의 징후이지 원인은 아니다. 노동자들이 그곳에 자발적으로 갔다는 사실은 그 대안이 더욱 나쁘다는 것을 의미한다. 그리고 다국적 기업 공장의 이직률이 낮은 것은 현지 기업들보다 급여나 근로 환경이 좋기 때문이다. 불법 노점을 운영하고, 매춘부로 일하고, 마닐라 같은 도시에서 재활용할 수 있는 물건을 찾아 악취가 나는 쓰레기 매립장을 헤매고 다니는 것보다 낫다. 마닐라의 쓰레기 매립장 스모키마운틴은 가난의 상징이 되는 바람에 1990년대에 폐쇄되었지만 다른 쓰레기 처리장은 여전히 하루 5달러를 벌고자 하는 사람들로 북적댄다. 2000년 7월에는 마닐라의 또 다른 쓰레기 매립장 파야타스에서 130명이 넘는 사람들이 목숨을 잃었다.

농촌의 삶은 이보다 더 열악할지도 모른다. 중남미에서는 도시 지역의 빈곤보다 농촌 지역의 빈곤이 더욱 심하다. 다른 사람의 인간적인 삶을 염려한다면 그러한 모습에 소름이 끼칠 것이다. 하지만 나이키 같은 다국적 기업이 그들이 겪는 빈곤의 원인은 아니라는 사실을 깨달아야 한다.

가난한 나라에서 신발과 의류를 생산하지 못하도록 하는 것이 가난에 대한 해결책이 될 수는 없다. 이와는 반대로 한국 같은 나라들은 다국적 기업을 받아들임으로써 천천히, 하지만 확실히 부자가 되었다. 좀 더 많은 다국적 기업들이 가난한 나라에 공장을 세울수록 서로 간에 숙련 노동자들을 유치하려는 경쟁이 치열해질 것이다. 그럴 경우 기업들이 관대해서가 아니라 좋은 노동자들을 끌어들이고자 하는 이유로 그들의 임금은 상승할 것이다. 그 나라 기업들은 최신 생산기술을 배우게 되고, 자신들 역시 많은 노동자들을 고용하게 될 것이다. 더 많은 사람들이 공장에서 일하기 위해 필요한 기술을 습득하면서 교육이 향상된다. 사람들이 시골을 떠나면서 농촌에 남아 있는 사람들의 수입도 그런대로 좋아질 것이다. 정규고용은 세금 징수를 쉽게 만들어 정부 수입도 늘어나고 그 결과 인프라, 보건, 학교도 개선될 것이다. 빈곤은 줄어들고 임금은 급속히 올라간다. 한국은 이제 세계적인 기술 선도국이 되었으며 다른 부자 나라들처럼 자국 농부들에게 보조금을 지급할 정도로 부자가 되었다. 노동력 착취 공장은 이미 다른 곳으로 옮겨갔다.

노동력 착취 공장의 환경은 좋지 못한 것이 사실이다. 문제는 이를 어떻게 개선하느냐는 것이다. 대부분의 경제학자들은 노동력 착취 공장이 두 가지 면에서 이롭다고 믿고 있다. 노동력 착취 공장은 다른 대안들의 여건을 촉진시키며, 또한 더 나은 곳으로 나아가는 사다리가 될 수 있다는 것이다.

하지만 다르게 생각하는 사람들도 많이 있다. 좌파 성향의 정치평론가 윌리엄 그라이더William Greider는 경찰 및 소방관 근무복을 '많은 임금과 훌륭한 노동환경을 제공하는' 공장 이외의 곳에서는 구매하지 않도록 하는 2001년도 뉴욕시의 결정을 칭찬했다. 하지만 그러한 결정은 노동력 착취 공장의 노동자들에게 피해를 줄 뿐이다. 그들은 일자리를 잃게 될 것이고, 결국 마닐라의 쓰레기 더미를 다시 찾게 될 것이다. 물론 이는 부자 나라의 섬유 노동자들에게는 반가운 소식이 될 것이다. 뉴욕시 위원회의 이런 결의안 초안이 섬유제품 수입이 줄어들면 반사이익을 얻게 되는 집단인 전미봉제섬유노조에 의해 마련되었다는 사실은 결코 우연이 아닐 것이다.

희소성의 전략

지금쯤 당신은 내가 커피와 맥주를 아주 좋아한다는 사실을 눈치챘을 것이다. 내가 가장 좋아하는 커피는 티모르산이고, 가장 좋아하는 맥주는 벨기에산이다. 티모르의 커피 농부들과 벨기에의 양조자들 덕분에 내 삶은 더욱 풍요롭다. 그리고 나로 인해 그들의 삶도 훨씬 행복해졌을 것이다. 경제학자들이 흔히 연구하는 사회적 상호작용의 기본 특징은 모든 사람들이 이기는 거래다.

불행히도 어떤 사람은 다른 사람보다 더 많이 이긴다. 내가 그렇고, 벨기에인들도 그렇다. 티모르인들은 그렇지 못하다.

커피 재배업자들은 희소성이 없기 때문에 가난하다. 커피를 재배할 수 있는 곳은 많다. 커피를 대량생산 하는 데는 노동이 많이 들지만 기술은 별로 필요 없다. 커피 재배업자 개인은 시장 가격에 영향을 미칠 수 있는 어떤 힘도 가지고 있지 않다. 커피 재배 국가들이 힘을 합쳐 행동한다 하더라도 그들에게는 희소성이 없다. 세계 커피 생산의 3분의 2를 차지하는 커피생산국가연합이 과거에 카르텔을 형성하고자 시도했지만 실패로 돌아갔다. 카르텔이 생산 가격을 올리는 데 성공할 때마다 다른 국가의 농부들은 매력적인 기회를 재빨리 포착하여 커피를 재배했다.

베트남이 좋은 사례다. 1990년대 후반까지만 하더라도 베트남에서는 커피가 거의 재배되지 않았지만 이제는 세계에서 두 번째로 큰 커피 생산국이 되었다. 희소성을 노린 카르텔은 새로운 재배업자들이 시장에 쉽게 진입할 수 없을 때에만 힘을 발휘한다.

프랑스나 플로리다에서 커피를 재배하지 않는 이유 중 하나는 가난한 농부들이 쉽게 커피를 생산할 수 있기 때문이며, 그렇기 때문에 부자 나라 농부들은 커피에 관세를 얼마를 매기든 별 관심이 없는 것이다. 커피 생두는 비교적 무역장벽으로부터 자유로운 반면, 쇠고기, 쌀, 곡물에는 무역 장애물이 있어 가난한 나라의 농부들은 커피 같은 작물에 더욱 집중하게 되는 것이다.

커피는 이처럼 쉽게 진입할 수 있는 비즈니스이기 때문에 이렇게 예측할 수 있다. 커피 농부들은 대부분의 사람들이 부자가 되기 전까지는 부자가 되지 못할 것이다. 만약 커피 농부들이 부자가 되었음에도 다른 농부들이나 노동력 착취 공장의 노동자들은 가난하다면 그들은 업종을 바꿔 커피를 재배할 것이다. 노동력 착취 공장 노동자들이 커피 재배에 관심을 두지 않을 만큼 높은 임금을 받는 숙련 노동자가 되기 전까지는 높은 커피 가격은 항상 붕괴할 수밖에 없다.

'공정무역 커피' 혹은 '노동력 착취 없는 의류'가 수백만 노동자들의 삶을 크게 개선하지는 못한다는 사실을 이해할 필요가 있다. 뉴욕시가 가난한 나라에서 유니폼을 구매하는 것을 막는 캠페인은 커다란 피해를 입힐 뿐이다. 한편 공정무역 커피의 수많은 브랜드는 큰 피해는 주지 않으면서 커피 재배업자들의 소득을 다소 향상시킨다. 하지만 이 역시 너무 많은 커피가 생산되고 있다는 기본적인 문제를 해결하지 못한다. 커피 농사가 조금이라도 수지맞는 기미만 보이면 뾰족한 대안이 없는 사람들이 즉각 커피 농사에 뛰어들 것이다. 가난한 나라의 광범위한 개발만이 극빈자들의 생활수준을 끌어올리고, 커피 가격을 올리며, 신발 공장의 임금 및 노동환경을 향상시킨다.

그러한 광범위한 개발이 가능할까? 물론이다. 개발도상국가의 수십억 인구가 부모 세대보다 잘살고 있다. 그렇지 않은 나라에서도 기대 수명과 교육은 상승하고 있다. 이는 부분적으로 자유무역의 결과라고 할 수 있다. 이에 관해서는 더 할 이야기가 남아 있다. 경제가 더욱 성장하기 위해서는 여러 가지 개혁이 필요하다. 역사상 최악의 기아에서 탈출한 나라가 이 지구상에 존재한다. 그곳에서 지금까지의 여행을 끝마치고자 한다.

비교우위

국가 간 무역 발생의 원리를 설명한 이론. 자국에서 생산한 상품이 외국에서 생산한 상품과 비교하여 상대적으로 생산비가 싼 비교우위에 있는 상품일 때 각국은 이를 특화하여 다른 국가와 무역을 하는 것이 유리하다는 것으로, 고전경제학파인 영국의 데이비드 리카도가 규명한 대표적인 근대무역 이론이다.

A국에서 X재와 Y재 1단위를 생산하는 데 필요한 노동시간이 각각 10시간, 15시간이고, B국에서는 9시간, 8시간이라고 할 때 B국은 X재와 Y재 모두 절대적 우위에 있으나 상대적 우위인 Y재 생산에 주력하고, A국은 X재와 Y재 모두 절대적 열위에 있으나 상대적 우위인 X재 생산에 주력하여 양국이 함께 상대적 열위에 있는 상품을 수입하는 것이 국내에서 자급자족하는 것보다 이익을 얻을 수 있다. 이처럼 비교우위에 근거하여 무역을 설명한 것이 비교생산비설이며, 국가 간 자유무역이 각국 모두에 유리하다는 근거를 제시하여 이후 국제분업 및 무역에 관한 기초 이론이 되었다.

그러나 이 이론은 노동가치설에 입각하여 생산요소를 노동이라는 단일 요소로 한정하였고, 두 나라 간에 두 가지 재화의 생산을 가정하였으나 이러한 조건은 현실 경제에 맞지 않으며, 오늘날에는 세계경제의 동질화로 상품의 종류가 세분화하고 또한 동질同質·동종同種의 상품이 다수 생산되어 비교생산비 차이만으로는 무역의 발생 원인을 설명하기 어렵다는 등의 한계가 있다.

CHAPTER 10

세계 경제
장악을 꿈꾼
중국의 전략

사회주의 체제 고수, 지나치게 많은 인구, 불안정한 사회…… 여러 악조
건에도 불구하고 중국은 급격한 경제성장을 통해 세계 경제를 장악해가
고 있다. 과연 무엇이 세계의 자본을 중국으로 몰리게 하는 것일까?

"세상에!" 나도 모르게 감탄사가 튀어나왔다.

나는 아내와 함께 상하이 중심부에 자리 잡은 인민공원에 있었다. 인민공원은 21세기형 센트럴파크였다. 그 공원은 내가 처음 맨해튼을 방문했을 때처럼 아찔한 인상을 주었다. 인민공원 안으로 들어갔을 때 우리는 상하이 마천루를 보고 큰 충격을 받았다. 어떤 빌딩은 반짝거리는 부챗살 모양의 네 외벽이 정점에서 하나로 모아지는 인상 깊은 현대판 크라이슬러 건물이었다. 빌딩 전체가 축을 중심으로 45도 회전되어 있기 때문에 상단 40층과 하단 40층은 대각선으로 놓여 있었다. 또 어떤 빌딩은 60층 위에 매달려 있는 거대한 유리 아트리움을 자랑했다. 초고층 건물이 30개 있었고, 그 가운데 6개는 굉장한 규모였다. 모두 새 건물이었다.

"이런, 세상에." 프랜이 말했다.

"당신 상하이에 마지막으로 온 게 언제였지?"

"10년 전."

"10년 전에는 이 건물들이 얼마나 있었어?" 프랜은 잠시 생각했다.

"저 건물 보여요?"

"저기 40층짜리 상자 모양 건물 말이야?"

"아니, 그 건물 바로 아래 있는 건물 말이에요." 프랜은 사방이 현대적인 건물들에 둘러싸여 왜소해 보이는 12층짜리 붉은 벽돌 건물을 가리켰다.

"그래, 보여."

"10년 전에는 저 건물이 가장 높았어요."

"맙소사."

이 모두가 흥에 찬 야망의 산물이었다. 단 10년 만에 상하이 건축업자들은 그럴듯한 맨해튼 복사품을 만들어냈다. 뉴욕 사람들이 어떻게 맨해튼을 만들었는지는 모르겠다. 맨해튼에 가면 우리 런던 사람들은 시골뜨기가 된 듯한 느낌이 들었다.

그렇지만 이 모든 풍경은 색다른 것이다. 20세기 대부분의 시간을 중국은 카메룬보다 더 가난하게 보냈다. 중화인민공화국이 탄생했던 1949년 세계에서 가장 인구가 많은 이

나라는 내전으로 파괴되어 공산당 독재체제하에 들어갔다. 1950년대 말, 정부 정책 실패로 기근이 발생하면서 국민 수백만 명이 굶어 죽었다. 1960년대에는 문화대혁명이 대학 시스템을 붕괴했고, 수백만 명의 지식인들이 강제로 농촌으로 내려가 그곳에서 일해야만 했다. 그런데 이 모든 일을 겪은 중국이 어떻게 역사상 가장 대단한 경제적 성공을 이루었을까?

두 번의 혁명

상하이를 방문해보면 이러한 의문이 들지 않을 수 없다. 해답의 실마리는 중국 각지에서 발견할 수 있다. 중국 내륙 도시인 정저우로 기차를 타고 가는 길에 나는 몇 가지 해답의 열쇠를 얻었다.

우선 기차 자체가 그 열쇠였다. 중국 기차는 옛날 영국에 있던 기차보다 훨씬 편안하고 빠르며 출발과 도착 시간을 잘 지켰다. 중국 도로망과 철도망 상태는 훌륭해 보였다. 둘째, 중국인들은 우수한 교육제도를 갖춘 듯했다. 철저하지만 정중하게 체스에서 나를 이긴 경제학 박사는 중국 밖으로 나간 적이 없는데도 훌륭한 영어를 구사했다. 셋째, 기차 안은 사람들로 가득 차 있었지만, 아이들은 적었고 대가족도 없었다. 중국의 '1가정 1자녀' 정책은 여성이 일할 수 있는 사회와 국민 대다수가 나이 들기 전에 미래를 대비하여 저축하는 사회를 이룩했다. 이 엄청난 저축은 도로, 철도 등에 투자할 돈을 제공했다. 중국은 최소한 전통적인 경제 성장 모델이 요구하는 인적자원, 사회 기반 시설, 금융자본을 확실히 갖고 있었다. 그러나 항상 이러한 자원이 잘 활용되는 것은 아니었다. 이미 알고 있는 대로 확실한 인센티브가 없다면 이러한 자원은 낭비된다.

마오쩌둥 시대는 이러한 자원을 믿기 어려울 만큼 낭비했다. 중국의 제1차 경제개발 시도는 두 갈래로 진행되었다. 철강업과 같은 중공업에 막대한 투자를 하는 한편, 엄청난 중국 인구를 확실히 먹여 살릴 전문 농업기술에 관심을 기울였다. 정책의 주된 의도는 이해할 만했다. 중국 북부 지역은 고급 석탄이 풍부하여 필연적으로 경제혁명의 기반을 제공할 수 있었다. 광업, 철강업, 중공업은 영국, 미국, 독일과 같은 선진 경제에서 일어난 산업혁명의 기반이었다. 하지만 역대 중국 정부는 농업을 가장 중요하게 여겨야 했는데, 수억 명의 국민을 부양할 만큼 비옥한 땅이 중국에는 거의 없었기 때문이다. 기차 창밖으로 중국 최고의 인구 과밀 지역인 허난성 전역이 보였다. 얼어붙은 황무지였다.

이 두 방향으로 갈린 시도를 '대약진(1958~1960) 정책'이라

했다. 대약진 정책은 말이 되는 듯하면서도 역사상 가장 큰 경제 실패였다. 마오쩌둥은 열심히 일하면 불가능한 일도 이룰 수 있다는 은밀한 약속을 전제한 경제정책을 지휘했다. 그러나 열정만 넘쳤다. 마을 사람들은 뒷마당에 용광로를 설치하라고 명령받았지만 집어넣을 철광석이 없었다. 어떤 사람들은 국가에서 요구한 생산 목표량을 맞추기 위해 멀쩡한 철제 도구와 강철 연장은 물론 문손잡이까지도 녹였다. 마오쩌둥의 주치의조차 '칼을 녹여 칼을 만드는' 정책이 옳은지 걱정했다. 이 용광로에서 만들어진 강철은 쓸모없었다.

산업정책이 코미디였다면, 농업정책은 비극이었다. 대약진 시기에 이미 많은 노동자들이 농지를 떠나 용광로에서 일하거나 댐과 도로 건설 같은 공공 토목 공사장에서 일했다. 마오쩌둥이 사람들에게 곡식을 쪼아 먹는 새들을 죽이도록 명령

한 결과 해충의 수가 급격히 증가했다. 마오쩌둥은 손수 농업 기술을 다시 설계하고, 생산량이 증가하도록 씨를 깊이 뿌리고, 모를 더욱 빽빽하게 심어야 한다고 구체적으로 지시했다. 너무 빽빽하게 심은 모가 잘 자랄 리 없었지만, 마오쩌둥의 비위를 맞추기 위해 공산당 고위 관료들은 농업과 공업 부문의 성공을 축하하는 쇼를 훌륭하게 치러냈다. 마오쩌둥이 정책 결과를 평가하기 위해 기차를 타고 시찰할 때, 지방 관료들은 철도를 따라 못 쓰게 된 용광로를 다시 세우고, 멀리 떨어진 곳에서 모를 가져와 인근 지역에 다시 심었다. 심지어 이러한 뻔한 속임수를 계속 쓰기 위해 선풍기를 가져다 공기를 순환시켜 모가 상하는 것을 막기도 했다.

물론 곡물 생산량은 떨어졌지만 정부가 무리하게 정책을 계속 밀고 나가지 않았다면 그토록 처참하지는 않았을 것이다. 공산당 간부 회의에서 기근 문제를 꺼낸 국방부 부장은 처벌받았고 '자아비판' 글을 작성해야 했다. 충분한 곡물이 생산되고 있다는 사실을 인정하지 않았던 인사들은 고문을 받았다. 곡물 생산량이 감소하고 있었지만 중국은 정책이 성공했음을 과시하는 의미로 1958년부터 1961년까지 곡물 수출량을 두 배 늘렸다. 허난성의 국영 곡물 창고는 곡물을 쌓아둔 채 굳게 닫혀 있었는데, 정부가 공식적으로 잉여 곡물이 있다고 밝힌 상태였기 때문이다. 그러는 동안 사람들은 눈 속에서 굶어 죽었다. 땅속에 묻히지 못한 사람도 있었고, 어떻게든 살아남으려는 가족들에게 뜯어 먹힌 사람들도 있었다. 그 어느 쪽도 평범한 최후라고 할 수는 없었다. 이 기근으로 인한 사망자 수는 1천만에서 6천만 명에 달했던 것으로 추정된다. 악천후를 탓하기는 했지만, 중국 정부의 주요 인사조차 3천만 명이 사망했다고 후에 인정했다.

3장에서 설명한 '진실의 세계'에서는 이런 재앙이 일어날 수 없다. 물론 실수는 생긴다. 그것도 중앙 계획경제에서보다 자주 생겨난다. 하지만 그러한 실수는 작게 일어난다. 시장경제에서는 이를 '실험'이라 부른다. 벤처 자본가들은 그 실험들을 지지하면서도 모든 것이 성공하리라 기대하지는 않는다. 실험이 성공하면 부자가 되는 사람도 생기고 경제 전반에 혁신이 온다. 실험이 실패하는 경우, 파산하는 사람들은 있어도 죽는 사람은 없다. 오로지 계획경제에서만 이렇게 치명적이고 엄청난 규모의 실험을 장려하면서 지식인들이 비판하지 못하게 막는다(마오쩌둥만 그랬던 것은 아니었다. 소련 총리 니키타 흐루쇼프도 미국을 방문한 뒤에 아이오와주에서 재배하는 옥수수를 소련 벌판에 심으라고 지시하는 비슷한 실수를 저질렀다. 그 실패는 대참사로 끝났다). 때로 심각할 때가 있기는 하지만 시장의 실패는 마오쩌둥 정부가 저지른 최악의 실패처럼 비극적이지는 않다는 사실이 중요하다.

마오쩌둥은 더 많은 죄를 저지르고 난 후, 1976년에 사망했다. 짧은 정치적 공백기를 거친 뒤 1978년 12월, 마오쩌둥과 측근 들이 차지하고 있던 자리는 덩샤오핑과 그를 지지하는 사람들로 대체되었다. 겨우 5년이 흐른 뒤, 중국 경제는 놀랄 만큼 바뀌었다. 정책 기획자들의 골칫거리였던 농업 생산량이 40퍼센트 증가했다. 무슨 이유에서였을까? 중국에 '진실의 세계'를 도입했기 때문이다. 카메룬을 보고 알 수 있었듯이 인센티브는 중요하다. 1978년 이전까지 중국은 세계에서 가장 그릇된 인센티브를 적용하는 국가였다.

덩샤오핑이 권력을 잡기 전까지 중국 농업은 20~30가구 단위로 생산대(집단농장)를 구성했다. 사람들은 '노동 점수'에 따라 보상받았는데, 노동 점수는 생산대 전체의 생산량을 기준으로 계산했다. 따라서 특별한 노력이나 재주로 개인이 발전할 기회는 거의 없었다.

또한 정부는 잉여 농산물을 생산한 지역에서 곡물을 사들여 이를 재분배하기도 했는데, 지나치게 낮은 가격으로 사들이는 바람에 더 비옥한 지역에 있는 사람들의 생산 의욕을 꺾었다. 농촌의 많은 일꾼들은 실업 상태였다. 중국의 농업 생산을 진흥하고 국가를 자급자족시키려 계획된 시스템 자체가 스스로를 위태롭게 만들고 있었다. 대약진 운동이 있기 직전 중국의 1인당 곡물 생산량은 1950년대 중반 수준만큼 낮았다.

덩샤오핑은 "사회주의가 가난을 의미하지는 않는다"라고 선언하면서 즉시 어리석은 일을 집어치우고 개혁 프로그램에 착수했다. 농업을 개선하기 위해서는 인센티브를 바로잡아야 했다. 그는 나라에서 지급하는 곡물의 가격을 약 4분의 1가량 올렸다. 잉여 농산물에 붙는 가격이 40퍼센트 이상 오르면서, 비옥한 지역에서 더 많은 곡식을 수확하고자 하는 의욕이 크게 높아졌다.

이와 동시에 일부 집단농장들은 개인들에게 땅을 빌려주는 계약을 실험해보았다. 정부는 개인들의 재량권을 묶어놓는 대신에 개혁이 효과가 있는지 알아보기 위한 시장경제의 소규모 실험을 허용했다. 집단농장에서 땅을 빌린 가구들은 열심히 일하는 한편 일의 효율성을 모색하기 시작했다. 자신들의 성과가 직접적으로 보상을 받게 되었기 때문이다. 곡물 수확량은 급속히 증가했고, 실험은 확산되었다. 1979년에는 집단농장의 1퍼센트가 '가구 책임제'를 실시했지만 1983년에는 98퍼센트가 이 시스템으로 전환했다.

이러한 개혁은 다른 자유화 조치들과 연계되었다. 곡물의 소매 가격 인상 허용은 생산에 대한 인센티브를 더욱 증가시켰다. 각 지역이 자신의 비교우위를 살릴 수 있도록 지역 간 거래 규제가 완화되었다. 모든 생산 할당량은 곧 폐지되었다.

결과는 극적이었다. 1980년대 전반기 농업 생산은 연간 10퍼센트 확장되었다. 더욱 인상적인 것은 증가액의 절반 이상은 더 열심히 혹은 기계를 더 많이 투입하여 일한 결과가 아니라, 효율적인 농장 경영 및 수확 방식을 사용한 결과였다는 점이다. 생산 증가의 상당 부분은 집단 시스템을 폐기하게 된 직접적인 결과였다. 개혁이 시작된 지 5년 만에 농부들의 평균 실질 소득은 두 배로 늘었다. 대약진을 이룬 주인공은 마오쩌둥이 아니라 시장과 가격의 힘을 이용한 덩샤오핑이었다.

이런 모든 결과는 앞의 3장과 진실의 세계를 생각해보면 훨씬 이해하기 쉽다. 일부는 우연히, 일부는 계획적인 결과로 덩샤오핑은 중국 농업에 진실의 세계를 도입했다. 좋은 아이디어를 가지고 열심히 일하는 사람은 부유해졌다. 나쁜 아이디어는 재빨리 폐기되었고, 좋은 아이디어는 빠르게 확산되었다. 농부들은 돈이 되는 작물을 길렀고, 기르기 어려운 작물에는 노력을 덜 기울였다. 이 모든 것이 가격 시스템을 도입한 결과였다. 중국은 소위 자본주의 도로로 여행을 하기 시작한 것이다.

그러한 여행은 쌀농사에서 그치지 않았다. 농업개혁의 성공으로 대중들은 덩샤오핑의 개혁정책을 지지했다. 이제 경제의 다른 부분 그리고 정저우와 같은 도시들로 주의를 돌려볼 필요가 있다.

미래를 위한 투자

정저우는 상하이처럼 훌륭한 도시는 아니다. 정저우는 철도의 주요 교차점에 있지만 다소 고립된, 흉하고 복잡한 도시다. 나는 정저우에 거의 일주일간 머무는 동안 외국인을 한 명도 보지 못했다. 하지만 정저우는 나름대로 상하이만큼 인상적인 곳이었다. 런던 크기만 한 이 도시는 여행 책자에 '잘못된 도시계획으로 무질서하게 확장되는 사례'라고 소개되어 있었다. 하지만 정저우는 최소한 중국의 개혁이 해안 지방을 넘어서 내륙으로 확산하고 있음을 보여주었다. 거대한 기차역 너머로 40층짜리 높은 건물들이 빽빽이 늘어서 있으며 거기에는 현대적 은행, 대형 백화점, 호텔, 거친 콘크리트 고가도로들이 즐비하다. 광고는 사방에 넘쳐난다.

그러한 빌딩, 철도, 도로를 건설하기 위해서는 막대한 투자가 필요하다. 경제학자들은 도로와 공장, 주택과 사무용 빌딩들을 투자의 결과라고 하며, 그러한 건축물들을 '자본'이라고 부른다. 개발을 지속하려면 자본이 필요하다. 자본은 이익을 얻고자 하는 국내외 민간 투자자에게서 나오거나 사람들에게 세금을 부과하거나 혹은 강제적인 저축을 통해 재원을 조달하는 정부에서 나올 수 있다.

지금보다 더 부유해지고 싶다면 상품이나 서비스에 돈을

들여 지금 당장 누리기보다는, 투자에 돈을 사용해야 한다는 것은 상식이다. 그 돈을 교육이나 주택 혹은 은행 계좌에 투자할 수도 있다. 결국 오늘 덜 소비하고 확실한 결과를 얻을 수 있는 곳에 돈을 투자하면 당신은 더욱 부자가 될 수 있다(용광로를 뒷마당에 세우는 일은 투자가 아니다. 지붕이 새는 도서관을 짓는 일도 마찬가지다).

분명히 국가 발전은 지금 저축하고 투자하면 앞으로 더욱 부유해진다는 단순한 원리를 상당 부분 따른다. 급성장하는 환태평양 경제의 저축률은 매우 높다. 하지만 8장에서 배운 대로 이것이 이야기의 전부는 아니다. 시장경제는 단순히 저축하고 더 많이 투자한다고 해서 해결될 문제가 아니다. 대다수 카메룬 사람들은 저축하지 않는다. 그들은 도로와 같은 기본적인 사회 기반 시설로 투자금을 만회할 방법도, 공장이나 상점을 지으면서도 투자금을 만회하리라는 확신도 거의 없다. 단지 현금 직불카드로 결제할 수 있는 휴대전화 부문 같은 몇 가지 예외에서만 놀랄 만한 성공을 거두었다. 경제 상태가 형편없는 사회는 외국 투자를 찾지만, 국내 투자자의 신임도 얻지 못해 그들을 해외로 나가게 만든다. 당연히 카메룬의 저축률은 낮으며 저축한 돈을 국내에 투자하는 사람의 비율 역시 낮다. 확실한 투자 환경을 제공하지 못한다면, 카메룬 정부가 저축과 투자를 촉진하기는 더욱 요원해질 것이다.

중국의 사회주의 정부는 자본을 얻는 데 아무런 문제가 없었다. 시장경제는 저축과 투자를 간단히 결정할 수 없지만, 사회주의 경제에서는 훨씬 쉽게 결정할 수 있고 보통 그렇게 한다. 자본은 정부 정책에서 나왔다. 거의 모든 저축은 정부나 국유기업에 의해 이루어졌다. 두 가지 경우 모두 돈은 개인들의 호주머니에서 나왔고, 그들을 대신하여 투자되었다. 자금도 충분했다. 국가 수입의 3분의 1 정도는 소비되기보다 저축되었는데, 그 액수는 어림잡아 카메룬의 두 배 정도였다.

처음에 중국은 이 자본 외에 상당한 수익을 얻을 수 있었다. 필수 사회 기반 시설과 산업을 재건하는 일이 주된 사업이었던 1950년대 초반에는 100위안을 투자할 때마다 중국의 연간 생산량이 40위안씩 많아지는 굉장한 수익을 거두었다. 놀라운 일이 아니었다. 중국 정부가 추진한 이 사업은 확실한 결과를 가져왔다. 특히 전쟁과 혁명 중에 파괴된 시설과 산업을 수리하고 정비해야 했다. 모든 것은 정부의 명령으로 이루어졌다.

문제는 나중에 일어났다. 중국 정부는 대약진 정책과 문화대혁명이라는 혼돈을 제쳐두더라도 점점 투자하지 않고는 대가를 얻을 수 없음을 저절로 깨달았다. 마오쩌둥이 사망한 1976년에는 100위안을 투자할 때마다 연간 생산량은 18위안 늘어나는 데 그쳤다. 20년 전 효율의 절반도 되지 않는 수치

였다. 그 가운데 국가 수입의 상당 부분을 투자한 정부와 국유
기업이 있었음을 생각하면 이렇게 투자 효율이 낮아지는 현
상은 치명적인 손실이었다.

인정 많은 사람이라면 확실한 투자를 했는데도 수익이 감
소하는 현상은 어쩔 수 없다고 생각할지 모른다. 일본이나 미
국과 같은 최첨단 경제에서는 이 생각이 맞을지도 모르지만,
1976년에 중국은 극심하게 가난했다. 자동차, 전화기, 전기,
수돗물을 이용하는 사람은 극소수였다. 이렇게 가난한 나라
에서는 적절하게 투자하여 이 같은 필수 생활요소를 제공한
다면 매우 높은 수익을 얻을 수 있다. 중국 정부는 효율적인
투자 방법을 알지 못했던 것이다.

사람들에게 무엇을 생산하고 건설하거나 재배해야 하는지

확실하게 명령할 수만 있다면, 그런 방식은 그다지 문제 될 게 없다. 인구가 늘어나고 기술이 발전하며 장기 투자가 진행되는 동안 공산주의 경제는 가격 시스템의 기억에서 점점 더 멀어져버렸다. 하지만 실제 시장경제는 빠르게 변한다.

한국의 경우 1970년대 들어 노동력, 토지, 자본의 약 80~90퍼센트는 1960년대와는 다른 목적에 사용되었다. 1960년대만 하더라도 농업 생산은 전체 경제의 45퍼센트를 차지했고, 제조업 생산이 차지하는 비중은 10퍼센트 미만이었다. 하지만 1970년대 초반부터 제조업 부문이 농업 부문보다 규모가 커졌다. 더 중요한 것은, 이 부문에서 노동자들은 훈련에 훈련을 거듭하고 기업은 흥망성쇠를 거듭했다는 사실이다. 한국은 과거에는 장난감과 내의를 수출했지만, 지금은 메모리 칩과 자동차를 수출한다. 1975년에 한국 정부의 경제정책을 기획한 사람이 시대에 뒤진 1960년대 정보를 활용하여 경제를 운용하려 했다면 비극적인 결말을 보았겠지만 다행히 그런 일은 없었다. 그렇게 어리석은 짓은 결국 북한 사람들이 했다. 북한, 소련, 중국 등이 채택한 계획경제에는 늘 적절한 선택을 하기 위해 필요한 정보가 부족했다.

개인과 기업의 투자 동기가 거의 없는 카메룬과 달리, 마오쩌둥이 통치했던 중국에서는 인센티브의 문제는 없었다. 지도자들에게는 자기를 따르는 사람들의 생사를 좌지우지할 힘이 있었다. 그러나 인센티브만으로는 충분하지 않다. 3장에서 우리는 시장이 생성하는 진실의 세계는 인센티브는 물론 가격 시스템을 통해 모든 상품 및 서비스의 가격과 수익 정보를 창출하기 때문에 훌륭한 결과를 낸다는 사실을 배웠다. 소련과 중국의 사회주의 체제는 최고의 인센티브를 제공했지만, 그들에게 필요한 정보를 정확하게 제공하지는 않았다. 중국인들은 한국인들처럼 세계 시장의 요구를 따르기보다는 마오쩌둥의 요구를 따랐다. 벼를 더욱 촘촘하게 심고, 새를 죽이고, 새 연장을 만들기 위해 갖고 있는 연장을 녹였다.

이용 가능한 막대한 투자 자본에서 가치를 얻어내기 위해, 중국 정부는 차츰 시장 시스템으로 옮겨갔다. 성공적인 농업 개혁이 닦아놓은 길로 복잡하고 광범위한 경제개혁이 달리기 시작했다. 덩샤오핑이 집권한 지 15년 만에 투자 수익은 네 배가 되었다. 100위안을 투자하면 중국의 연간 생산량은 72위안씩 증가했다. 투자한 지 단 500일 만에 모든 빚을 갚을 수 있었다. 정부는 투자를 축소하거나 열매를 따는 데만 급급하지 않았다. 오히려 그 반대였다. 투자 수준은 1970년대보다 훨씬 높았다. 당연히 경제도 눈부시게 성장했다. 그렇다면 어떻게 투자로 고수익을 얻게 되었을까?

계획을 넘어선 성장

소련권 경제처럼, 중국의 공업 부문은 정책 기획자들이 관리했다. 계획은 매우 상세하게 명시되었다. 예를 들어, 제철소에서 규정된 양만큼 생산한 철은 확실히 정해진 용도에 사용하고, 석탄 기준량(강철 1톤을 만드는 데 석탄 0.8톤이 필요하다고 한다)은 특정 제품을 만들기 위해 제철소로 보내야 한다는 식이었다. 가격과 품질 정보를 솔직하게 제공했다고 하급 공무원들이 자부할 만큼, 그러한 계산은 굉장히 복잡했다(사람들은 취급하는 기계와 원료의 질이 좋지 않고 비효율적이라도 자신이 생산하는 제품만은 대단히 품질이 좋다고 주장했다. 진실의 세계가 아니라면 그 이야기의 진실은 밝혀지지 않을 것이다). 하지만 마오쩌둥의 치명적이고 비현실적인 발상에도, 이러한 시스템은 매년 정책 기획자들이 참고할 바로 전해의 정책이 있었기에 한동안은 어지간히 굴러갔다.

경제가 성장하고 변화하면서 생산량 조건을 조정하고 신중하게 자본을 투자하는 과정은 점점 까다로워졌다. 그 때문에 1976년에 중국에서 자본으로 얻은 수익은 1950년대보다 훨씬 더 낮았다. 시장 시스템이 꽤 괜찮다고 해도, 간단히 확립되는 것은 아니다. 시장은 시장 지원 제도가 뒷받침되지 않으면 잘 작동할 수 없다. 시장경제에 속한 사람들에게는 상업 어음을 발행할 수 있는 은행, 분쟁을 해결할 계약법, 자기가 벌어들인 수익이 몰수되지 않으리라는 확신이 필요하다. 이런 제도들은 하루아침에 만들어지지 않는다.

한편 사회주의 경제에서 많은 노동자들은 비생산적인 활동에 몰두하며, 단계적 조정 과정이 진행되지 않거나 어떤 대가를 받지 못하면 굶어 죽을지도 모른다. 이 문제는 공업 부문에서 가장 심각했다. 공업 부문은 계획 시스템과 가장 밀접하게 관련이 있었고 저축을 생산하는 수단이자 정부 투자의 상당량을 공급하는 수단이었기 때문이다.

덩샤오핑이 단순히 계획경제를 포기하고 갑자기 시장경제로 전환할 생각을 했다면, 재산권 확립에 대한 혼란, 재정 부문 파탄(많은 국영 은행들이 절대 돌려받을 수 없는 돈을 빌려줬기 때문이다), 만연한 실업 문제와 기아 문제 등이 발생했을 것이다. 일이 꽤 빨리 잘 풀릴 것 같아도 꼭 그렇지는 않다. 1990년대에 구소련의 '급진적 경제개혁'은 경제 붕괴로 끝났다.

더구나 이런 극단적인 개혁은 엄청난 수의 일반인을 비롯하여 많은 기득권층의 비위를 상하게 할 수 있었기에 정치적으로도 불가능했다. 마오쩌둥 통치기에 두 번이나 숙청되고도 다시 중국을 이끌기 위한 자리로 돌아온 덩샤오핑은 정치적 믿음의 중요성을 잘 알고 있었다.

그래서 덩샤오핑과 뜻을 함께하는 개혁가들은 더욱 실험적인 전략을 채택했다. 1985년에 '계획' 규모는 고정되었다. 정부가 구체적으로 명시한 생산 수준은 경제가 발전한 만큼 높아지지 않았다. 그 대신 국유기업이 원하는 만큼 추가 생산하도록 했다. 유능한 석탄 제조업자들은 유능한 철강업자들이 철강을 추가로 만들기 위해 석탄을 더 많이 사 가기를 바랐고, 철강업자들은 추가 생산한 철강이 유능한 건설회사에 팔릴 수 있다는 사실을 깨달았다. 규모를 키우려는 무능한 기업들은 아무런 쓸모가 없었다.

이러한 전략은 몇 가지 이유에서 꽤 효과가 있는 것으로 밝혀졌다. 첫째, 이해하기 쉬웠으며 계획 규모를 고정한다는 약속이 설득력이 있었기 때문이다. 이렇게 설득력 있는 약속이 중요했다. 만약 정책을 기획하는 사람이 변두리 시장에서 나타난 정보에 근거해 계획을 확장하고 수정하려 했다면 시장은 실질적인 정보를 생산하는 일을 재빨리 중단했을 것이다. 아무리 성공적으로 변해도 재빨리 내년 계획에 흡수된다는 사실을 깨달은 공장 관리인들이 안전한 선택을 고집했을지도 모른다.

둘째, 계획이 고정되어 있었기에 안정성이 확실하게 보장되었다. 일자리가 있는 노동자들은 일자리를 지킬 수 있었다. 상황은 더 나빠지지 않을 것이었고, 만약 성장이 이루어지면 상황이 더 좋아질 가능성도 있었다. 많은 사람들이 그 가능성을 움켜쥐기 위해, 변방에 있는 불모지에서 가족과 과거에 하던 일을 뒤로하고 수천 킬로미터를 이동해 직물 공장의 열악한 환경 속에서 오래 일하는 쪽을 선택했다.

셋째, 시장이 정확히 필요한 곳에서 작동할 수 있게 하는 마진에 영향을 미쳤다. 한계 비용과 한계 이익이 경제 효율성에서 얼마나 중요한 것인지 생각해보자. 수익을 보장하는 강철 1톤을 더 생산할지 말지를 판단하는 공장 관리인이 있다고 해보자. 그 사람이 1톤을 추가로 생산하는 데 드는 비용인 한계 비용을 알고 있고 내놓은 가격이 추가 1톤으로 다른 누군가에게 미칠 이익을 반영하는 시장 가격인지 알고 있다면, 그는 올바른 판단을 할 것이다. 즉, 가격이 한계 비용보다 높으면 생산할 것이다. 이 경우 공장의 생산량은 효율적이다.

이전에 생산된 9톤의 강철은 생산량의 효율성이 중요하지 않다. 10톤 가운데 9톤은 계획에 따라 배분되고 생산되지만, 나머지 1톤은 효율성 면에서 따져보고 결정되었다.

이 말은 효율적인 기업들이 추가 수요를 충족하기 위해 효율적으로 확장되었음을 의미한다. 철강 10톤을 생산한 이후 생산량은 11톤, 12톤으로 꾸준히 늘어났다. 이 수요는 기획자에게서 나온 것이 아니라 경제의 확장된 영역, 즉 정말로 공급이 필요한 영역에서 나온 것이다. 관리자들은 계속 수익을 추구하고 그 수익을 다시 투자했다. 관리자들에게는 투자에 대

한 확실한 인센티브가 있었다.

반대로 비효율적인 기업은 발전하지 않았다. 정부가 계획에 따라 그들에게 보조금을 줄 때까지(1990년대에 점차 중단함) 그들은 계속 생산을 이어갔다. 하지만 1985년에 계획을 고정한 뒤 2003년에 중국 경제가 네 배 이상 커졌을 때 이 기업들의 중요성은 상대적으로 매우 빨리 감소했다. 실제로 경제는 계획을 벗어나면서 성장했다.

민영화의 기적

우리는 시장 시스템이 기업이 가진 희소성의 힘을 제한함을 알고 있다. 대다수의 기업은 경쟁에 직면하게 되며, 경쟁이 크지 않은 경제 영역은 시간이 흐르면서 새로운 경쟁을 유발한다. 경쟁과 신규 기업의 자유로운 진입은 희소성을 제한함으로써 효율적인 생산, 새로운 아이디어, 고객의 선택으로 이어진다.

중국 개혁가들은 급격한 자유화라는 예측 불가능하고 위험한 전략에 의지하지 않고, 진입을 장려하고 희소성을 제한해야 했다. 그들은 공공 부문의 실적을 향상시키고, 새로운 공공 부문 기업들을 경쟁자로 도입하며, 서서히 민간 부문을 육성하고, 차츰 국제 경쟁에 문호를 개방하고자 했다. 경쟁의 한 원천이 작동하지 않을 경우 언제나 다른 경쟁의 원천이 존재했다. 우선 가장 중요한 경쟁자는 지방정부가 소유한 '향진기업鄉鎭企業(향진은 중국의 최소 행정단위. 향은 시골, 진은 도시에 있다-옮긴이)'이었다. 이는 이름과는 달리 거대한 산업 괴물일 때가 많았다. 후에 민간 소유 기업이나 외국인 기업들도 창립하여 발전할 수 있도록 허용되었다.

1992년까지도 국가 부문이 생산량의 절반을 책임진 반면, 민간 기업이나 외국인 기업은 산업 생산량의 14퍼센트밖에 차지하지 못했다. 지방정부가 소유한 향진기업의 생산량은 나머지 생산량 가운데 가장 많았다. 사실 중국의 경제 기적은 민영화에 있지 않았다. 기업을 소유한 주체가 누구인지보다는 그 기업이 비교적 자유로운 시장에서 경쟁하며 희소성을 줄이고, 진실의 세계에 속하는 정보와 인센티브를 생산하는지가 중요했다.

그 결과는 더욱 중요하다. 1장에서 이야기했던 것처럼 높은 수익은 흔히 희소성이 있다는 신호다. 새로운 참여와 더욱 치열한 경쟁으로 국유기업이 지닌 희소성의 힘을 빼앗는다면 그 수익률이 감소하리라 예상할 수 있다.

그런데 정말 그런 일이 일어났다. 1980년대에 중국 기업의 수익률은 매우 높았다. 여러 부문에서 50퍼센트 이상의 수익률을 기록했다(공정하게 경쟁하는 경제라면 최대 20퍼센트 혹은 그보다 낮은 수익률이 예상된다). 수익 역시 부문별로 크게 변화했다. 원유 정제 부문은 거의 100퍼센트의 수익률을 냈지만, 철광업 부문은 7퍼센트에 머물렀다. 어떤 경우라도 정부는 수익을 몰수한 다음 이를 재투자했다.

경제개혁의 효과가 나타나자 수익은 감소하기 시작했다. 또한 지방정부, 민간 기업, 외국인 기업이 가장 이익이 많은 부문에서 치열하게 경쟁하면서 경제개혁이 집중되기 시작했다. 1990년대에 이르러 평균 수익률은 3분의 1 이상 낮아졌고, 가장 수익이 높은 부문에서는 최소한 절반 정도까지 낮아졌다. 이 모든 효과 덕분에 손실이 줄어들고 중국인 고객들은 자신이 지불하는 돈에 대해 더 많은 가치를 보상받게 되었으며 중국은 세계 시장에서 경쟁할 수 있는 선수가 되었다. 희소성의 힘은 사라졌다.

세발자전거를 타다

역사에서 중국이 고립되었던 시기가 있었지만, 지금은 그런 때가 아니다. 연안 지방에서 멀리 떨어진 내륙 도시인 시안과 정저우에서 나는 아무 어려움 없이 코카콜라, 맥도날드, 인터넷 카페 등을 찾았다. 상하이에서는 어디를 가도 낯익은 상표와 마주치게 된다. 1990년대 초에 중국을 방문했던 사람이라면 이 모든 것이 낯설기 짝이 없었을 것이다. 1990년대만 해도 중국은 세계 무역 현장에서 다소 하찮은 존재였다. 미국이나 독일과 비교해 수출량이 10분의 1에 그쳤다. 2009년 이후로 중국은 세계 1위 수출국 자리를 놓친 적이 없다. 이는 어쩌다 일어난 일이 아니다. 세계 경제 무대에 중국이 극적으로 진입한 일은 중국 경제개혁의 마지막 움직임이었다.

중국은 왜 세계가 필요했을까? 10억이 넘는 인구가 사는 국가는 자급자족하는 대다수 국가들보다 더 나은 위치에 있는 것처럼 보였다. 그러나 중국 경제는 1978년에도 여전히 규모가 작았고, 개혁자들은 중국에 도움이 되는 세계에 참여해야 함을 깨달았다. 그 일에는 세 가지 장점이 있었다. 첫째, 중국은 장난감, 신발, 의류 등 노동 집약적인 상품으로 세계 시장에 다가갈 수 있었다. 둘째, 이 수출로 벌어들이는 외화를 써서 경제를 발전시킬 원료와 새로운 기술을 구입할 수 있었다.

마지막으로, 외국인 투자자들을 불러들이면 그들에게서 현대적인 제품을 만드는 기술과 비즈니스 기술을 배울 수 있었다. 수십 년간 공산당이 집권했던 국가로서는 대단히 주목할 만한 일이었다. 9장에서 논의했듯이, 이러한 투자 자본은 투자자들이 아무리 초조하다고 해도 즉시 철회할 수 없다는 것이 장점이다. 1997년에 아시아에 외환위기가 닥쳤을 때 중국의 이웃나라에서 이런 일이 일어나자 국채와 같이 순수한 재정 투자는 순식간에 허둥지둥 철수했다. 자본 투자는 경제의 장래 역량을 넓히지만, 우리가 이미 보았듯이 중국에는 자본을 공급할 외국인들이 필요하지 않았다. 정말 중요한 것은 전문지식, 예컨대 품질 관리와 물류 분야의 전문지식이었다.

미국계 기업과 일본계 기업들은 수송과 전자기술 부문에 투자하여 중국을 첨단기술 제품을 제조하는 나라로 변화시켰다. 통계에서 이런 투자의 효과가 분명하게 드러난다. 중국은 이제 주요 대다수 가전제품을 가장 많이 생산하는 국가가 되었다.

외국인 투자는 중국의 개혁을 지속할 수 있게 해주는 중요한 요소였다. 외국인 기업은 자본은 물론 전문기술과 세계 경제의 고객까지 가져다주었고, 중국의 국내 기업을 경쟁시키고 기업의 효율성을 꾸준히 높여 개혁의 경쟁력을 지속적으로 강화했다.

만약 외국인 투자가 그토록 중국 경제에 크게 도움이 된다면, 중국은 어떻게 한 것일까? 왜 돈은 인도로 가지 않았을까? 왜 카메룬으로는 가지 않았을까?

운이 좌우했다. 카메룬과 달리 중국인들에게는 국내 시장을 빠르게 키울 만한 잠재력이 있었기 때문에 외국인 투자자들을 끌어들일 수 있었다. 하지만 카메룬에는 이를 모방할 지도자가 없었다. 운명이 카메룬에 다른 손을 내밀었기 때문이다. 그렇지만 공산당 시절의 소중한 유산인 중국의 적극적인 교육정책은 그저 운 좋게 얻어진 것이 아니었다. 생산성을 기대할 만한 숙련 노동자 집단이 비축되어 있다가 1978년에 계획경제라는 댐이 무너져 내리자 거대한 인재들이 흘러넘쳤다. 카메룬 정부는 지금보다 부유했던 1970년대에 국민들을 교육할 기회를 놓쳤다.

중국은 인도와 달리 지리적 이점이 있었다. 흔히 고통을 주기 쉬운 국제 경제 계약 과정은 중국 본토가 홍콩 및 타이완과 연결되어 있어 부드럽고 효율적으로 이루어졌다. 양쪽 모두 중국이 개방되기 전부터 성공적으로 통합된 국제 경제였

인재   타이완
홍콩

고, 경제체제가 서로 달라도 세 지역의 사업가 사이에는 혈연과 우정이라는 밀접한 관계가 있었다. 이러한 사회적 관계는 개혁 초반에 중국의 법제 문제를 보완하는 데 도움이 되었다. 중국은 이전에도 지금도 재산권과 계약법이라는 상거래 체제를 개선하고자 노력했으며, 이는 경제 성공에 꼭 필요한 요소였다. 이러한 체제 없이는 믿고 사업하기 어렵다. 사업 파트너가 당신을 속이지 않으리라 어떻게 확신하겠는가? 지방정부 관료가 당신이 얻은 수익이나 재산을 몰수할 수 있다면 어떻게 마음을 놓겠는가?

홍콩과 타이완의 기업가들에게 개인적 관계는 법률에 근거하지 않고도 장래를 믿을 수 있다는 의미다. 공식 계약을 맺는 편이 더욱 낫겠지만, 수익을 얻을 기회에 귀가 솔깃해진다면 사업가들의 말 한마디로 충분했다.

중국과 홍콩 사이는 완벽하게 맞아떨어지는 점이 있었다. 값싼 제품을 생산하지만 국제 거래에 익숙하지 않은 중국인 기업들은 홍콩 상인들의 전문기술을 활용했다. 1980년대에 홍콩으로 수출하는 중국 제품은 눈에 띄게 증가했고, 홍콩은 그 제품을 다시 세계로 수출했다. 1990년대에 접어들어서는 타이완도 합류했다. 경제학자 드와이트 퍼킨스Dwight Perkins가 당시에 논평한 대로 "홍콩과 타이완의 놀라운 마케팅 능력이 중국 본토의 제조 생산 능력과 접목"되었다.

인도에는 홍콩과 타이완도 없었고, 기꺼이 관심을 보이는 외국인들도 부족했다. 저명한 인도 경제학자 바그와티는 1960년대부터 1980년대에 이르는 인도 정부의 정책을 '반자유주의 자급자족 30년 정책'이라고 표현했다. 다시 말하면, 인도 정부는 힘겹게 시장의 일원이 되었으나 무역과 투자를 금지하는 데 최선을 다했던 것이다.

하지만 중국은 외국인 투자자들을 열심히 끌어들이고 홍콩 및 다른 이웃들과의 관계를 최대한 이용하려고 노력했다. 선전과 같은 경제특구를 만들어 계획경제의 일반적인 규정을 외국인 투자자에게 적용하지 않는 한편, 경제특구의 사회 기반 시설을 재빨리 개선했다. 이 방법은 중국과 홍콩 및 마카오, 타이완의 관계를 완벽하게 뒷받침했다. 경제특구는 맨 처음 광둥성에 설치했다가 이후 홍콩과 마카오, 푸젠성에 설치했고, 타이완에도 설치했다. 1990년대에 중국으로 들어오는 모든 투자의 절반 이상은 홍콩이라는 작은 땅에서 나왔다. 반면 일본과 미국의 투자는 합쳐도 겨우 4분의 1 정도였다. 더구나 모든 투자의 절반 정도는 광둥성으로 들어왔다. 푸젠성은 두 번째로 많은 투자를 받았다. 홍콩과 국경을 맞닿은 선전은 막 경제특구가 된 1980년대에는 어촌이었다. 20년 후, 부동산 개발업자들은 중간 정도 높이의 건축물을 부수고 더욱 높은 고층 건물을 짓기 시작했다. 중국인들은 이렇게 말한다. "선전에 발을 디디면 당신이 부자라는 생각은 들지 않을 거요."

자유 재량권이 허용된 경제특구는 중국 본토 전체를 혼란에 빠뜨리지 않으면서 투자자들을 성공적으로 끌어들였다. 경제특구는 또한 널리 전파할 개혁의 발판을 마련했다. 통치자들은 외국인 기업에 적용한 규정이 잘된다고 생각하면 특구 내의 중국 기업들에 적용하기 시작했다. 그런 다음에 특구 밖에서 그 규정을 적용했다. 푸젠성과 광둥성에서 경제가 급격히 발전하는 모습을 보고, 다른 연안 지방에서 비슷한 특권을 요구하기 시작했다. 중국 기업에 베푸는 특별한 호의에 외국인 투자자들이 항의할 때마다 공평하지 않고 모호한 규정은 개정되었다. 한편 중국 기업들은 홍콩을 통해 돈을 세탁하고 다시 '외국인 투자' 형식으로 국내에 들여옴으로써 외국인 기업에 특별히 베푸는 호의를 이용했다. 나머지 중국 개혁정책에서 대체로 그랬듯이 좋은 것은 모방하고 나쁜 것은 재빨리 없앴다.

더 나은 삶을 위한 선택

중국은 지금까지 존재했던 어떤 나라보다 빠른 속도로 부유하게 성장하고 있다. 이러한 경제 성장은 엄청난 변화를 일으킨다. 중국 사람들은 혼란스럽다. 많은 사람들이 여전히 일자리가 없거나 오늘날의 중국과는 상관없는 듯 살아간다. 스촨성의 노동자 집단은 마오쩌둥이 내세에서 당연히 사회주의 원칙대로 공장을 운영하고 있었다고 믿었다. 그들 가운데 몇 명이 마오쩌둥을 따르기 위해 자살했다는 이야기도 전해진다.

중국 영화에서도 당혹스럽거나 고통스러운 이야기를 전한다. 영화 〈샤워〉나 〈행복한 날들〉은 등장인물이 선전에서 성공한 후에 가족들이 헤어졌다는 공통점이 있다. 이 영화들은 마음이 아픈 사람들만 보여주고 부자들은 보여주지 않는다. 그리고 새로운 기회가 과거의 생활방식을 파괴하고 있다는 교훈을 들려준다. 또 다른 공통된 주제는 총체적 혼란이다. 영화 〈북경 자전거〉는 불행한 자전거 심부름꾼을 통해 소유는 사실 도둑질이고, 자본주의 시스템에 합류하려던 시도는 비참하게 폭력적으로 끝났다고 폭로한다.

혁명의 일원이 되기란 쉬운 일이 아니었다. 1970년대에 중국 농촌에서 자란 젊은 남녀는 농장 공동체의 일원으로 일했다. 노동 점수를 모으며, 들은 대로 일하고, 들은 대로 움직이며, 공동체와 국가가 지급하는 기본적인 필수품만 소유했다. 반면 그들의 아들딸들은 1980년대와 1990년대에 전혀 다른 중국에서 성장했다. 생활은 여전히 고되지만 주변에는 돈이 넘치고, 선택의 기회도 더 많다. 토지도 돈으로 바꿀 수 있었다. 농업 방식 개선으로 농장에서 필요한 일꾼은 더욱 줄어들었다. 아버지의 반대를 무릅쓰고 행동하는 사람도 있었다. 다시 말하면, 땅을 팔고 일을 찾아 도시로 나가는 사람들도 있었다. 도시로 이주하면서 가족들은 뿔뿔이 흩어졌다. 새로운 기회가 펼쳐지는 동안 사라진 국유기업도 있었기에 오래된 안전망(평생직장 보장)은 너덜너덜해졌다.

한편 공장의 근로 환경은 끔찍했다. 형편없는 월급을 받는 노동자들은 안전 상태가 의심스러운 곳에서 오랜 시간 교대 근무를 했다. 한 BBC 기자는 지난 2001년에 16시간짜리 교대 근무를 하고 사망한 리춘메이의 이야기를 입수했는데, 동료가 발견했을 때 리춘메이는 코와 입가에 피를 흘린 채 목욕탕 바닥에 쓰러져 있었다고 했다. 페인트 공장의 고압 전선에 발이 녹아버린 사람도 있다. 이런 일이 경제 성장의 대가란 말인가? 그것은 과연 감수할 만한 가치가 있는 일인가?

폴 크루그먼Paul Krugman, 마틴 울프, 자그디시 바그와티와 같은 경제학자들은 중국의 노동력 착취 공장이 다른 대안보다는 낫다고 주장했다. 하지만 이는 대중적인 시각은 아니었다. 마틴 울프의 책 『왜 세계화인가Why Globalization Works』의 리뷰가 《가디언 위클리》에 실리고 난 뒤, 이 신문에는 성난 독자들의 편지가 쏟아졌다. 독자들은 울프 자신이 그런 공장에서 일해야 한다고 주장했다.

이것은 '마오쩌둥' 티셔츠를 입은 사람에게 굶주림에 대한 비난을 하는 것만큼 악의에 찬 반응이며 비논리적이다. 마틴 울프가 노동력 착취 공장이 그 이전에 나타났던 재난보다는 낫고 더 좋은 상황으로 가는 발판이라고 말한 것은 옳다. 마오쩌둥의 대약진 정책은 지옥으로 뛰어드는 일이었다.

마오쩌둥이 꿈꾸었던 세상과 현대 중국을 비교하는 일은 불공평하지도, 무관하지도 않다. 빠른 속도로 부유해지며 성장하는 나라들은 우리가 이 책에서 배웠던 기본적인 경제학 교훈을 받아들였다. 희소성에 맞서고, 부패와 싸우고, 외부효과를 수정하고, 정보를 최대한 활용하고, 올바른 동기를 부여하려 하고, 다른 나라와 친해지려고 애썼고, 무엇보다 시장을 받아들이는 동시에 이 모든 일들을 했다.

카메룬은 이를 파괴했기에 가난한 삶을 대가로 치렀고, 사람들의 자주성도, 삶에서 의미 있는 선택을 할 능력도 빼앗았다. 한편 공산주의 중국과 소련은 완전한 경제 실패로 국민 수천만 명을 죽였다. 경제학은 중요하다. 카메룬 및 인도, 마오쩌둥의 중국과 미국, 영국과 벨기에의 차이는 그리 크지 않을지도 모른다. 결국 경제학은 사람에 관한 학문이다. 경제학자들은 설명하기에 매우 난감한 일을 하기도 한다. 그리고 경제 성장은 더 나은 개인의 삶에 관한 것이다. 더욱 폭넓게 선택할 수 있고, 덜 두렵고, 덜 힘든 일과 고생을 덜 하는 삶 말이다. 다른 경제학자들처럼 나는 노동력 착취 공장이 다른 대안보다 나으며 대약진이나 '현대' 북한에서 벌어지는 기근보다도 낮다고 확신한다. 노동력 착취 공장이 더 나은 단계로 가는 과정이라고 믿지 않았다면 내가 중국의 개혁을 그렇게 열렬히 지지하지는 않았을 것이다.

최근에 중국의 모습을 보면서 내가 반기는 이유가 여기에 있다. 부는 비록 공평하게 퍼지지 않지만, 상하이와 선전이라는 '황금 연안'에서 서서히 내륙으로 퍼져가고 있다. 중국 내륙 경제는 1979년과 1991년 사이에 해마다 7.7퍼센트씩 매우 빠른 속도로 성장했다. 1978년과 1995년 사이에, 중국 성의

3분의 2는 다른 어떤 국가보다도 빨리 성장했다. 하지만 중국 국민들이 격차를 깨닫고 있다는 사실이 가장 중요하다. 중국은 이주 노동자를 무한정 공급할 수 있다고 생각했지만 지난 몇 년간 낮은 보수를 받으며 황금 해안에 있는 공장에서 기꺼이 일하던 노동자들은 모두 사라졌다. 외국인 소유 공정은 월급을 훨씬 더 많이 지불하기에 쉽게 사람을 채용할 수 있고 이직률도 적었다. 하지만 앞으로는 월급을 조금 더 올리고 더 나은 조건을 내세워야 할 것이다. 중국 내륙이 그들을 바짝 뒤쫓고 있기 때문이다.

2003년에 양리라는 여성은 수많은 중국인 노동자들과 같은 일을 했다. 양리는 집을 떠나 주강 삼각주에 있는 노동력 착취 공장에서 일했다. 13시간씩 교대 근무를 한 지 몇 달 만에 양리는 고향으로 돌아가 미용실을 열기로 결심했다. "공장에서 매일매일 일하고 또 일했어요." 그녀는 말한다. "이곳에서 사는 편이 훨씬 마음이 편해요." 양리의 부모는 어쩔 수 없이 문화대혁명의 시기를 살아야 했고, 그녀의 조부모는 대약진 운동 속에서 살아야 했다. 반면 양리는 진정으로 선택할 기회가 있었으며 그 선택으로 삶의 질이 높아질 시골에서 살기로 한 것이다. 공장 일은 자신에게 맞지 않다고 판단했다. 이제 그녀는 "내가 원하면 언제든지 가게 문을 닫을 수 있다"고 말한다. 경제학은 양리의 선택에 관한 문제다.

중국식 사회주의의 이념, 잡초론과 흑묘백묘론

잡초론이란 중국 문화대혁명 시대에 크게 유행한 말로서, "사회주의의 잡초를 심을지언정 자본주의의 싹을 키워서는 안 된다寧要社會主義的草, 不要資本主義的苗"는 이데올로기 중심의 극단적인 이념이다. 즉 어떤 일에서나 경제발전과 무관하게 마오쩌둥 같은 최고 권력자가 결정한 가치판단 기준에 따라 어떤 정책이나 방식이 지닌 사회주의 혹은 자본주의 색깔 여부를 판단한 뒤 실행 여부를 결정한다는 것이다. 따라서 만약 자본주의 색을 띠는 정책이라고 판단하면 경제발전에 아무리 유리해도 반대해야 하며, 거꾸로 사회주의 색을 띠는 정책이라고 판단할 경우에는 경제발전에 아무리 손해를 주더라도 무조건 실시해야 한다는 것이다.

반면 흑묘백묘론은 고양이 색깔이 어떻든 고양이는 쥐만 잘 잡으면 되듯이, 과감한 실험을 통해 경제발전이라는 '쥐'를 잡을 수 있는 제도와 방법을 찾는 권리를 인민들에게 부여하고 어느 정도의 시행착오를 허용한다는 이념이다. 보기에는 단순한 이 논리가 결국 경제개혁을 지도해온 중국 지도부의 가장 근본적인 사고방식이라고 할 수 있으며, 이를 이론적으로 표현한 것이 "실천은 진리를 검증하는 유일한 기준이다實踐是檢驗眞理的唯一標準"라는 철학 명제이다. 결국 중국은 경제정책은 흑묘백묘식으로 추진하고, 정치는 기존의 공산주의 체제를 유지하는 정경분리 정책으로 세계에서 유례가 없는 중국식 사회주의를 탄생시켰다.

옮긴이 김명철

(주)바른번역미디어 대표이자 글밥아카데미 원장으로, 수많은 후배 번역가들을 안내하고 지도해왔다. 『정의란 무엇인가』, 『후회의 재발견』, 『파는 것이 인간이다』, 『새로운 미래가 온다』, 『위대한 기업은 다 어디로 갔을까』, 『벌거벗은 통계학』 등 100여 권의 책을 번역했다. 번역가 지망생들을 위한 안내서인 『출판번역가로 먹고살기』와 빠르고 정확하게 책 읽는 방법을 소개한 『북배틀』을 썼으며, 보다 나은 번역을 위한 『초급번역패턴 500+』를 저술했다.

경제학 콘서트 ❶

초판 1쇄 발행 2006년 2월 5일
초판 179쇄 발행 2021년 12월 14일
개정판 1쇄 발행 2022년 12월 31일
개정판 11쇄 발행 2024년 9월 9일

지은이 팀 하포드 **옮긴이** 김명철
발행인 이봉주 **단행본사업본부장** 신동해
편집장 김예원 **디자인** this-cover **마케팅** 최혜진 백미숙
홍보 반여진 허지호 송임선 **국제업무** 김은정 김지민 **제작** 정석훈

브랜드 웅진지식하우스
주소 경기도 파주시 회동길 20 웅진씽크빅
문의전화 031-956-7351(편집) 031-956-7129(마케팅)
홈페이지 www.wjbooks.co.kr
인스타그램 www.instagram.com/woongjin_readers
페이스북 https://www.facebook.com/woongjinreaders
블로그 blog.naver.com/wj_booking

발행처 (주)웅진씽크빅
출판신고 1980년 3월 29일 제 406-2007-000046호

한국어판 출판권 ⓒ (주)웅진씽크빅, 2006, 2022
ISBN 978-89-01-26809-5 03320

• 책값은 뒤표지에 있습니다.